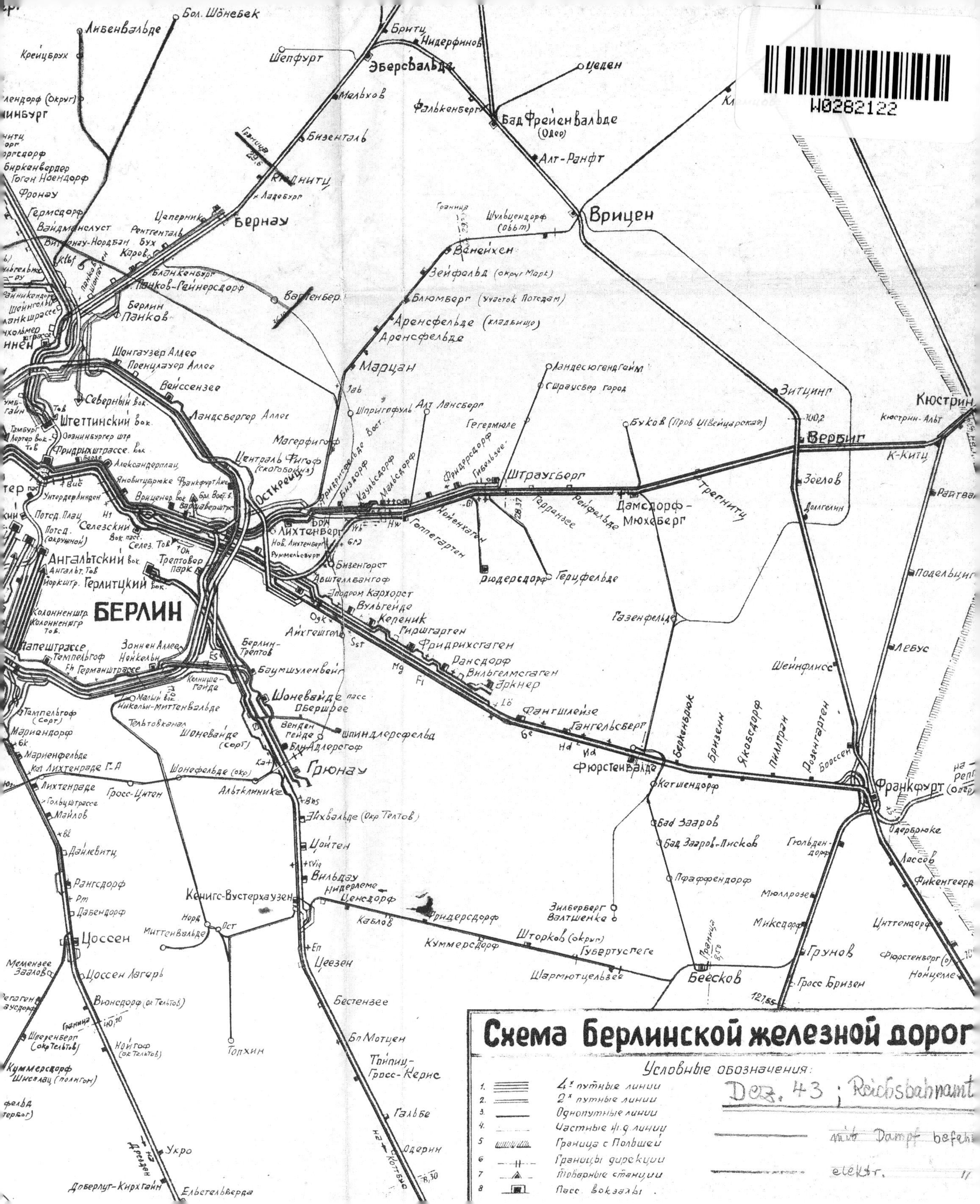

Схема Берлинской железной дорог
Условные обозначения:
1. 4х путные линии
2. 2х путные линии
3. Однопутные линии
4. Частные ж.д. линии
5. Граница с Польшей
6. Границы дирекции
7. Товарные станции
8. Пасс. вокзалы
Dez. 43; Reichsbahnamt
mit Dampf befahr
elektr.
БЕРЛИН
Бол. Шёнебек
Либенвальде
Крейцбрух
Бритц
Нидерфинов
Шепфурт
Эберсвальде
Цеден
Мельхов
Фалькенберг
Бад Фрейенвальде (Одер)
Бизенталь
Алт-Рантф
Граница 29,6
Кладнитц
Ладебург
Бернау
Церерник
Рентгенталь
Бух
Каров
Врицен
Шульценсдорф (обьт)
Граница
Венейхен
Зейфольд (округ Марк)
Блюмберг (участок Потсдам)
Варенбер
Аренсфельде (кладбище)
Аренсфельде
Марцан
Ландесюгендгейм
Штраусбер город
Гегермюле
Алт Лансберг
Шпригафуль
Магерфиг
Буков (Пров. Швейцарская)
Зитцинг
Кюстрин
Кюстрин-Альт
Вербиг
К-Китц
Зеелов
Дольгелин
Райтвай
Штраусберг
Дамсдорф-Мюхеберг
Трегнитц
Рейфельде
Герранзее
Нойенхаген
Гоппегартен
Рюдерсдорф
Херцфельде
Подельциг
Газенфельде
Лебус
Шейнфлисс
Вайдманслуст
Виттенау-Нордбан
Гермсдорф
Фронау
Гоген Ноендорф
Биркенвердер
Бланкенбург
Панков-Гейнерсдорф
Берлин Панков
Шонгаузер Аллее
Пренцлауер Аллее
Вейссензее
Ландсвергер Аллее
Северный вок.
Штеттинский вок.
Фридрихштрассе вок.
Александерплац
Яновитцбрюке
Франкфурт Алле
Вриценер вок.
Варшаверштр.
Центральвиафоф (скотобойня)
Осткрейц
Лихтенберг
Нов. Лихтенберг
Руммельсбург
Бизенгорст
Силезский вок.
Ангальтский вок.
Трептовер парк
Герлитцкий вок.
Потсд. Плац
Колонненштр.
Папештрассе
Темпельгоф
Германштрассе
Зоннен Аллее
Нойкельн
Берлин-Трептов
Баумшуленвейг
Шоневайде
Обершёнвейде
Вендельгейде
Шпиндлерсфельд
Адлерсгоф
Грюнау
Ипподром Карлсхорст
Вульгейде
Кеппеник
Гиршгартен
Фридрихсгаген
Рансдорф
Вильгельмсгаген
Эркнер
Фангшлейзе
Гангельсберг
Фюрстенвальде
Беркенбрюк
Бризенн
Якобсдорф
Пилльгран
Розенгартен
Бооссен
Франкфурт
Кетшендорф
Бад Зааров
Бад Зааров-Писков
Пфаффендорф
Зильберберг Валтшенке
Беесков
Граница 81,0
Гюльдендорф
Одербрюке
Лассов
Финкенгеерд
Мюллрозе
Миксдорф
Грунов
Гросс Бризен
Цинтендорф
Фюрстенберг (о)
Нойцелле
Тельтовканал
Малый Нойкельн-Миттенвальде
Темпельгоф (сорт)
Мариендорф
Мариенфельде
Лихтенраде
Гросс-Циттен
Шонефельде (окр)
Альтгликнике
Эйхвальде (окр. Тельтов)
Цойтен
Вильдау
Нидерлеме
Ценсдорф
Каблов
Фридерсдорф
Куммерсдорф
Шторков (округ)
Губертуспеге
Шармютцельзее
Кенигс-Вустерхаузен
Миттенвальде
Топхин
Цеезен
Бестензее
Бл Мотцен
Тойпиц-Гросс-Керис
Гальбе
Одерин
Котбус
Майлов
Дайлевитц
Рангсдорф
Дабендорф
Цоссен
Цоссен Лагерь
Вюнсдорф (ок. Тельтов)
Граница 40,10
Нойгоф (ок. Тельтов)
Шперенберг (ок. Тельтов)
Куммерсдорф Шиесплац (полигон)
Укро
Дрезден
Доберлуг-Кирхгайн
Эльстервердa

Michael Reimer
Lothar Meyer
Volkmar Kubitzki

Kolonne

Michael Reimer
Lothar Meyer
Volkmar Kubitzki

Kolonne

Die Deutsche Reichsbahn im Dienste der Sowjetunion

trans press

Einbandgestaltung: Andreas Pflaum

Titelbild: 52 4916 der »Dampflok-Kolonne der besonderen Reserve der SMA in Deutschland Nr. 22« fuhr in der Nachkriegszeit für den Sieger (1946). Im Februar 1947 wurde sie in die Sowjetunion abgefahren
(Foto: Fotothek Dresden)

Eine Haftung des Autors oder des Verlages und seiner Beauftragten für Personen-, Sach- und Vermögensschäden ist ausgeschlossen.

ISBN: 3-613-71080-3

2. Auflage 1999

Lektorat: Claus-Jürgen Jacobson
Innengestaltung: Viktor Stern
Reproduktion: Longo Group, I-39010 Frangart
Druck: Röhm GmbH, 71060 Sindelfingen
Bindung: E. Riethmüller, 70176 Stuttgart
Printed in Germany

Vorwort

Als wir vor über 15 Jahren das erste Mal mit dem Begriff »Kolonne« in einem Betriebsbuch einer Dampflokomotive konfrontiert wurden, hatten wir noch keine Ahnung über diesen gewaltigen Abschnitt der deutschen Eisenbahngeschichte. Was geschah in dieser Zeit, was machten die Lokomotiven? Fragen, die kaum mit Lokomotiv-Baureihenbüchern beim Kapitel »Verbleib oder Abgabe« zu klären waren. Die Angaben waren einfach zu spärlich, lückenoder auch fehlerhaft.

Doch hinter dem Begriff Kolonne verbergen sich nicht nur hunderte von Lokomotiven, die Güterzüge in die UdSSR beförderten und dort oft verblieben, sondern auch Schicksale von Eisenbahnern, von Menschen. Zehn Jahre lang verkehrten Züge zur Wiedergutmachung zwischen der SBZ, der späteren DDR und der UdSSR. Das waren zehn Jahre Leid und Hoffen, Dank und Ehre, Leben und Sterben.

Diese noch nie dagewesenen Reparationsleistungen als Ausgleich für die Verwüstungen durch den Zweiten Weltkrieg wollen wir nicht kommentieren. Der Sieger hat ein Recht über den Besiegten. Die Sowjetunion forderte wiederholt nach einem gemeinsamen Reparationsabkommen, doch die westlichen Alliierten vertagten das Thema im Kontrollrat immer wieder. Die SU mußte selbst handeln. Auch die westlichen Alliierten requirierten Eisenbahnfahrzeuge, bauten aber ihre deutschen Zonen anders auf.

Die sowjetische Militäradministration beschlagnahmte Fabriken und Güter, transportierte sie in Zügen ab und nannte diese ganz einfach: Beutezüge im Pendelverfahren, gefördert durch Lokkolonnen.

Nach verschiedenen Einzelveröffentlichungen aller beteiligten Autoren schlossen sie sich zusammen und legen nun ein umfassendes Werk über den geschichtlichen Teil der Deutschen Reichsbahn (im Osten) in der Nachkriegszeit vor. Ein breiter Raum ist den Lokomotivkolonnen, den einzelnen Lokomotiven und deren Verbleib gewidmet. Erstmals sind alle Lokomotiven erfaßt, die in dieser Zeit beschlagnahmt und in das Land des Siegers, in die UdSSR gefahren wurden. Hinzu kommen jene, die durch die amerikanischen Alliierten aus Mitteldeutschland heraus »abgefahren« wurden.

Dieses Buch soll aber auch zeigen, unter welchen schwierigen Bedingungen das Leben, der Bahnbetrieb in der SBZ wieder in Schwung kam, welchen gewichtigen Anteil die Eisenbahner daran hatten. Hunderte von Befehlen der SMAD regelten den Betrieb, bestimmten über Instandsetzung, Ausmusterung oder Abgabe von Lokomotiven, über den Abbau der elektrischen Fahrleitung und dem Dampfersatzverkehr. Wir wollen aber nicht über den übrigen DR-Betrieb in diesem Zeitraum berichten, dazu gibt es bereits Veröffentlichungen. Anhand vieler Zitate aus den Befehlen der sowjetischen Transportverwaltungen wollen wir exakt, wahrheitsgemäß und lebendig den Abschnitt »Kolonne« darlegen.

In den vergangenen Jahren wurden noch einmal verschiedene Archive besucht, hunderte Akten durchgearbeitet, tausende Blatt Papier ausgewertet. Jedem Hinweis wurde nachgegangen. Nicht alles konnte geklärt werden; Widersprüche zwischen dem Erlebten von Eisenbahnern und aktenkundigen Aufschreibungen blieben. Doch dank mühevoller Recherchen ergibt sich ein rundes Gesamtbild. Bei bestehenden Lücken oder Fragen würden wir uns über die Hilfe der Leser freuen.

Ein besonderes Problem ergab sich bei der Bilderbeschaffung. Fotos sind aus verständlichen Gründen rar; zum einem war gerade der Krieg beendet, es gab kaum Kameras, zum anderen war das Fotografieren, besonders im Kolonnenwesen, streng verboten. Dennoch gelang es uns, eine Vielzahl von teilweise unbekannten Bildokumenten vorzulegen. Die Bildqualität spricht für die Jahre selbst. Leider konnte uns nicht einmal die DB AG helfen. Der Bereich Konzerngeschichte, der gesammeltes Material der DR-Betriebsgeschichte übernahm, ist noch immer beim Neuordnen und weiß noch nicht, wie der Fundus später einmal, vor allem von Außenstehenden, genutzt werden kann. Andere Archive oder Bildredaktionen waren von unseren Anfragen hoffnungslos überfordert oder antworteten erst gar nicht.

Vielen einstigen Eisenbahnern, heute schon im Ruhestand oder leider auch verstorben, sind wir für ihre Erlebnisberichte und Fotogaben zum Dank verpflichtet. Besonderer Dank gilt auch den Herren Peter Bock und Andreas Stange. Sie bearbeiteten die Abschnitte über die politische Entwicklung bzw. über die abgegebenen Lokomotiven. Ferner danken wir Herrn Bernd Kuhlmann, der ein Manuskript zum Umfang der Reparation bereitstellte. Diese politischen und wirtschaftlichen Abschnitte wollen wir voranstellen, damit sich der Leser einen Überblick über die Situation verschaffen kann.

Berlin, im Januar 1998 — Die Autoren

Inhalt

Die Reparation

Die SBZ zahlt allein

Schon einmal hatte Deutschland die Lasten eines verlorenen Krieges zu tragen. Der Versailler Vertrag beendete den Ersten Weltkrieg und die Siegermächte zwangen dem Verlierer einen Diktatfrieden auf, der von Besetzung, Gebietsabtretungen und einer gewaltigen Reparationsleistung geprägt war. Bekanntlich war dies eine der Ursachen für das Scheitern der Weimarer Republik und das Aufkommen des Nationalsozialismus.

Nur 20 Jahre später befand sich Deutschland wieder im Krieg. Bereits Ende 1941, als die deutschen Truppen noch große Teile Europas besetzt hielten, die Wende des Krieges jedoch bereits erkennbar war, begannen die späteren Siegermächte des Zweiten Weltkrieges mit den Planungen für die Nachkriegszeit. Stalin nahm damals erste Kontakte mit den Amerikanern über Reparationsleistungen nach einem vermeintlichen Sieg über Deutschland auf.

Während die Briten am 31. August 1943 mit der Vorlage des sogenannten Malkin-Berichts ihre Strategie zur Reparationsfrage darlegten, standen die USA dem Reparationsproblem zunächst gleichgültig bis ablehnend gegenüber. Erst auf der Moskauer Außenministerkonferenz vom Oktober 1943 legten auch die Amerikaner ihre Leitlinien für die Wiedergutmachung in einem Vorschlag dar: Reparationsleistungen sollten innerhalb einer kurzen Laufzeit nicht als Geldzahlungen, sondern in Form von Demontagen und Dienstleistungen erfolgen; deren Höhe sollte erst nach Kriegsende festgestellt werden.

Die UdSSR hatte im Sommer 1943 mit konkreten Nachkriegsplanungen begonnen und im Oktober 1943 erste »halboffizielle« Auffassungen zu den Wiedergutmachungsleistungen vorgelegt. Diese sahen im Einzelnen folgendermaßen aus:

1. Bezifferung des in der UdSSR entstandenen Gesamtschadens;

Verlassen und leergeräumt - eine Produktionshalle im Elektrotechnischen Werk Hennigsdorf (einst AEG) (1947)
Foto: H. Hensky, Slg. Preuß. Kulturbesitz

2. Reparationsforderungen gegenüber Deutschland, Italien, Rumänien, Ungarn und Finnland;
3. Entschädigung in vier Formen:
   – Einziehung des Auslandsvermögens
   – Demontagen

Der erste Fernzug von Moskau trifft am 28. Juni 1945 im Berliner Schlesischen Bahnhof ein. Beide Gleise am Bahnsteig B waren breitspurig. Foto: Slg. BA Berlin

- Lieferungen aus der laufenden Produktion
- Heranziehen von deutschen Arbeitskräften zum Wiederaufbau

4. Reduzierung des deutschen Lebensstandards auf das Maß der angegriffenen Staaten.

Während die »Großen Drei«, Churchill, Roosevelt und Stalin, auf ihrem ersten gemeinsamen Treffen in Teheran im November 1943 Vorschläge für eine Zerstückelung Deutschlands machten und in einer »Dreimächtedeklaration« eine Koordinierung der Kriegsführung und Zusammenarbeit im Frieden vereinbarten, kam es in der Frage nach der Höhe der Reparationen zu keiner Einigung. Lediglich die grundsätzlichen sowjetischen Forderungen erschienen als berechtigt.

Obwohl die drei zukünftigen Siegermächte von ihren ursprünglichen Zerstückelungsplänen damals noch nicht gänzlich abgerückt waren, einigten sich die Regierungsvertreter der USA, Großbritanniens und der UdSSR am 12. September 1944 in London über die Bildung von drei Besatzungszonen in Deutschland und die gemeinsame Verwaltung von Groß-Berlin, das in drei Sektoren aufgeteilt werden sollte.

Auf der Krimkonferenz (Konferenz von Jalta, 4. bis 11. Februar 1945) der »Großen Drei« wurde Deutschland im Fall des sich damals bereits abzeichnenden Sieges der Alliierten verpflichtet, den Schaden, den es den verbündeten alliierten Nationen im Laufe des Krieges zugefügt hatte, durch Sachleistungen zu ersetzen.

Die Reparationen sollten von Deutschland in drei Formen eingezogen werden:

1. Einmalige Konfiskationen innerhalb von zwei Jahren nach der Kapitulation aus dem Nationalvermögen Deutschlands, mit dem Ziel, das Kriegspontential zu vernichten;
2. Alljährliche Warenlieferungen aus der laufenden Produktion nach Kriegsende, innerhalb eines Zeitabschnittes, dessen Dauer noch festzulegen war;
3. Verwendung deutscher »Arbeit«.

Eine Interalliierte Kommission mit Sitz in Moskau sollte einen ausführlichen Reparationsplan ausarbeiten.

Die amerikanische und die sowjetische Delegation einigten sich auf eine Reparationssumme nach Artikel 2 Punkt a) und b) von 20 Milliarden Dollar, die der Kommission im Anfangsstudium als Diskussionsgrundlage dienen und der SU zur Hälfte zukommen sollte.

Die britische Delegation wollte sich nicht sogleich auf die Reparationsziffern festlegen und erst die Prüfung der Reparationsfrage durch die Moskauer Kommission abwarten.

Die Moskauer Expertengespräche verliefen erfolglos und mit nahendem Kriegsende gingen die Ansichten der Anti-Hitler-Koalition auch über die Reparationsleistungen immer weiter auseinander. Die Amerikaner näherten sich der britischen Position und wollten mit einer Politik der niedrigen Reparation Deutschland an die USA binden. Aus dieser fast ausweglosen Situation konnte nur noch ein Kompromiß herausführen. Die Amerikaner schlugen dazu eine weitere Zusammenkunft der »Großen Drei« vor, an der nun Präsident Harry Truman anstelle des verstorbenen Präsidenten Roosevelt teilnahm. Die Konferenz von Potsdam, zu der Stalin in seinem Salonzug auf Breitspurgleisen anreiste, fand in der Zeit vom 17. Juli bis 2. August 1945 statt.

Schon im Vorfeld der Potsdamer Konferenz hatten umfangreiche Demontageaktionen, die u.a. im westlichen Teil Berlins vor dem Abzug der sowjetischen Truppen durchgeführt wurden, für Mißtrauen bei den Westalliierten gegenüber der sowjetischen Politik gesorgt. Auf der Potsdamer Konferenz wurden die gegensätzlichen Positionen der Siegermächte hinsichtlich der Reparationen offensichtlich. Auf die 20-Milliarden-Forderung der UdSSR reagierten die Amerikaner mit einem Kompromißvorschlag, der eine weitgehend zonale Regelung vorsah. Das bedeutete für die Sowjetunion die Entnahme der hauptsächlichsten Reparationen aus der sowjetisch besetzten Zone. Mit der Annahme dieses Kompromisses durch die UdSSR war die reparationspolitische Teilung Deutschlands beschlossen und der Trend zur späteren wirtschaftlichen und politischen Teilung des Landes nicht mehr aufzuhalten.

Zwei Wochen vor Konferenzbeginn hatten sich die angloamerikanischen Truppen in der Zeit vom 1. bis 4. Juli 1945 vereinbarungsgemäß aus den Teilen Westmecklenburgs, der Provinz und des Landes Sachsens und Thüringens, die sie erobert und zunächst besetzt hielten, bis hinter die Demarkationslinie zurückgezogen und besetzten gleichzeitig die vorerst zwei Westsektoren Berlins. Die französischen Truppen folgten erst am 12. August 1945 und übernahmen den ihnen auf der Grundlage einer Ergänzung des Londoner Protokolls vom 26. Juli 1945 zugewiesenen Sektor im Norden Berlins.

Mit der Festlegung der vorläufigen Oder-Neiße-Grenze im Potsdamer Abkommen und der neuen Demarkationslinie waren die Einflußsphären der Großmächte territorial abgesteckt, die für die kommenden 45 Jahre bis zur Wiedervereinigung Deutschlands im Jahre 1990 Bestand haben sollten.

Am Ende des Krieges lagen große Teile Europas in Trümmern. Neben unsagbaren Menschenopfern waren die materiellen Schäden maßlos. Das besiegte Deutschland stand in der Pflicht, die Schäden annähernd wiedergutzumachen. Die Sowjetunion, die zweifellos die größte Last dieses verheerenden Krieges und seiner Folgen zu tragen hatte, hielt sich nun an der von ihr besetzten Zone schadlos. Darüber hinaus mußten die polnischen Ansprüche von der SBZ zufriedengestellt werden. Wirtschaft und Verkehr in der SBZ, dem ehemaligen Mitteldeutschland, waren durch die Kriegsschäden stark beeinträchtigt worden. Die politisch bedingte Aufgabe der traditionellen Lieferbeziehungen in Richtung West und Ost, die Aufnahme von fast fünf Millionen Umsiedlern aus den ehemaligen deutschen Ostgebieten sowie die Abwanderung zahlloser Flüchtlinge in den Westen Deutschlands belasteten die Wirtschaft zusätzlich.

Ein besonderes Augenmerk legten die Besatzer auf die Schwerindustrie. Zahlreiche Güter gingen von dort sofort den Weg nach Osten. »Trophäenlokomotive« 89 7407 rangiert (im Auftrag der SMA D) im Stahl- und Walzwerk Riesa (1951)
Foto: H. Hensky, Slg. Preuß. Kulturbesitz

Bereits vor dem Ende des Krieges begann im Rücken der auf Berlin zustrebenden Roten Armee die Beutenahme: Demontagen und eine sogenannte »Trophäenaktion« galten vor allem dem Requirieren deutscher Kunstschätze. Die Reparationsleistungen umfaßten Demontagen in sämtlichen Industriebereichen wie auch im Verkehrswesen. Außerdem wurden Wirtschaftsgüter aus der laufenden Produktion und gewonnene Rohstoffe entnommen. So bestand beispiels-

Ausfahrt frei für einen Demontagezug von Cottbus nach Berlin. Die Presse schaute dem Lokführer Koalik dabei über die Schulter. Doch im November 1945 wußte noch niemand, wie lange diese »Wiedergutmachung« andauern sollte. Auch »TE« 52 4545 der Cottbuser Kolonne 24 wurde 1947 »mitgenommen«
Foto: P. Cürlis, Slg. R. Garn

weise großes Interesse am Abbau der deutschen Uranvorkommen im Erzgebirge und in Thüringen.

Doch die Reparationsgüter nahmen ihren Weg nicht nur in Richtung Osten. Bis Ende Juli 1945 entnahmen auch Briten und Amerikaner in den von ihnen eroberten Teilen Mecklenburgs, Sachsens, Sachsen-Anhalts und Thüringens militärische und industriell besonders wichtige Güter. Beispielsweise wurden aus dem Reichsbahndirektionsbezirk Erfurt allein 58 Lokomotiven und zahlreiche Waggons hinter die Demarkationslinie gebracht. Insgesamt verlor der Erfurter Bezirk rund ein Drittel seines Fuhrparkes. Darunter waren auch zahlreiche Fahrzeuge, die aus den westlichen oder östlichen Zonen nicht zurückgeführt worden waren, sowie einzelne Lokomotiven, die im Raw Kassel standen. Schließlich gingen dem Direktionsbezirk Fahrzeuge durch die Gebietsabgaben rund um Coburg verloren. Aus dem Rbd-Bezirk Halle wurden 32 Rösser mitgeführt.[1]

Anfänglich wurden die Demontagen durch ein Sonderkomitee des Staatlichen Komitees für Verteidigung der UdSSR geleitet. Am 6. Juni 1945 wurde die SMAD mit Standort in Berlin-Karlshorst gebildet, die die Überwachung der Reparationsleistungen übernahm. Die Demontagen endeten im Jahre 1948. Im September 1945, im Oktober 1946 und im Februar 1947 waren noch etwa 3000 deutsche Spezialisten (Atomphysiker, Raketentechniker, Chemiker) durch die spektakuläre Aktion »Ossawakim« des sowjetischen Geheimdienstes NKWD zur Arbeitsleistung in die SU gebracht worden. Auf der Grundlage vertraglicher Vereinbarungen zwischen der Sowjetunion und der DDR vom 22. August 1953 wurden die Reparationsleistungen zum 1. Januar 1954 eingestellt.

Der Umfang der Reparation und Demontagen

Mußte es nicht als Gebot der Gerechtigkeit erscheinen, dem besiegten Gegner nicht mehr zum Leben zu lassen, als man selbst besaß? Die Reparationen, mit denen es vorrangig um die Demilitarisierung ging, nahmen bei den Sowjets einen hohen Stellenwert ein und sie sind der Schlüssel zum Verständnis der sowjetischen Deutschlandpolitik.

Die Sowjetunion entnahm allein aus der sowjetischen Besatzungszone (SBZ) bzw. der späteren DDR mit rund 54 Milliarden Reichsmark (entspricht etwa 14 Milliarden Dollar zu Preisen von 1938) mehr, als sie ursprünglich von ganz Deutschland verlangte. Daß dies nicht zum wirtschaftlichen Kollaps führte, ist in höchstem Maße erstaunlich. Den Preis dafür hatte die deutsche Bevölkerung zu zahlen.

Bis etwa Anfang 1948 verlief der industrielle Aufschwung in der SBZ und in den Westzonen etwa gleich. Doch dann blieb er im Osten deutlich zurück, besonders nach den Währungsreformen von Mai/Juni 1948. Die Demontagen von rund einem Drittel der 1945 vorhandenen industriellen Kapazitäten beeinflußten den Wiederaufbau in der SBZ längerfristiger und nachhaltiger als die unmittelbaren Kriegszerstörungen. Ebenso entzogen die bereits 1945 beginnenden Entnahmen aus der laufenden Produktion und der damit verbundene Aufbau von Reparationsindustrien große Mittel für den Wiederaufbau.

Die sowjetische Reparationspolitik läßt sich in drei Phasen gliedern, in die fünf Demontagewellen eingeschlossen sind:

Die erste Phase (März 1945 bis Sommer 1946) war durch die Trophäenaktion, wilde Demontagen und Entnahmen charakterisiert, die einer Fortsetzung des Krieges auf wirtschaftlichem Gebiet gleichkamen. In dieser Phase kam es zur ersten Demontagewelle (Mai/Juni 1945). Das unter Malenkow stehende Sonderkomitee schickte aus Ministerien, Regierungsbehörden, Großbetrieben und Akademien rund 700 000 Demonteure nach Deutschland, die äußerlich als sogenannte »Operettenoffiziere«[2] der Roten Armee wirkten, aber doch nicht ihr oder der SMAD unterstanden. Die Jagd nach Demontagegütern ließ die Demonteure gar gegeneinander operieren, denn es galt nach Malenkows Plan möglichst viel in kurzer Zeit abzubauen und abzufahren. Viele Demontagen standen im Widerspruch zur SMAD, die den Wiederaufbau und die Entnahmen aus laufender Produktion organisieren sollte. Von diesen ersten Demontagen waren besonders die späteren Westsektoren Berlins betroffen, die mehr als die Hälfte ihrer industriellen Kapazitäten verloren.[3]

Wegen des geringen Nutzens dieser ersten Demontagewelle, der Konkurrenzsituation zu den Westmächten und des Pragmatismus der SMAD-Führung zum Verhindern eines wirtschaftlichen Chaos setzte bald ein Umdenken ein. Die zweite Welle (Juli 1945 bis März 1946) konzentrierte sich auf rüstungswichtige Betriebe, die Metallurgie und die Metallverarbeitung, aber auch auf die reine Konsumgüterindustrie. Zufälligkeiten und Launen der »Operettenoffiziere« entschieden weitgehend über das Schicksal eines Betriebes. Demontagegut wurde mehrfach aus- und eingepackt, je nachdem, welcher Offizier gerade das Sagen hatte.

Die dritte Demontagewelle (Frühjahr bis Herbst 1946) war besser vorbereitet und basierte auf exakt festgelegten Listen, die rund 200 große Industriebetriebe als »zu demontierendend« festlegte. Trotzdem waren Wiederaufbau und Demontagen noch gegensätzlich, so daß Malenkows Sonderkomitee im September 1946 der SMAD unterstellt und im Mai 1947 vollkommen aufgelöst wurde.

Die zweite Phase begann im Sommer 1946 mit dem Befehl Nr. 167 vom 5. Juni 1946: Deutsche Betriebe wurden ohne vorhandene Schulden in sowjetisches Eigentum überführt (Sowjetische Aktiengesellschaften, SAG), die dann nach sowjetischen Bestellungen mit deutschen Beschäftigten arbeiten mußten. Eindeutig standen jetzt Entnahmen aus der laufenden Produktion im Vordergrund, insbesondere aus dem Wismut-Bergbau (Uranerzgewinnung). Diese zweite Phase endete Mitte 1950 mit teilweise erlassenen Reparationen, die die DDR in die eigene Aufrüstung und den Aufbau der Kasernierten Volkspolizei (KVP) steckte, so daß für die Bürger keine Erleichterung spürbar war.

Die in dieser Phase eingeschlossene vierte Welle entnahm nach vorbereiteten Listen nur die modernsten Anlagen, für das Weiterlaufen der Produktion blieben ausreichend Kapazitäten erhalten. Der Abbau konzentrierte sich auf Rüstungsbetriebe, die bisher für die Sowjets gearbeitet hatten, sowie auf Druckereien, den Braunkohlebergbau und die Energieerzeugung.

Der fünfte Abschnitt, auch als Restdemontagen bekannt, erfaßte wiederum Betriebe des Braunkohlenbergbaus, zweite Gleise und Strecken der Eisenbahn sowie die chemische Industrie (Buna-Werke Schkopau) und Siemens-Werke in Arnstadt und Gera, die bisher SAG-Betriebe waren.

Die dritte Phase währte von 1951 bis 1953. Die Belastung mit Reparationen blieb in dieser Zeit etwa gleich, war aber im Vergleich mit zurückliegenden Jahren deutlich geringer.

Danach traten an die Stelle der Reparationen große Handelsabkommen, um das ostdeutsche Potential längerfristig für den sowjetischen Industrialisierungs- und Rüstungsbedarf zu nutzen. Schließlich waren mit den Reparationen zwischen beiden Ländern bedeutende wechselseitige Abhängigkeiten entstanden. Außerdem mußten bis 1958 Besatzungskosten gezahlt und bis 1990 Uranerz geliefert werden.

Für Maschinen, die aufgrund mangelhafter Demontage, fehlender Konstruktionsunterlagen (für den Wiederaufbau) oder durch Beschädigungen bzw. Verlust einzelner Teile nicht in der UdSSR verwendet werden konnten, wurden als Ausgleich weitere Güter beschlagnahmt und abgefahren.

Um den Betrieb in den SAG-Werken durchzuführen, überließ die Transportverwaltung der SMAD der Verwaltung der SAG auch Lokomotiven. So stellte u.a. die TV dem Werk »Gasolin« (SAG) in Zeitz die Lokomotive 460 506 (aus dem Trophäenpark) zur Verfügung. Die Verwaltung der SAG hatte der TV der SMAD eine tägliche Pachtgebühr von 63 DM zu zahlen. Oberst und Direktor Diwgun, der

Von der SBZ/DDR aufgebrachte jährliche Reparationsleistungen in Millionen RM/Mark (nach Rainer Karlsch)

Jahr	1	2	3	4	5	6	7	8
1945	2 000	500	100	–	–	1 000	–	3 600
1946	3 000	1 500	1 000	500	96	2 500	100	8 696
1947	1 000	2 000	1 500	600	413	2 500	100	8 113
1948	100	2 200	1 580	500	647	–	100	5 127
1949	–	2 182	1 690	500	763	–	100	5 235
1950	–	2 121	2 080	500	1 081	–	200	5 982
1951	–	2 100	1 170	400	1 594	6 00	200	6 064
1952	–	2 094	1 111	250	1 434	6 00	200	5 689
1953	–	2 099	1 150	250	1 275	5 50	100	5 424
Summe	6 100	16 796	11 480	3 500	7 303	7 750	1 100	53 930

1 Wert der **Demontagen** zu Preisen von 1944, sofern der Wert von den Sowjets nicht noch niedriger angesetzt wurde.
2 Von der SBZ/DDR aufgebrachte **Besatzungskosten.**
3 **Lieferungen** aus der laufenden Produktion der SBZ/DDR einschließlich aller Nebenkosten und Preiserhöhungen.
4 **Gewinne und Pachten** der SAG-Betriebe sowie aus Geschäften der sowjetischen Handelsgesellschaften in Deutschland.
5 Aufwendungen für den Aufbau der **Wismut AG** (Uranerzbergbau).
6 **1945**: Wert der erbeuteten **Trophäen** (Kunstschätze, Gemälde, Gold, Silber, Platin usw.), auch Plünderungen der Soldaten und Offiziere (Radios, Möbel, Fahrräder, Uhren usw.) sowie Rohstoffe (Koks, Kalkstein, Chromerz, Formstahl) und Vieh (Rinder, Schweine, Pferde, selbst Zirkustiere).
1946–47: Gewinne aus den vorgefundenen Reichsmark der Reichsbank und anderer Banken (**Beutegeld**) sowie das von der Besatzungsmacht zeitweilig ausgegebene Geld für die Truppenbesoldung (**Besatzungsgeld**).
1951–53: Erlöse aus den von der DDR zurückgekauften, 1946 entschädigungslos enteigneten und in sowjetisches Eigentum überführten deutschen Betriebe (**SAG-Betriebe**).
7 **Außenhandelsprodukte** infolge zu niedriger Bewertung der deutschen Produkte durch die sowjetischen Organe und durch Dumpingpreise auf dem Weltmarkt, die von der deutschen Wirtschaft zu tragen waren.
8 **Summe**: Der Endsumme sind noch einmal ein bis zwei Milliarden RM/Mark für die Mitnahme von geistigem Eigentum (Know-how-Transfer der in die UdSSR zwangsweise übergesiedelten 3000 deutschen Wissenschaftler, Mitnahme von Konstruktionsunterlagen, Patenten und Forschungsergebnissen, Zahlung von Lizenzgebühren an SAG-Betriebe, Auftragsforschung für die SU) hinzuzurechnen. Für die leidgeprüfte sowjetische Bevölkerung waren die deutschen Reparationen kaum spürbar.

Chef der Eisenbahnabteilung der TV, erklärte im Befehl Nr. 22/10515, wenn sich die SAG weigere die Gebühren zu zahlen, werde die Lokomotive aus dem Werk wieder zurückgezogen und der Rbd Dresden übergeben.

Der Transport der Demontage- und Reparationsgüter

Die Abfuhr der Reparationsgüter übernahm die Rote Armee bis zum Frühjahr 1946 selbst und bediente sich auch der Hilfe kleinerer deutscher Speditionen. »Alles auf die Räder!« lautete die Parole der Demonteure in den ersten Nachkriegsmonaten. Im Dezember 1945 befahl Marschall Shukow den Einsatz weiterer kleinerer Fuhrunternehmer aus der SBZ: In den Aktionen »Potsdam«, »Stettin« und »112 b« wurde mit Lkw und Zug von Dezember 1945 bis April 1946 Demontage- und Beutegut, darunter zahlreiche Zuckerlieferungen aus Sachsen, zum Hafen Stettin (Szczecin) transportiert. Schon im Spätsommer 1945 stauten sich die Demontagezüge vor dem sowjetischen Grenzbahnhof Brest auf einer Länge von 100 Kilometern.

»Viele Transporte erreichen Brest ohne Beschriftung und Adresse. Maschinen aus den verschiedensten Fabriken gerieten durcheinander, Lieferungen blieben stecken, und Demontagegüter aller Art verrotten. Nicht selten fehlten sämtliche Konstruktionsunterlagen, so daß ein Einbau der entnommenen Maschinen in sowjetischen Werken gar nicht möglich wäre. Hinzu kamen Probleme mit den unterschiedlichen technischen Standards.«[4]

SMAD und Moskauer Behörden waren sichtlich überfordert, Demontagen und Güterströme zu koordinieren. Deshalb wurde im April 1946 die Deutsch-Russische Transport AG (Derutra) gegründet, die alle Reparationstransporte abwickelte – und zwar mit Bahn, Schiff und Lastkraftwagen über Polen in die Sowjetunion oder auch in Drittländer. Der Derutra gehörten rund 70 Prozent der Lager- und Speicherräume in den Ostseehäfen, die zuvor von der SMA beschlagnahmt wurden.

Um den Warenstrom in die UdSSR zu kontrollieren und zu koordinieren, waren die Reparationstransporte in fünf Kategorien eingeteilt:

- Reparationszüge
- Trophäen- und Beutezüge
- Demontagezüge (einschließlich geschlossener Züge mit Fahrzeugen der Berliner S- und U-Bahn)
- Wirtschaftszüge für die Besatzungsmacht
- Wirtschaftszüge für den zivilen Bedarf der SU.

In den Jahren 1945 bis 1948 war das Transportaufkommen am größten. 1953 stieg die Gütermenge noch einmal an, da kurzfristig Düngemittel und Chemikalien als Reparation zu liefern waren.

Abfuhr der jährlichen Demontage- und Reparationsgüter mit der Eisenbahn (nach Karlsch)

Jahr	t	Wagen	Züge
1945	524 310	34 954	874
1946	5 869 545	391 303	9 783
1947	1 780 448	118 697	2 967
1948		fehlen die Angaben	
1949		fehlen die Angaben	
1950	809 400	53 960	1 349
1951	300 000	20 000	500
1952	300 000	20 000	500
1953	652 000	43 467	1 087

Das Eisenbahnwesen stand mangels Lokomotiven und Güterwagen vor einer schwierigen Aufgabe. Die Situation verschärfte sich durch die Demontage von 5 922,29 km zweiter Gleise, von 904,08 km eingleisiger DR-Hauptbahnen und 822,7 km Privat- und Kleinbahnen, insgesamt 7 649,07 Kilometer. Kaum ein anderer Wirtschaftszweig ist durch Demontagen und Reparationslieferungen so nachhaltig und langfristig geschwächt worden wie das Eisenbahnwesen, das sich bis »heute« (bis zur Bahnvereinigung) noch nicht davon erholt hat.

Im Jahr 1950 auf die einzelnen Grenzbahnhöfe abgefertigte Reparationsgüter (nach Karlsch)

Bahnhof	t	Wagen	Züge
Szczecin-Gumience	103 800	6 920	173
Küstrin-Kietz	43 200	2 880	72
Frankfurt (Oder)	492 000	32 800	820
Guben	170 400	11 360	264
Summe	809 400	53 960	1 349

In diesen Zahlen sind keine Transporte von Reparationsgütern zu den deutschen Ostseehäfen Wismar und Rostock enthalten. Die angespannte Situation bei der DR führte zu Stockungen und langen Standzeiten der Züge.

Diese Transporte der Derutra mußten von den Deutschen bezahlt werden, bis 1947 von den jeweiligen Länder- bzw. Provinzialregierungen, dann von der Deutschen Wirtschaftskommission (DWK). Für Schäden oder Raub der Sendungen während der Fahrt waren die Deutschen ebenfalls verantwortlich. Erst ab 1949 mußte die Derutra selbst für Schäden haften. (Für schadhafte und aufgrund fehlender Konstruktionsunterlagen nicht verwendbare Reparationsgüter wurden zusätzlich weitere Maschinen requiriert.)[5]

Restitution östlicher Lokomotiven

Die östlichen Nachbarn holten sich ihre Fahrzeuge unter dem »Deckmantel« der Reparation aus Deutschland zurück. Das Schreiben Nr. 22/20375 der Transportverwaltung der SMAD regelte die Rückgabe jugoslawischer Lokomotiven und Wagen, die die Aufschrift »T SSSR« haben. Dazu zählten u.a. fünf Maschinen der Reihe 05, die im Bw Meiningen standen. Die Übergabe war für den 20. Juni 1948 in Bad Schandau vorgesehen. Gemäß des Befehls Nr. 193 vom 13. Oktober 1949 wurde die Rückgabe 83 ungarischer Schadlokomotiven an die ungarische Handelskommission vorbereitet. Schließlich folgte noch die »ungarische Wiedergutmachungs-Restitutions-Forderung Nr. 258« über 16 Lokomotiven, die sich 1950 in Mecklenburg befanden. Ein Regierungsabkommen zwischen der VR Polen und der DDR regelte die Rückgabe vieler polnischer Lokomotiven. 1950 wurden sie im Bw und Bf Großkorbetha gesammelt. Bereits 1945 »bedienten« sich die Polen und Tschechen in den ostsächsischen Bw (u.a. Zittau). Nicht für die Reparation standen 500 Lokomotiven »ausschließlich westlicher Herkunft«, die im Jahre 1951 zur Schrottgewinnung verkauft werden sollten, letztlich aber als Ersatzteilspender dienten.

1) Auflistung der Lokomotiven im Anhang. Auf Interventionen der UdSSR wurden im September und Oktober 1945 insgesamt 85 Dampflokomotiven der Baureihen 38, 43, 52, 93 zurückgeführt. Im Dezember folgte das Raw Meiningen mit dem Bestand von 15 Rössern; 1946 ferner 24 Maschinen, davon 22 elektrische (E 18, 44, 94), die vorrangig in die Werke Dessau oder von SSW in Berlin gelangten. Dafür erhielt die DRw andere Fahrzeuge und Teile.

2) Bezeichnung nach Rainer Karlsch

3) Berlin 1945: Bevor die Westalliierten ihre Sektoren in Berlin übernahmen, bauten die Sowjets Produktionsanlagen ab. *»Die Demontagen wurden nach dem Eintreffen der Westalliierten fortgesetzt; sie dauerten in West-Berlin bis 1949, in Ost-Berlin bis 1953. Am dramatischtesten waren die Demontagen in den Großunternehmen der Elektroindustrie und in den Betrieben des Maschinenbaus.«*

4) Zitat aus Karlsch »Allein bezahlt? Die Reparationsleistungen der SBZ/DDR 1945–53«

5) Nach der sogenannten »Reparationsnachweisung« (bestätigte Abfuhrleistungen in den Rbd und auf Privatbahnen) erklärte sich die SMAD im Jahre 1947 bereit, die Transportleistungen gemäß der Verfügung II 301/47 vom 24. Februar 1947 »ausnahmsweise zu vergüten«. Bis dahin wurden sie durch die SMAD pauschal abgegolten.

Am 27. Juli 1948 teilte die Deutsche Wirtschaftskommission in der SBZ mit:
»Leistungen der DR, die unter Befehl 80 fielen (Naturalleistungen für Firmen und Privatpersonen wegen Nichtbezahlung von Lieferungen und Leistungen für die sowjetische Besatzungsmacht), seien Transportleistungen, Ansprüche aus der Benutzung von DR-Anlagen und Leistungen, die durch besondere Befehle der SMAD hervorgerufen seien, nicht aber ihre Reparationsleistungen (Abbau und Abgabe von Schienen, Schwellen usw.). Die Bezahlung der reinen Reparationsleistungen der DR ist abgelehnt worden und muß einer späteren Regelung vorbehalten bleiben. Eine Erstattung wäre nur dann möglich, wenn die Reichsbahn wie früher ein Sondervermögen darstelle. Dann müßten ihre Reparationsleistungen beim Reich (z.Zt. Zone) irgendwie in den Haushalt eingestellt und der DR erstattet werden...«

Um den langen Güterzug mit Demontagegütern vollständig in den Bahnhof zu bekommen, mußte 52 2758 sogar einige Meter am Ausfahrsignal vorbeifahren (um 1950)
Foto: Repro W. Rettig, Slg. A. Stange

Die DR nach 1945

Gemäß Befehl Nr. 6 vom 29. August 1945 schätzte Dr. Fitzner, Generaldirektor der Deutschen Reichsbahn[1], gegenüber dem stellvertretenden Chef der Sowjetischen Militär-Administration am 22. November 1945 die Tätigkeit der Eisenbahn in der sowjetischen Okkupationszone wie folgt ein:

»Grundlage der Organisation der Deutschen Reichsbahn bildet der Befehl Nr. 10 des Obersten Chefs der SMAD vom 18. Juli 1945. Auf Grund dieses Befehls hat die Hauptverwaltung der DR auch nach außen förmlich die Leitung der DR für die sowjetische Besatzungszone übernommen.[2] Die Gliederung des Netzes in 8 Reichsbahndirektionen (Berlin, Dresden, Erfurt, Greifswald, Halle, Magdeburg, Schwerin und Cottbus) wurde ebenso wie die befohlene Änderung der Bezirksgrenzen durchgeführt. 54 Betriebsämter und die erforderlichen Verkehrs-, Maschinen- und Vermessungsämter wurden eingerichtet.

Die Arbeiten zur Beseitigung der Kriegsschäden wurden planmäßig gefördert. Dabei wurden Bombentrichter und Panzer- und Schützenlöcher verfüllt, Spreng- und Brandtrümmer aufgeräumt, Feuerschutzstreifen bereinigt, Überwege, Schranken, Bahnsteigkanten, Ladestraßen- und Bahnsteigpflaster, Be- und Entwässerungsanlagen instandgesetzt, Wassertürme ausgebessert und Brücken sowie Personentunnel behelfsmäßig und soweit möglich endgültig wiederhergestellt. Besonders zu erwähnen sind hierbei folgende Brücken und Kunstbauten:

Elbebrücke bei Hämmerten (Strecke Berlin–Stendal) wurde von Besatzungstruppen behelfsmäßig in Stand gesetzt;

Elbebrücken bei Magdeburg (Strecke Berlin–Magdeburg) und in Magdeburg (Strecke Biederitz–Elbbahnhof) sowie bei Barby sind in Arbeit;

zwei Saalebrücken sind endgültig und 4 behelfsmäßig fertiggestellt;

vier Saalebrücken sind noch in Arbeit.

Der Tunnel der Nord-Süd-S-Bahn in Berlin ist in Arbeit.

Neu errichtet sind Kohlen- und sonstige Lagerplätze für die russische Wehrmacht[3].

Die Gleise und Weichen auf den von Bombenangriffen betroffenen Bahnhöfen und Strecken wurden wiederhergestellt. Dabei wurden Schienen, Schwellen und Kleineisenzeug ausgewechselt, Gleise und Weichen neu verlegt, planmäßig durchgearbeitet, gehoben oder abgesenkt und gestopft; vielfach wurden sie auch auf Anordnung der russischen Wehrmacht für den Einbau an anderer Stelle ausgebaut und verladen. Größere Unterhaltungsarbeiten waren im Berichtsabschnitt an den von der russischen Wehrmacht hergestellten Breitspurgleisen Frankfurt/Oder–Potsdam auszuführen.

Die Wiederherstellung der Hochbauten erfolgte zum größten Teil behelfsmäßig, wobei in erster Linie die Dächer und Heizungsanlagen in Stand gesetzt wurden. Besonders gefördert wurde die Wiederherstellung von Lokomotiv- und Triebwagenschuppen, Güterabfertigungen, Güterschuppen, Werkstattgebäuden, Wagenhallen, Kraftwerken, Stellwerken, Empfangsgebäuden und Verwaltungs- oder sonstigen Dienstgebäuden.

Die wünschenswerte schnelle Förderung der Wiederherstellungsarbeiten wurde durch vielerlei Schwierigkeiten stark behindert. Es fehlten die erforderlichen Arbeitskräfte, besonders aber die Facharbeiter. Die noch als Vorrat lagernden und die beschafften Baustoffe wurden von der russischen Besatzungsarmee beschlagnahmt und verwendet oder abbefördert. Baustoffe, wie Mauersteine, Bauholz, Bretter, Dachziegel und I-Träger konnten kaum beschafft werden, sie mußten zum größten Teil erst aus den Trümmerstätten gewonnen werden. Der Mangel an Glas und Nägeln verzögerte die Arbeiten an den Hochbauten erheblich.

Ein großer Teil der Sägewerke ist von der russischen Besatzungsarmee besetzt, so daß beschafftes Holz nicht eingeschnitten werden konnte. Ferner mangelt es an Beförderungsmitteln. Lastkraftwagen standen nicht zur Verfügung und beantragte Wagenstellungen konnten nicht erfüllt werden. Selbst die wegen Unterernährung der Tiere wenig leistungsfähigen Pferdefuhrwerke der Bauern konnten nicht

Das »Bedürfnis zum Reisen« lag nahe, denn nur durch »Hamsterfahrten« konnten sich die Städter ernähren. Überfüllter »Kartoffelexpress« im Bahnhof Wildpark (1946)
Foto: Fr. Seidenstücker, Slg. Preuß. Kulturbesitz

Zahlreiche Bahnhofsdächer waren noch zerstört. Am 29. August 1948 war der Zustrom zur Messe im Leipziger Hbf wieder spürbar
Foto: E. Andres, Slg. Preuß. Kulturbesitz

eingesetzt werden, da sie für die Ernteeinbringung und Feldbestellung benötigt wurden.«

Die wenigen Reisezüge waren bis auf die Dächer besetzt. Das Leben kam wieder in Schwung. Dr. Fitzner umschrieb es sehr gekonnt: »Seit Wiederaufnahme des Verkehrs nach Beendigung der Kampfhandlungen besteht in der Bevölkerung ein bisher kaum jemals in dieser Stärke hervorgetretenes Bedürfnis zum Reisen. Die Reisezüge sind bis zu 200 % überbesetzt. Diese starke Überfüllung der Züge ist außer dem ständig ansteigenden Berufsverkehr in erster Linie auf den Flüchtlingsverkehr, der sich als lange zurückgehaltener Strom auf die Eisenbahn ergoß, sowie auf die Hamsterfahrten zur Beschaffung von zusätzlichen Nahrungsmitteln zurückzuführen. Wegen andauernder Überbesetzung bestimmter Züge mußte zur Drosselung des Verkehrs das Reisegenehmigungsverfahren eingeführt, bzw. die Kontingentierung des Verkehrs angeordnet werden. Eine Besserung der Verhältnisse wird von der jetzt durch die neu eingesetzte Zentralverwaltung für deutsche Umsiedler angebahnten zentralen Leitung der Massentransporte, die künftig nur noch in Sonderzügen befördert werden sollen, erwartet.

Der Güterverkehr der Reichsbahn, der im Zusammenhang mit dem militärischen und politischen Zusammenbruch Deutschlands gänzlich eingestellt war, befand sich im Monat Juli noch im Anfangsstadium der Wiederbelebung, stieg aber stetig und erreichte am letzten Werktag des Monats September eine Verladezahl von 6 600 Wagen. Obwohl die SMA am 4. Juni für ihre Besatzungszone eine zentrale Leitung der Reichsbahn geschaffen hatte, entwickelte sich der Güterverkehr zunächst überwiegend nach örtlichen Bedürfnissen, solange die zentrale Verkehrslenkung wegen Unzulänglichkeit der Nachrichtenübermittlung noch nicht möglich war.

Ein Wandel in der Verkehrsabwicklung begann am 1. September, an dem die Betriebsführung und die Verantwortung für die ordnungsgemäße Verkehrsbedienung dank dem Vertrauen, das die SMA in den Aufbauwillen und in das Können der Reichsbahn setzte, auf die Reichsbahn überging. Dieser Übergang trat zwar nicht schlagartig ein, wurde aber dem Grundsatz nach vom 1. September an überall durchgeführt, wenn auch örtliche Eingriffe der sowjetischen Aufsichtsorgane an vielen Stellen vorkamen und besonders die Betriebsführung im Niederlausitzer Kohlengebiet noch bis zum Ende des 3. Quartals in der Hand der Besatzungsmacht blieb.«

Zum Betrieb und Maschinen- und Werkstättendienst sagte der Generaldirektor, daß »nach Einstellung der Kriegshandlungen zunächst in den einzelnen Reichsbahndirektionsbezirken an die Beseitigung der entstandenen Schäden und an den Aufbau eines Fahrplanes zur Bedienung des Berufsverkehrs herangegangen wurde. In den Bezirken Magdeburg, Halle und Erfurt gelang dies ohne besondere Schwierigkeiten, da hier Zerstörungen großen Ausmaßes nicht zu verzeichnen und die erforderlichen Wagen in der Regel vorhanden waren.

Auf den elektrisierten Strecken der Rbd-Bezirke Berlin, Erfurt, Halle und Magdeburg wurden die Aufbau- und Instandsetzungsarbeiten zur Wiederaufnahme der elektrischen Zugförderung planmäßig fortgesetzt. Die schweren Schäden an den Stromversorgungsanlagen, wie Unterwerke, Fernleitungen, Fahrleitungen (Oberleitung und Stromschienen) sowie an den elektrischen Lokomotiven und den Triebwagenzügen der Berliner S-Bahn, konnten soweit behoben werden, daß ein erheblicher Teil der elektrisierten Strecken wiederum elektrisch betrieben werden kann. Insbesondere wurde das Bahnkraftwerk Muldenstein instandgesetzt und Mitte Juli in Betrieb genommen. Das zerstörte Unterwerk Leipzig-Wahren wurde durch Ausbau des Abspannwerkes Leipzig-Lützschena ersetzt.«

»In der russischen Besatzungszone liegen 23 Reichsbahn-Ausbesserungswerke. Davon sind 13 betriebsfähig (7 für Lokomotiven); sie werden im Einvernehmen mit der Transportabteilung der SMA als vollwertige Ausbesserungswerke weiter betrieben. Die übrigen Werke sind ausgeräumt und weisen z T erhebliche Kriegsschäden auf.

Bis Ende Juli 1945 wurden vor allem Aufräumungsarbeiten in den Werken vorgenommen und Kriegsschäden beseitigt. Im Juli 1945 lief die Fahrzeugausbesserung wieder an. Die Belegschaften wurden verstärkt und Zweischichten-, für besondere Engpaßfertigungen sogar Dreischichtbetrieb eingeführt.

Die Leistung der Werke betrug:	**Lokomotiven**	**Reisezugwagen**	**Güterwagen**
Seit Kriegsende bis 31. August 1945	1 007	507	9 797
September 1945	343	363	5 606
Oktober 1945	492	550	7 673

Das von der Transportabteilung der SMA festgesetzte Instandsetzungsprogramm beträgt für das 4. Vierteljahr:

1 500 Lokomotiven, 2 000 Reisezugwagen und 15 000 Güterwagen.

Aus den Angaben für die Raw geht hervor, daß die Leistung im Steigen begriffen ist. Berücksichtigt werden muß jedoch dabei, daß zunächst in der Hauptsache Fahrzeuge mit leichten oder mittleren Schäden ausgebessert wurden. Da den Ausbesserungswerken in steigendem Maße schwerbeschädigte Fahrzeuge, von denen eine große Zahl, nämlich etwa 750 Lokomotiven und 1 500 Reisezugwagen vorhanden sind, zulaufen, müssen die ausgeräumten Werke beschleunigt instandgesetzt werden und einen Teil der »Jahresreparaturen« (Ausbesserung geringen Umfangs) übernehmen.

Der Bestand an vollspurigen Dampflokomotiven in der russischen Besatzungszone betrug rund 7 000 Stück[4], von denen im Durchschnitt nur etwa 2 800 betriebsfähig waren. Der hohe Ausbesserungsstand ist hauptsächlich auf die große Überbeanspruchung während des Krieges, sowie auf unmittelbare Kriegseinwirkungen, wie Bordwaffenbeschuß, Bombenschäden usw. zurückzuführen. Außerdem ist aus den geräumten Kriegsgebieten eine größere Anzahl schadhafter Lokomotiven zurückgebracht und hier abgestellt worden. Hinzu kam die von der Besatzungsmacht angeordnete Bereitstellung von rund 800 Lokomotiven als Kolonnen-Lokomotiven, die für Zwecke der Sowjetischen militärischen Administration in Deutschland aufgestellt sein mußten. Es waren hierfür schwere Güterzuglokomotiven gefordert, die aus dem an sich geringen Bestand der Betriebslokomotiven herausgenommen und zunächst erst gründlich instandgesetzt werden mußten.«[5]

»Große Schwierigkeiten macht die Stellung der für die Einsatzbrigaden vorgesehenen Personale. Es mangelt besonders an Lokomotivpersonal (Lokomotivführern und Heizern) sowie an Wagenmeistern. Der Personalmangel wird allgemein verschärft durch den als Folge schlechter Ernährung des Personals und unzulänglicher Versorgung der Brigaden außerordentlich hohen Krankenstand.«

Abschließend gab Dr. Fitzner einen Überblick zum Finanzwesen. Bei 145, 1 Millionen eingenommener Reichsmark standen 278, 2 Millionen RM Ausgaben gegenüber. Selbst die Transportleistungen für die Besatzungsmächte waren als Wirtschaftseinnahmen berücksichtigt. Jedoch wurden diese Leistungen nicht vergütet. Schließlich waren noch 600 000 RM für Reparationsleistungen zugunsten der Besatzungsmächte zu zahlen. Dennoch fand Fitzner folgende abschließende Worte:

»Trotz erheblicher Schwierigkeiten hat der Wiederaufbau schon gute Fortschritte gemacht. Es wird aber noch großer Anstrengungen bedürfen, um alle bestehenden Widerstände zur ersprießlichen Fortführung der Aufbauarbeiten auszuräumen.«

1) Dr. Fitzner wurde später als Präsident der Deutschen Zentralverwaltung für Verkehr (DZVV) in der SBZ bezeichnet, Generaldirektor der DR war er offiziell nicht.

2) Mitteilung des stellvertretenden Chefs der TV der SMAD, General-Direktor Trunow, an Dr. Fitzner: »Da die Eisenbahn in der Sowjetischen Zone kein Rechtsnachfolger der Eisenbahn ist, kann sie auch nicht die Schulden der Reichsbahn, die bis zum 8. Mai 1945 entstanden sind, und bei verschiedenen Firmen beglichen werden müssen, übernehmen.« Generalleutnant Tscherniakow, Befehlshaber der militärischen Gruppe der Okkupationszone, und Generalmajor Kwaschnin, Befehlshaber der Transportabteilung der SMAD, unterzeichneten am 11. August den Befehl Nr. 8. Er galt nur in Verbindung mit dem Befehl Nr. 10 vom Marschall Shukow vom 18. Juli 1945:

»1. Ab 1. September 1945 ist der Eisenbahnbetrieb in der SBZ den deutschen Eisenbahnern zu übergeben…

5. Die Bevollmächtigten der militärischen Gruppe der sowjetischen Okkupationszone und die Kommandantur bleiben bestehen und übernehmen die Kontrolle über die Arbeit der deutschen Eisenbahn.

6. Allgemeine Führung und Kontrolle über die Arbeit der deutschen Eisenbahn verwirklicht die Transportabteilung der SMAD.«

3) Der Begriff »russische Wehrmacht« wurde wiederholt verwendet, obwohl er im Gegensatz zur deutschen (faschistischen) Wehrmacht steht. In den Original-Unterlagen fanden sich jedoch keine Hinweise auf »Rote Armee« usw.

4) Darlegung der HV DR, Referat 50, über den erfaßten Lokbestand am 31.12.1946: »7 566 Lokomotiven, von denen 6 288 solche der früheren Reichsbahn, 1 261 von ausländischen Bahnen und 17 sonstige deutsche Lokomotiven waren. Von diesen wurden im I. Vierteljahr 1947 durchschnittlich 935 Lokomotiven der Reichbahn-Bauart in besonderen Einsatzbrigaden oder Kolonnen verwendet, über die beauftragte Offiziere der SMA verfügten.«

5) Wiederholt kam die Ausbesserung für »Binnenfahrzeuge« ins Stocken, da vor allem die Kolonnenlokomotiven absoluten Vorrang hatten. Oberst Morossow rief am 13. März 1946 Vizepräsident Kühne an und teilte ihm bezugnehmend auf ein »Schreiben mit der Bitte um Genehmigung der Aufnahme der Instandsetzung von Lok bei der Firma Schwartzkopff wird fernmündlich beantwortet, daß diese Frage erst entschieden werden könnte, wenn die Demontage des Werkes Schwarzkopff beendet sein wird.«

Die Lokomotiv-Kolonnen

Die Entstehung der Lok-Kolonnen

Zu einem Problem besonderer Art entwickelte sich die Abfuhr aller Reparationsgüter. Da seit dem 7. Mai 1945 ein Breitspurgleis von Brest über Warschau, Posen, Frankfurt nach Berlin lag, konnte ein Teil dieser Güter ohne Umladen direkt in die Sowjetunion gefahren werden. Doch die geringe Geschwindigkeit von nur 30 km/h und lediglich zwei Kreuzungsmöglichkeiten (in Deutschland: Köpenick und Fürstenwalde) waren nicht förderlich für die Abfuhr größerer Mengen. Nun sollten diese Güter in »normalen« Güterzügen abtransportiert werden. Vorgesehen waren die Verbindungen über Stettin, über die Ostbahn nach Küstrin (bis etwa 1948 noch zweigleisig) und über Frankfurt (Oder) (zweigleisig belassen). Hinzu kamen die Grenzübergänge Forst, Horka und Guben, teilweise auch Görlitz. Aber nun zeigten sich Schwierigkeiten beim Abtransport. Die sowjetischen Feldeisenbahner konnten die anwachsenden Güterströme kaum noch allein bewältigen. Es fehlten geeignete Lokomotiven; benötigt wurde ein Fuhrpark, der für die sofortige Abfuhr von Reparations- und Beutegütern (Trophäen) bereitstand.

Der Befehlshaber der Transportabteilung der Sowjetischen Militär Administration, Generalmajor des technischen Militärs Kwaschnin, und der Befehlshaber der militärischen sowjetischen Okkupationszone in Deutschland, General-Leutnant Tschernjakow, gaben am 6. August 1945 den Befehl Nr. 4 zur »Formierung besonderer Kolonnen« heraus:

»Es sind für die Streckenbahnzüge (Pendelverkehr) 175 der besten Maschinen (Lokomotiven) der Serien Nr. 50, 52, 55, 56, 57 bereitzustellen. Von diesen 175 Maschinen sind von der Direktion Magdeburg 60, Direktion Erfurt 90, Direktion Halle 25 Maschinen zu entnehmen und sie bis zum 10.8.1945 der Berliner Direktion zur Verfügung zu stellen.

Maschinen, welche von Polen, Rumänien, Ungarn und der Tschechoslowakei geliefert werden, sind zur Formierung von Kolonnen in folgende Direktion zu transportieren:

Aus Polen nach der Direktion Pasewalk[1]	160
Aus Polen nach der Direktion Schwerin	40
Aus Rumänien nach der Direktion Schwerin	90
Aus Rumänien nach der Direktion Dresden	10
Aus Ungarn nach der Direktion Berlin[2]	45 «

Diese 520 Lokomotiven waren in der Gesamtsumme von 950 bereits enthalten, die die einzelnen Direktionen bis zum 15. September instandzusetzen hatten. Schon am 10. August wollte die SMAD 260 Lokomotiven im betriebsfähigen Zustand sehen. Bis zum erwähnten 15. September hatten die Direktionen folgende Fristen zu erfüllen:

Berlin:	350 Lokomotiven	in 11 Kolonnen
Dresden:	125 Lokomotiven	in 4 Kolonnen
Halle:	155 Lokomotiven	in 5 Kolonnen
Pasewalk:	160 Lokomotiven	in 5 Kolonnen
Schwerin:	160 Lokomotiven	in 5 Kolonnen.

Bereits am 15. August sollten 13 dieser 30 geforderten Kolonnen mit entsprechendem Personal bereit stehen. Dazu sagten die Befehlshaber, daß »von dem vorhandenen qualifizierten Personal Doppel-Brigaden zu organisieren sind, welche die Streckenbahnzüge bedienen. Diese Brigaden bestehen aus Lokbrigaden, Schaffnerbrigaden und Wagenmeistern zu je 2 Brigaden für eine Maschine. Eine Brigade besteht aus:

Lokführer-Brigade:
3 Mann = Lokführer, 2. Lokführer, Lokheizer
Schaffner-Brigade:
3 Mann = Zugführer, Schaffner und 1 Wagenmeister.«

Da alles für einen durchgehenden Dienst zweifach vorhanden sein mußte, gehörten somit zu einer »Brigade« 12

Eisenbahner. Der Großteil des Personals war ebenso bis zum 15. August zu stellen. Insgesamt waren bis 15. September 1 600 Brigaden gefordert. Hierbei mußten die bisher noch nicht genannten Rbd-Bezirke Erfurt und Magdeburg auch 350 Brigaden bilden und anderen Direktionen überstellen.

Innerhalb von 24 Stunden hatte die DR die auserwählten »Sammelpunkte zur Formierung der Kolonnen und Unterbringung des Zugpersonals« auf einer Liste der SMAD vorzulegen. Die Transportabteilung der SMA war täglich bis 18 Uhr »über den Stand der Erfüllung dieser Aufgabe« zu informieren. Die vorgegeben Fristen waren unbedingt einzuhalten, Verschiebungen waren nicht zugelassen. Die DR stand vor einer schwer zu lösenden Aufgabe.

Die Rbd Erfurt sandte allein in den ersten Augusttagen 540 »Mann« Lokpersonal nach Berlin. Hinzu kamen 300 Zugbegleiter. Die Sachbearbeiter dieser Rbd stellten im Oktober fest, nachdem sie noch einmal 360 Eisenbahner abgeben mußten, daß Berlin, vor allem Berlin-Tempelhof, 240 »Köpfe zuviel erhalten hat, während die Rbd Pasewalk bis jetzt leer ausgegangen ist.« Allein für die erhöhten Leistungen im Kaliverkehr »zu den östlichen Bedarfsstellen im russischen Besatzungsgebiet« und später für den Kartoffel- und Rübenversand forderte die Rbd Erfurt ihre Kräfte zurück. Zum 1. Oktober folgte die nächste Kolonnenaufgabe.

Am 14. September 1945 meldete Dr. Apel von der Hauptverwaltung der DR dem Befehlshaber der Transportabteilung der SMAD, Generalmajor Kwaschnin, daß am Tage zuvor folgende Kolonnen bereit standen:

In der Rbd Berlin:

Zur Kolonne 1 gehörte 52 378. Mit Aufsatzbrettern versehener Kohlenkasten sicherte ausreichenden Brennstoff für eine Fahrt vom Chemiezentrum rund um Halle nach Frankfurt (Oder). Foto: A. Kalbe, Slg. M. Reimer

Kolonne 1	beim Bw Rummelsburg	25 Lok der Reihe 52
Kolonne 2	beim Bw Karlshorst	4 Lok der Reihe 44 und 13 Lok der Reihe 58
Kolonne 3	beim Bw Schöneweide	12 Lok der Reihe 52 und 13 Lok der Reihe 56
Kolonne 4	beim Bw Lichtenberg	25 Lok der Reihe 52
Kolonne N	beim Bw Schöneweide	13 Lok

In der Rbd Dresden wurde die Aufstellung »bereits in Angriff genommen, jedoch noch nicht beendet.«

In der Rbd Halle wurden die Lokkolonnen in den Betriebswerken Bitterfeld, Eilenburg und Staßfurt aufgelöst und nach den Gattungen getrennt in den Bw Bitterfeld (Baureihe 41), Leipzig und Wittenberg (Baureihe 52) neu aufgestellt. Für die Rbd Pasewalk war folgendes zu lesen:

»Kolonne 16 beim Bw Pasewalk mit 1 Lokomotive der Reihe 50, 12 der BR 52 und 1 der BR 55 sowie je eine Kolonne im Bw Stralsund (4 Lok der BR 52), im Bw Eberswalde (3 Lok der BR 52) und im Bw Neustrelitz (5 Lok der BR 52).[3]

Im November 1945 gelang diese interessante Aufnahme vom Betrieb im Bw Berlin-Schöneweide: 55 5551 der Nahkolonne schleppt 56 2001 der Kolonne 3 aus Pankow, im Vordergrund wartet die Cottbuser 52 1426, dahinter eine G 8 und die 89 002 Foto: P. Cürlis, Slg. R. Garn

Die Rbd Schwerin verfügte noch über keine Kolonnenlokomotiven.«

Bereits sechs Tage vor diesen Ausführungen wies Dr. Fuchs von der DR Hauptverwaltung die Rbd Halle an, unverzüglich bis zum 15. September 65 Lokomotiven zur Bildung der Lokomotivkolonnen bereitzustellen. Erschwert wurde dies, da zuvor die Direktionen Halle, Erfurt und Magdeburg neu gebildet wurden, wodurch leistungsstarke Bahnbetriebswerke aus dem Bereich der Rbd Halle ausschieden.

Offensichtlich enthielt der Befehl Nr. 5 vom 20. September einen Übersetzungsfehler: Nach diesem sollten bis zum 1. Oktober 50 Kolonnen formiert werden. Doch letztlich waren es »nur« 30 aus dem Bestand der DR. Kolonnen in Polen, aufgestellt durch die PKP, gab es nicht. Fragen nach den Brennstoffmengen »polnischer Kolonnenloks« durch die TV der SMA D an die DR beinhalteten lediglich den zu zahlenden Ausgleich für Lokomotiven der DR, die für die TV durch Polen fuhren und dort Kohlen bunkerten.

In einem Telegrammbrief der DR-Hauptverwaltung vom 7. Oktober 1945 stellte Dr. Fitzner gegenüber den Direktionen leider fest, »daß die Befehle der SMA nicht überall mit dem erforderlichen Ernst und der nötigen Gewissenhaftigkeit ausgeführt werden (...) Die Transportabteilung der SMA hat die mangelhaften Fortschritte in der Bildung der Lokomotiven und Brigaden bei den Reichsbahndirektionen, besonders den Rbd Berlin und Dresden, schärftens gerügt und gedroht, die für die Kolonnen- und Brigadebildung verantwortlichen Beamten vor einem Militärgericht wegen Sabotage zur Rechenschaft zu ziehen, falls der seinerzeit erteilte Befehl, die Kolonnen und Brigaden zum 1. Oktober 1945 zu bilden, nicht erfüllt sein würde.«

Um alle Probleme rasch zu klären, forderte Dr. Fitzner, daß energische und geistig bewegliche Beamten die Betreuung der Kolonnen übernehmen sollen. Durch die Ko-

Eine andere Beschriftung wies die 52 6777 der »Dampflok-Kolonne Nr. 28 der Magdeburger Direktion« vor. Die Kolonne war 1946 teilweise in Staßfurt-Leopoldshall beheimatet. Am 16. Februar 1947 verließ die 52 6777 die DR für immer in Richtung UdSSR.
Foto: Fotothek Dresden

lonnenbildung sei der zivile Verkehr nicht zu beeinträchtigen, erklärte Dr. Fitzner. Er hoffte, daß die SMA bei betrieblichen Schwierigkeiten den Anträgen auf Ausleih von Kolonnen-Lokomotiven zustimmen würde.»Um Anfangsschwierigkeiten bei der Bildung der Lok-Kolonnen überbrücken zu können, hat die SMA zugestanden, daß vorübergehend und in beschränktem Umfange Lok der Gattungen G 8.1 (BR 55 – d. A.) und 56 (G 8.2 und G 8.3) für die Kolonnenbildung herangezogen werden können, wenn die Gewähr für einen baldigen Austausch gegen ausgebesserte Lok der vorgeschriebenen Gattungen besteht.«

Durch die Bildung der Einsatzbrigaden kam es zu zahlreichen personellen Veränderungen. Zahlreiche Dienststellen mußten Eisenbahner abgeben, andere meldeten Bedarf an, erfuhren aber häufig, daß ihre geforderten Personale in einem anderen Bw ankamen. So teilte u.a. die Rbd Erfurt am 29. September 1945 mit: »Von den in unserem Bezirk aufzustellenden 53 Einsatzbrigaden entfallen auf das Aufstellungs-Bw Weißenfels 15 Brigaden mit 180 Köpfen, und zwar 90 Mann Lok- und 90 Mann Zugbegleitpersonal.

a) Lokpersonal

Es werden gestellt:	Lokführer	Lokheizer
vom eigenen Amt	16	32
vom Ma Meiningen	2	4
von RBD Berlin	12	24
Zusammen	30	60

b) Zugbegleitpersonal	Zugführer	Zugschaffner
vom Ba Weißenfels	20	40
vom Ba Arnstadt	4	4
vom Ba Saalfeld	6	16
Zusammen	30	60

Bw-Vorsteher überwacht Eintreffen der Leute und meldet am 1.10.45 vormittags an Personalwirtschaftsstelle fernmündlich die Kopfzahl.«

Bereits einen Monat zuvor bestätigte die Direktion von Erfurt, daß am 10. August 1945 bereits 60 Lokomotiven mit 360 Köpfen Personal nach Berlin für »Dienstleistung bei der russischen Militärregierung« abgegeben worden waren. Wenige Tage später mußte die Rbd noch einmal 30 Lokomotiven mit 240 Köpfen Personal stellen.

Durch Kurier wurde am 21. September 1945 allen Direktionen mitgeteilt, daß die von der Transportabteilung der SMAD avisierten 500 Lokomotiven aus dem Ausland nicht kämen (tatsächlich, nach Aufrechnung, nur 445 Lok. – d. A.). »Sie (die TA – d.A.) hat deshalb angeordnet, daß die Kolonnen unter allen Umständen bis zum 1.10.d.J. gebildet und die fehlenden Lok aus dem Bestande der DR genommen werden müssen. Die Aufstellung und Bezeichnung der Kolonnen hat sich nach der letzten Weisung der SMA gegenüber der ursprünglichen Verteilung geändert und lautet nunmehr wie folgt:

RBD	Anzahl	Kolonnen-Nr.	Anzahl der Brigaden	Reserve-Lok
Berlin	8	1–8	213	16
Dresden	6	9, 10, 12–15	160	11
Halle West	4	23–25, 27	107	7
Erfurt	2	11, 30	53	4
Magdeburg	2	28, 29	53	4
Pasewalk	1	26	27	1
Schwerin	2	21, 22	53	4
Summe	25		666	47
dazu Halle Ost	5	16, 20	134	–
Summe	30		800	47

An der Autobahnbrücke in Ruhland wartet im Jahre 1946 die 52 4919 der Kolonne 23 auf Weiterfahrt. Der optische Zustand ist auffallend gut. Ein Jahr später blieb auch sie in der SU
Foto: G. Paul

Jede Kolonne soll etwa 25–30 Brigaden fassen. Abweichend von der Verfügung v. 9.8.45 – III.31.310.Bl.1 – sind für die Bildung der Kolonnen-Lok ausschließlich nur noch die Baureihen 41, 42, 43, 45, 50, 52, 57 und 58 vorzusehen. Dazu werden im Bezirk Halle Ost 5 Kolonnen mit 134 Brigaden von der russischen Militärverwaltung bereitgestellt. Von den aus der amerikanischen Zone überwiesenen 87 Lok sind 61 der Baureihe 52 zur Kolonnenbildung zu verwenden.«

Am 1. Oktober 1945 meldete Dr. Fuchs von der Hauptverwaltung der DR, daß »für das gesamte russisch besetzte Gebiet 809 Lokomotiven als bereitstehend gemeldet« sind.[4]

In der Rbd Berlin waren es 220 Lokomotiven in den Kolonnen 1 bis 8 sowie in der N 1, 150 in den Kolonnen 9–10, 12–15 der Rbd Dresden, 57 in den Kolonnen 11 und 30 der Rbd Erfurt, 120 in den Kolonnen 16–18 und 27 der Rbd Halle West, 122 in den Kolonnen 19–20, 23–25 der Rbd Halle West (spätere Rbd Cottbus), 60 in den Kolonnen 28 (zunächst nur Staßfurt) und 29 der Rbd Magdeburg, 27 in der Kolonne 26 Pasewalk sowie 27 in der Kolonne 21 Schwerin (2 der BR 57, 9 der BR 50, 16 der BR 52) und 26 in der Kolonne 22 Güstrow (2 der BR 41, 2 der BR 44, 3 der BR 50, 9 der BR 52, 3 der BR 57, 5 der BR 55, 2 der BR 58).

Die Rbd Erfurt konnte beispielsweise die pünktliche Aufstellung melden. Sie zeigt das »Zusammenwürfeln« des Parkes:

Lok-Kolonne 11 – MA Erfurt = 23 Lok und 2 Reservelok
Aufstell-Bw: Erfurt G und P
44 104, 106, 795, 1309, 1759, 52 1636, 2237, 2455, 2585, 3134 Bw Erfurt G
42 563, 570, 1791, 52 3689, 4876 Bw Nordhausen
43 006, 033, 52 5337 Bw Eisenach
43 025 Bw Meiningen
44 1757, 50 1594, 3093 Bw Arnstadt
42 1016, 44 811 Bw Gerstungen
52 2621 Gotha

Lok-Kolonne 30 – zur Hälfte MA Jena = 15 Lok und 1 Reserve-Lok
Aufstell-Bw: Gera
50 2887, 52 3539 Bw Saalfeld
52 1664, 5287, 5415, 5663, 7605, 58 1143,

Erinnerungsfoto vor den SMA-Reserven in Hoyerswerda. Familie Paul brachte dem Lokführer Martin Paul Essen und Bekleidung. 41 134 und 52 454 verblieben bei der DR, 52 7006 kam zur SZD
Foto: G. Paul

58 1013, 1635, 1640, 1643, 2135 Bw Gera
58 1525 Bw Weimar
58 2083, 2630 Bw Meiningen
Lok-Kolonne 30 – zur Hälfte MA Weißenfels = 15 Lok und 1 Reserve-Lok
Aufstell-Bw: Weißenfels
43 007, 020 Bw Weißenfels
52 1539, 1615, 1631, 1646, 3101 Bw Zeitz
52 5142, 57 2438 Bw Artern
52 407, 2634, 2765, 3318 Bw Naumburg
52 1650, 50 2677, 58 5645 Bw Vacha.

Im Oktober 1945 wurde die Rbd Erfurt aufgefordert, durch Austausch die Kolonnen umzubilden, daß sich in jeder Kolonne »möglichst wenige verschiedene Lokgattungen befinden.« Schließlich folgte noch die Weisung, beide Kolonnen nur in zwei Standorten aufzustellen. Noch am 31. Oktober meldete Reichsbahndirektor Müller an die Hauptverwaltung der DR, daß sich die Kolonne 11 aus 27 Maschinen der BR 52, davon zwei Reservelokomotiven, und die Kolonne 30 in Weißenfels aus 30 Lokomotiven, ebenfalls zwei Reservelokomotiven, zusammensetzt. Hier waren es fünf der BR 42 und 25 der BR 52.

»In Anbetracht des unbefriedigenden Zustandes des Lokparkes und der ungenügenden Ausnutzung der Lok ist die Durchführung des der Deutschen Reichsbahn obliegenden Beförderungsplanes gefährdet«, formulierte Generalmajor Kwaschnin am 8. Dezember 1945. Jede Kolonne hatte künftig 30 Lokomotiven vorzuweisen. Maschinen, die für das Raw vorgesehen waren, sollten durch andere einsatzbereite ausgetauscht werden. Insgesamt 89 Lokomotiven mußte die Rbd Dresden an die Rbd Berlin (Kolonnen 1–8, 16) abgeben; davon 55 Maschinen mit fertig ausgerüsteten Wohnwagen und dazugehörigem Brigadepersonal. Ferner die Rbd Erfurt 15 und die Rbd Halle 10 Lokomotiven an die Rbd Cottbus (Kolonnen 20, 23–25). Im Befehl heißt es weiter: »RBD Dresden ergänzt ihre eigenen Kolonnen aus ihrem eigenen Bestand wie folgt: Kolonne 12 – 6 Lok, 13 – 5 Lok, 14 – 8 Lok.

RBD Halle ergänzt ihre eigenen Kolonnen aus eigenen Beständen wie folgt: Kolonne 19 – 5 Lok.

RBD Schwerin ergänzt ihre Kolonne, also 21 – 5 Lok und bildet Kolonne 22 aus eigenen Beständen neu.

RBD Magdeburg bildet Kolonne 28 neu und erhält hierzu von RBD Halle 20 Lokomotiven mit 20 Wohnwagen und vollzähligem Brigadepersonal und stellt die restlichen 10 Lok und 10 Wohnwagen mit Brigadepersonal aus eigenem Bestand.

RBD Erfurt ergänzt Kolonne 11 durch 5 Lok von eigenen Beständen.

RBD Greifswald ergänzt Kolonne 26 mit 2 Lok aus eigenen Beständen.«

Die Maschinen sollten in Lokzügen anrollen, wobei außer der Zuglok die übrigen kalt sein mußten. Allerdings sollten sich in einer Kolonne aufgrund der Unterhaltung nicht mehr als zwei verschiedene Baureihen befinden. Die Ausbesserungsquote wurde auf 13,3 Prozent (entspricht vier Lokomotiven) festgelegt. Wiederholt wurde noch einmal die Forderung, daß zu jeder Kolonnenlokomotive zwei Brigaden und ein Wohnwagen (ein zweiachsiger Personen-, notfalls auch Güterwagen) gehört, der beheizbar und für die Übernachtung der Mannschaft geeignet sein soll. Kwaschnin unterstrich, daß »die Formierung der Lok-Kolonnen und Brigaden spätestens am 15. Dezember 1945 vollständig abgeschlossen sein« muß.

Befehl zur »Regelung der Lok-Kolonnen-Arbeit«
Dokument: Slg. M. Reimer

Lfd.Nr.HV. 59   -5. NOV. 1945   -5. NOV. 1945

Dem Bevollmächtigten bei der RBD Berlin,
Gen. Malowitzki.

2V. = Gesch Zeichen 109/45

B e f e h l

des Chefs der Unterabteilung Eisenbahn der Transportabteilung der SMA in Deutschland.

1. November 1945   Stadt Berlin.

Betr.: Regelung der Arbeit der Lok-Kolonnen der RBD Berlin.

Um die Ausfuhr der im Gebiet der Eisenbahn Polens - in Richtung Frankfurt und Küstrin - zurückgelassenen Züge sicherzustellen,

b e f e h l e   i c h :

1. Die Lok-Kolonnen Nr. 1 der RBD Berlin mit dem Stab russischer und deutscher Bediensteten, mit den Loks des zugezählten Parks einschließlich Bedienungspersonal bis zum 5. November 1945 in das Depot Frankfurt zu verlegen;
2. Dem Bevollmächtigten bei der RBD Berlin, als Ausbesserungswerk der Lok der Kolonnen Nr. 1 des Depots Frankfurt zu organisieren;
3. Dem Bevollmächtigten der RBD Berlin, alle in Berlin eintreffenden Loks der Kolonne Nr. 1 in das Depot Frankfurt zu leiten;
4. Die Lok-Kolonne Nr. 4 für die Ausfuhr der Züge in Richtung Küstrin mit dem Ausbesserungswerk im Lok-Depot Lichtenberg der RBD Berlin abzustellen;
5. Zur Sicherstellung der Ausbesserungsmittel für die Loks, die die Personenzüge der Nummern 1 und 2 bedienen, ist an die Kolonne Nr. 2 eine Passagier-Kolonne abzustellen, die aus 5 Lok der Baureihe 52 und 5 Lok der Baureihe 42 besteht, wodurch die Gesamtzahl der Lok in Kolonne Nr. 2 auf 30 Einheiten erhöht wird.
6. Die Lok-Kolonne Nr. 8 in das Depot Rummelsburg, die Lok-Kolonne Nr. 7 in das Lok-Depot Pankow zu verlegen;
7. Die der Kolonne 12 des Eisenbahnregiments übergenen Loks an die Lok-Kolonnen Nr. 4 und Nr. 6 zurückzugeben;
8. Dem Chef der Gruppe der Lok-Kolonnen, Ingenieur-Major Gen. Nikolajew, und dem Bevollmächtigten bei der RBD Berlin, Gen. Guba, eine Ordnung über den Einsatz von Betriebsüberwachungsbeamten der Kolonnen an den Ausgangspunkten der RBD Berlin auszuarbeiten.

I.A.

Auf Vollmacht des Stellv. Volkskommissars für Streckenwesen, Genl Ssinegubow -

Der Chef der Unterabteilung Eisenbahn der Transportabteilung der SMA in Deutschland
General-Direktor für Zugkraftwesen III. Ranges
/S h a w o r o n k o w/

Für die Richtigkeit: Wtschunossoja.

Für die Richtigkeit der Übersetzung: Brandt   Ref 31 6/11

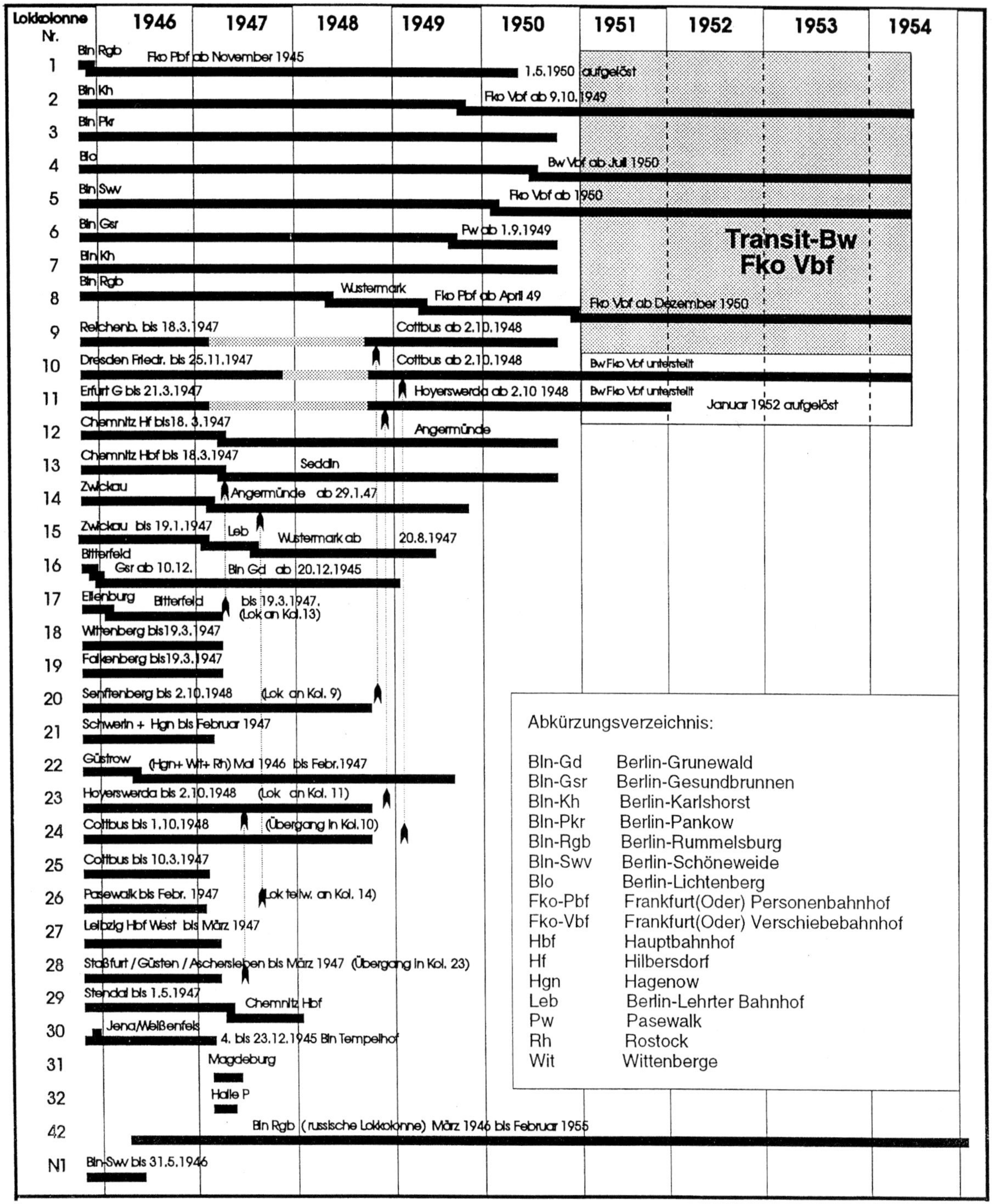

Alle Lokomotivkolonnen auf einen Blick. Bei Umsetzungen wurden die »offiziellen« Daten herangezogen. Diese weichen dann z.B. bei Lokabgaben ab (Bsp.: Abgabe im Februar 1947 an SU, Umsetzung der Kolonne, nachträgliche Umstationierung der Lok, Ausbuchung der Lok zum 30.07.1947)
Grafik: L. Meyer

Im Oktober unterschrieb Shaworonkow den Befehl Nr. 21/290. Dieser beinhaltete, daß vom 1. November 1945 an alle Nummern der Lokomotiven »streng« erfaßt werden. Überführungen in andere Orte waren nur mit der Einwilligung des Bevollmächtigten der Transportabteilung der SMA bei der Direktion möglich. Ferner waren alle Kolonnenlokomotiven »an die Depot's und Direktionen nach dem Formierungsort zu verteilen. Auf jede Lok muß zusätzlich die Kolonnennummer angegeben werden.« Ferner hieß es: »Die Regulierung und Überführung der Kolonnenloks darf nur auf Grund von Befehlen der Unterabteilung Lokkolonnen bei der Eisenbahn-Abt. der Transportverwaltung der SMA D erfolgen.«

Zwei Tage Zeit hatte die Rbd Erfurt, um der Anordnung der SMA nachzukommen, daß ab dem 15. Dezember 1945 die Anzahl der Brigadelokomotiven in der Kolonne 11, Standort Erfurt Gbf, von 25 auf 30 erhöht werden mußte. Hinzu kam das erforderliche Personal. Dazu zählten 10 Lokführer, 20 Heizer, 10 Zugführer und 20 Schaffner. Alle Ämter mußten sich beteiligen. Zwar scheint die Anzahl gering, jedoch fehlte auch in Kolonne 30 (Weißenfels) Personal bzw. mußte nach Berlin abgegeben werden. Dieses mußte demnach ebenso ergänzt werden. Schließlich taten in Kolonnen 11 und 30 jeweils 180 Lok- und 180 Zugpersonale bei insgesamt 60 Lokomotiven, zuzüglich zweier Reservelokomotiven, ihren Dienst. Um z. B. die 23 Brigaden beim Bw Erfurt G zu bilden, waren 20 Lokführer und 40 Heizer aus dem RMA Erfurt, 10/20 von Meiningen, 6/12 von Nordhausen und 10/20 aus der Rbd Berlin zu übernehmen.

Lokomotiven fehlen !

Mehrere Bahndiensttelegramme und Schreiben der SMA lassen den Schluß zu, daß bis Mitte des Jahres 1946 kaum jemand den genauen Fahrzeugbestand erfaßt hatte. Um den gesamten Lokomotivpark zu erfassen, gab der General-Direktor des Verkehrs Shaworonkow am 21. Oktober 1945 den Befehl Nr. 21 heraus. Danach mußten alle Lokomotiven wieder ihre Ordnungsnummern, Bw- und Rbd-Anschriften tragen. Dr. Fuchs, Hauptverwaltung der DR, sagte dazu, daß diese »nach der früher üblichen Form mit weißer Ölfarbe« anzubringen waren. Die Kolonnen-Lokomotiven, die nun endlich an ihre neuen Standorte zu verteilen waren, mußten zusätzlich an den Führerhäusern die Kolonnen-Nummer führen. In dem geheimen Telegrammbrief von Fuchs vom 8. November erläuterte er auch den Punkt 5 des Befehls:

»Bei einer für die Folge durch die SMA genehmigten ständigen Abgabe bzw. Übernahme einer Lok, ist diese Lok in den Bestandskarteien der beteiligten Rbden zu streichen bzw. aufzunehmen.«

Während Shaworonkow nur davon sprach, daß Fahrzeuge von »einer zur anderen Eisenbahnlinie« wechselten, war damit höflich formuliert, daß die SMA zur ständigen Nutzung die Lokomotiven auch mit in die Heimat nehmen dürfe.

Nachweis über den Bestand und Bedarf an Dampflokomotiven, Stand 05.11.1945 (nur Hauptgattungen)

Baureihe	Bestand	dienstfähig	erforderlich	+/-
01	71	30	28	+2
03	59	16	14	+2
17	33	3	2	+1
18	10	2	4	-2
19	32	5	11	-6
23	2	1	1	/
38	702	329	378	-49
39	84	31	33	-2
41	94	35	41	-6
42	26	9	9	/
43	31	18	23	-5
44	277	116	113	+3
50	266	106	104	+2
52	632	184	259	-75
55	309	78	93	-15
56	231	56	56	/
57	175	48	53	-5
58	355	114	136	-22
64	104	60	61	-1
74	229	115	119	-4
75	160	81	83	-2
78	34	20	20	/
86	160	59	78	-19
93	252	116	130	-14
94	335	184	190	-6

Diese Situation sollte sich zum Jahresende noch verschärfen. Insgesamt zählte die HV für den freien Verkehr 6228 Lokomotiven, fahrfähig waren davon 2307, zum Bedarf fehlten 361. Am schlimmsten traf es den Rbd-Bezirk Berlin mit 219 fehlenden Maschinen bei einem Gesamtbestand von 827.[5]

Im beschlagnahmten Lokpark sah es folgendermaßen aus:

Park	Bestand	dienstfähig	erforderlich	+
Kolonne	632	461	411	+50
Sonderpark	457	118	104	+14
P-Kolonne	28	20	15	+5

Immer wieder fehlten Lokomotiven. General Shaworonkow mußte mit den Befehlen Nr. 37 und 57 im November 1945 die Problematik der Bespannung der Flüchtlingszüge von Forst, Küstrin und Stettin in Richtung Mecklenburg klären. Oberst Diwgun, Stellvertreter der Eisenbahnunterabteilung, beorderte mit dem Befehl Nr. 116 vom 19.11. alle Lokreserven »unverzüglich« nach Küstrin. Dort stünden sieben Züge ohne Lokomotiven, vier weitere kämen in Kürze mit Maschinen und 22 befanden sich im Zulauf auf der »Posener Strecke«. Am 28. des Monats wurde dort endlich der letzte wartende Flüchtlingszug nach Berlin abgeholt. Doch bereits am 6. und 14.12. standen dort wieder 6000 bzw. 2800 Umsiedler. Dafür standen zunächst S-Bahn-Wagen, später auch gedeckte Güterwagen zur Verfügung. Nur Lokomotiven fehlten.

Für den Monat Dezember 1945 errechnete man folgenden Lokomotivbedarfsplan

Rbd	freier Dienst	Kolonne
Berlin	497	220
Cottbus	120	100
Dresden	489	161
Greifswald	98	28
Erfurt	390	57
Halle	621*	766
Magdeburg	317	55
Schwerin	189	27
Summe	2 721	793

*davon 50 Ellok

Am 1. Dezember 1945 befanden sich 39 Lokomotiven der BR 41, 18 der BR 42, 5 der BR 43, 36 der BR 44, 26 der BR 50, 368 der BR 52, 15 der BR 56, 6 der BR 57 und 143 der BR 58 im Kolonnenbestand. Bis zum 20. Februar des Folgejahres erhöhte sich dieser Bestand auf insgesamt 857 Maschinen, davon waren 682 betriebsfähig und 628 im Einsatz. Für den Mai zeigte der Bedarfsplan ein Verhältnis von 2 959 Lokomotiven im freien Verkehr und 939 für die Kolonnen.

Lokomotiven der besonderen SMA-Reserve standen u.a. im Bw Berlin-Schöneweide bereit (1949). Speziell für jeden bevorstehenden Winter forderte die SMA von DR weitere Maschinen abzustellen
Foto: H. Hensky, Slg. Preuß. Kulturbesitz

Gemäß dem Befehl Nr. 43 vom 12. April 1946 erfaßte die DR im April ihren Lokpark neu. Dr. Fitzner übermittelte dem Generalmajor Kwaschnin, daß in den Direktionen 3 207 Lokomotiven zum Betriebspark zählten, hinzu kämen 961 Kolonnenlokomotiven. Nur einen Monat später zählte die DR 6 669 eigene und 964 Lokomotiven im Kolonnenpark. Das war die höchste Anzahl dieses Parks. Betriebsfähig waren allerdings nur 2 716 und 800 Maschinen.

Am 6. Juli 1946 wurden die Kolonnen erneut aufgerufen, »den genauen Bestand an Kolonnen-Lok« mit »nummernmäßiger« Aufstellung zu melden. Diese Prozedur wiederholte sich in den folgenden Monaten.

»Zur Feststellung des tatsächlichen Standes der vorhandenen Anzahl von Kolonnenloks« befahl General Direktor Trunow, stellvertretender Chef der TV, in seinem Befehl Nr. 520 vom 7. August 1946 gegenüber Dr. Fitzner, diesen durch Zählungen zu erfassen. Am ersten Stichtag, dem 10. August, ermittelte die DR, daß 179 Maschinen im Einsatz, 172 in Bereitschaft und 200 zur Reparatur waren. Gegenüber diesem Gesamtbestand von 551 Kolonnen-Lokomotiven standen am 26. Oktober 1946 bereits 604 im Park. Diesmal waren 180 im Einsatz, 250 in Reserve und 174 zur Reparatur.

Für die Kolonne 20 (Senftenberg) zeigte sich am 10. August 1946 folgendes Bild:

Das Betriebsbuch der 52 2883 gibt Auskunft über ihre Stationen während der Kolonnenzeit: Von 1945 bis 1947 Kolonne 17 Bitterfeld, 1947 Kolonne 16 Grunewald, 1948 bis 1949 Kolonne 3 Pankow, 1949 Kolonne 2 Karlshorst und ab dem 11. Mai 1949 im freien Verkehr im Bw Frankfurt (Oder) Vbf

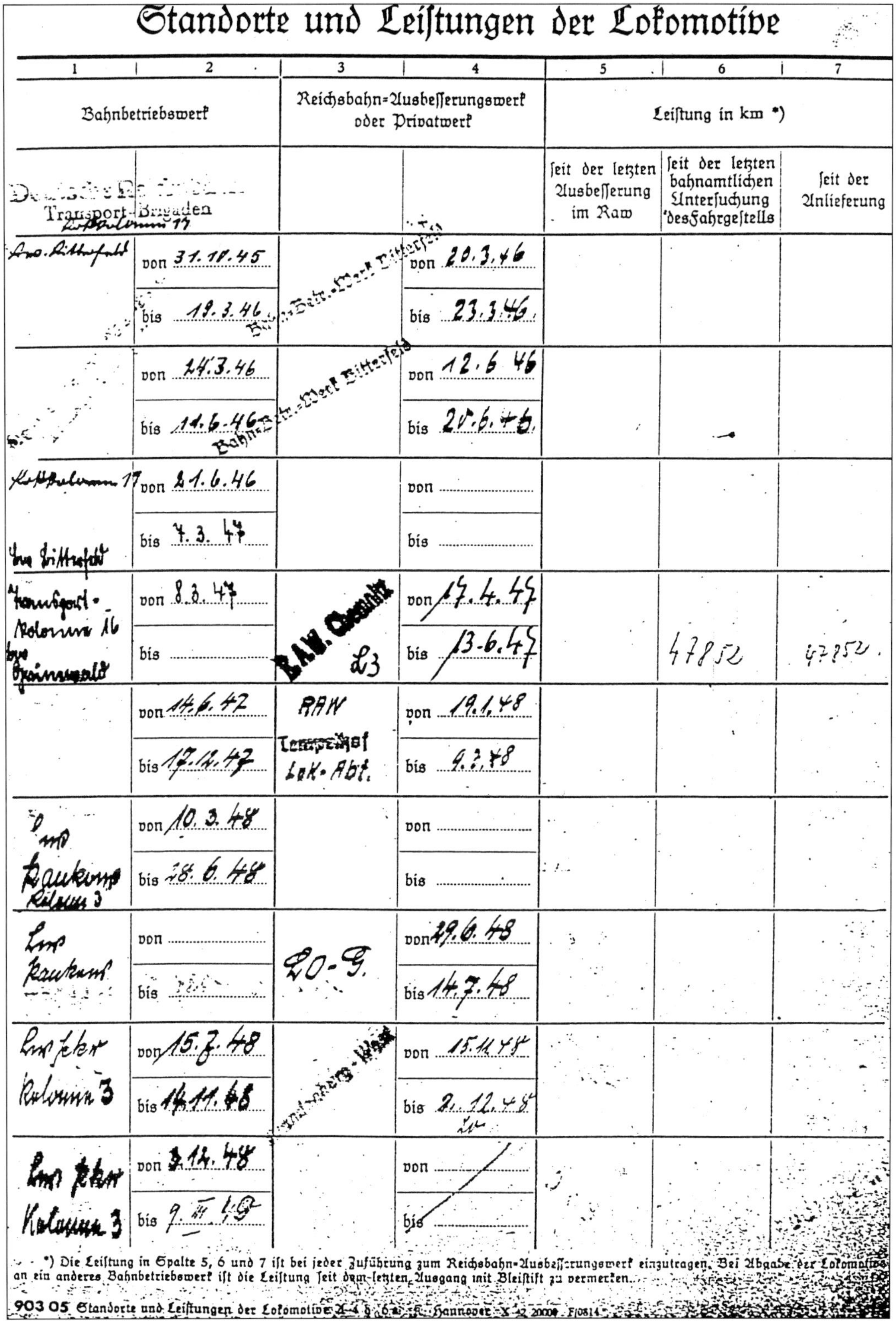

Standorte und Leistungen der Lokomotive

1	2	3	4	5	6	7
Bahnbetriebswerk		Reichsbahn-Ausbesserungswerk oder Privatwerk		Leistung in km *)		
Deutsche Reichsbahn Transport-Brigaden Kolonne 17				seit der letzten Ausbesserung im Raw	seit der letzten bahnamtlichen Untersuchung des Fahrgestells	seit der Anlieferung
Bw. Bitterfeld	von 31.10.45 bis 19.3.46	Bahn-Betr.-Werk Bitterfeld	von 20.3.46 bis 23.3.46			
	von 24.3.46 bis 14.6.46	Bahn-Betr.-Werk Bitterfeld	von 12.6.46 bis 20.6.46			
Kolonne 17 Bw Bitterfeld	von 21.6.46 bis 7.3.47		von ... bis ...			
Transport-Kolonne 16 Bw Grunewald	von 8.3.47 bis ...	RAW Chemnitz L3	von 17.4.47 bis 13.6.47		47852	47852
	von 14.6.47 bis 17.12.47	RAW Tempelhof Lok-Abt.	von 19.1.48 bis 9.3.48			
Bw Pankow Kolonne 3	von 10.3.48 bis 28.6.48		von ... bis ...			
Bw Pankow	von ... bis ...	LO-G.	von 29.6.48 bis 14.7.48			
Bw Pkw Kolonne 3	von 15.7.48 bis 14.11.48	...berg-Werk	von 15.11.48 bis 2.12.48			
Bw Pkw Kolonne 3	von 3.12.48 bis 9.V.49		von ... bis ...			

*) Die Leistung in Spalte 5, 6 und 7 ist bei jeder Zuführung zum Reichsbahn-Ausbesserungswerk einzutragen. Bei Abgabe der Lokomotive an ein anderes Bahnbetriebswerk ist die Leistung seit dem letzten Ausgang mit Bleistift zu vermerken.

903 05 Standorte und Leistungen der Lokomotive A 4 ... Hannover ... 2000 ... F/0814

lfd.Nr.	Lok-Nr.	Standort	Aufgabe
1	52 043	Osten	seit 07.08.
2	52 305	Osten	seit 09.08.
3	52 1217	Osten	seit 05.08.
4	52 1469	Raw Chemnitz	L 3
5	52 1509	Osten	seit 03.08.
6	52 1611	Senftenberg	Auswaschen
7	52 1707	Osten	seit 02.08.
8	52 2390	Osten	seit 28.07.
9	52 2590	Senftenberg	Kesselarbeiten
10	52 2785	Osten	seit 02.08.
11	52 3213	Senftenberg	betriebsfähig kalt
12	52 3857	Osten	seit 29.07.
13	52 3860	Osten	seit 04.08.
14	52 3861	Osten	seit 01.08.
15	52 4502	Rbd Erfurt	Abholen von Transporten
16	52 5012	Rbd Erfurt	Abholen von Transporten
17	52 5921	Osten	seit 03.08.
18	52 6352	Osten	seit 08.08.
19	52 6357	Raw Chemnitz	L 3
20	52 6820	Osten	seit 09.08.
21	52 7505	Rbd Erfurt	Abholen von Transporten
22	52 7513	Rbd Erfurt	Abholen von Transporten
23	44 989	Senftenberg	betriebsfähig kalt
24	44 996	Osten	seit 23.07.
25	44 1090	Senftenberg	betriebsfähig kalt
26	44 1591	Raw Meiningen	L 3
27	44 1799	Senftenberg	Auswaschen
28	50 2148	Osten	seit 28.07.
29	50 3127	Osten	seit 30.07.
30	50 3138	Bf Rietschen	in Betrieb

Am 3. September 1946 meldete der Präsident der ZVV dem Oberst Morossow der TV der SMA D, daß für den Austausch der Gattungen 41 und 43 in der Kolonne 7 geeignete Lokomotiven der BR 50 in den Direktionen Dresden, Erfurt, Schwerin und Magdeburg zur Verfügung stehen. Nach Besichtigung des MBV übernahm dieser sofort die 50 096, 1092 und 2937. Die übrigen fanden sich später in anderen Kolonnen wieder. Es gehörten dazu die: 50 837, 1091, 1260, 1388 der Rbd Dresden, 50 762 der Rbd Erfurt, 50 158, 734, 1304, 1622, 2284, 2307, 3114 der Rbd Magdeburg sowie 50 096, 927, 1092, 1152, 1465, 1486, 1504, 1550, 1839 und 2937 der Rbd Schwerin.

Am 18.02.1948 erstattete Generaldirektor Besener gemäß Befehl 193 dem Oberst Morossow der TV der SMAD Bericht, daß »der Lokbestand am Letzten des Monats

Betriebspark	4 056
Schadpark	2 506
Kolonnenpark	424
Summe	6 986

Wolfgang Bernstein vom EAZ wagte dieses Foto der abgestellten 50 769 und 1083 der Kolonne 7 in Berlin-Karlshorst; im Hintergrund das Kraftwerk Klingenberg
Foto: Slg. L. Meyer

Ausgegliedert aus den Kolonnendiensten war aufgrund von Schäden die 52 3192 (Kolonne 13), die später im Arbeitszugdienst verwendet wurde
Foto: DR, Slg. M. Reimer

Nur wenige Monate gehörte die bestens gepflegte 41 134 zur Kolonne 23. Bis 1946 mußten Einzelgänger ausgetauscht werden; es kamen in Hoyerswerda nur noch 52er zum Einsatz
Foto: G. Paul

betrug. Von den Lokomotiven des Betriebsparkes waren insgesamt 112 Lokomotiven in betriebsbereiter Reserve kalt abgestellt, wofür auch Lokpersonal in Bereitschaft gehalten wurde. Die täglichen Laufleistungen im Güterzugdienst betrugen 184 km gegenüber einem Soll von 175 km. Im Reisezugdienst konnte die vorgeschriebene Laufleistung von 215 km erreicht werden.

Diese Berichte wiederholten sich in ähnlicher Form. Herausragend waren dann Leistungen zur Leipziger Messe, wo zum Beispiel im März des gleichen Jahres 62 Dampfrösser aus dem Reservepark genutzt wurden. Für den kommenden Winter wurde bereits zum 30. Juni ein umfangreicher Reservepark aufgebaut:

SMAD-Reserve		Rbd-Reserve	
Soll	Ist	Soll	Ist
160	162	40	39

All diese Werte wurden noch weiter nach oben geschraubt. Für den Monat Oktober meldete Besener einen Gesamtlokbestand von 7 008 Exemplaren. Davon befanden sich im Betriebspark 4 143, im Schadpark 2 444 und im Kolonnenpark 421. In der SMAD-Reserve befanden sich 244 Maschinen von auch 244 geforderten, in der Rbd-Reserve 80 statt 100 Lokomotiven. Auch die Laufleistungen wurden ständig erhöht und ebenso überboten: Im Güterzugdienst lag man bei 201 km, im Reisezugdienst bei 237 km.

Am 4. November 1949 legte die DR, Referat 31, die »Selbstkosten der Kolonnenlok« pro Tag vor. Ausgegangen wurde von den Beschaffungskosten einer Lokomotive der BR 01 mit 207 900 DM bzw. der BR 50/52 mit 172 000 DM. Bei einer Nutzungszeit von 30 bzw. 25 Jahren und einer Verzinsung von vier Prozent, ausgegeben von der Deutschen Notenbank, ergaben sich Tilgungswerte von 19 bzw. 19, 30 Mark. Weiter wurden die durchschnittlichen Reparaturkosten im Raw und im Bw, die Brenn- und Schmierstoffe sowie sämtliche Personalkosten, einschließlich der Wettbewerbsprämie von 11 000 DM erfaßt. Seinerzeit kostete eine Tonne Steinkohle 30 DM. Für eine siebentägige Fahrt durch Polen wurden sechs Tonnen berücksichtigt. 13 Lokomotiven verließen täglich die Oderstadt in Richtung UdSSR. Letztlich ergaben sich folgende Werte:

	01	50 und 52
Verzinsung, Tilgung, Reparatur	149,29	139,05
Stoffe (Kohle, Öl)	29,16	29,16
Personalkosten	272,89	272,89
	451,34	441,10

Wer fährt in die Sowjetunion?

Eines der drängendsten Probleme des Kolonnendienstes war die Gestellung des dafür notwendigen Personals. Woher sollten die Lokpersonale für die Kolonnen gewonnen werden?

Zuständig für die Lokomotiven aus Gesundbrunnen war das Raw Berlin-Tempelhof. Im Juli 1947 war 52 6404 zur L 0 im Werk
Foto: Fotothek Dresden

Nicht selten wurden Männer geschickt, die beschäftigungslos waren, weil ihre Schmalspurstrecke abgebaut worden war. Aber noch 1953 bemängelte die Hauptverwaltung des Maschinendienstes, als der Kolonne 10 drei Heizer des Bw Zittau zugeteilt wurden: »Es ist uns unverständlich, welche Vorstellungen in diesem Bw von der Arbeit im Transitverkehr herrscht... Es kann auf keinen Fall den Lokkolonnen zugemutet werden, nicht ausreichend ausgebildete Lokpersonale zu übernehmen.«

Zurück in die Anfangsphase: Am 5. April 1946 verständigte Oberstleutnant Lyssenko, Chef der Lokkolonnen-Abteilung, Dr. Fitzner über fehlendes Personal in den Kolonnen 20, 24, 25 der Rbd Kottbus[6]. Besener mußte daraufhin »43 Köpfe Lokpersonal und 66 Köpfe Zugbegleitpersonal« aus den Rbd Dresden bzw. Berlin abfordern. Am 6. Juli unterrichtete Dr. Fitzner den Leiter der Lokomotiv-Abteilung bei der SMAD, Oberst Morossow, daß z.B. der Krankenstand beim Lokpersonal der Lokkolonne 29 in Stendal allgemein sechs Prozent betrug und für kurze Zeit weiter anstieg. »Das RAW Stendal konnte Ersatzkräfte für die Kolonne nicht stellen, so daß auf das Personal, welches für Regelleistungen der Reichsbahn zur Verfügung steht, zurückgegriffen werden mußte. In der Zugförderung entstanden deshalb für kurze Zeit Schwierigkeiten. Wie die RBD Magdeburg mitgeteilt hat, fehlen im Bezirk 177 Lokführer und 180 Heizer. Dieser Mangel an Lokpersonal wurde zu einem Teil auch durch die Entlassung der Nationalsozialisten verursacht. Die Arbeitsämter sind z. Zt. nicht in der Lage, geeignete Ersatzkräfte in der erforderlichen Anzahl zuzuweisen.«

Doch selbst die Unterstützung der SMA verfehlte ihre Wirkung. Dirigent Kramer[7] von der HV der DR wurde am 9. November 1946 von Oberstleutnant Lyssenko angerufen: »In der letzten Zeit sind Ihnen aus den Lokkolonnen 500 Lokbrigaden und zwei Lokkolonnen übergeben worden. Die Ihnen gegebene Anzahl der Arbeitskräfte ist von Ihnen bis heute nicht richtig verteilt worden. Demzufolge ist die ganze Arbeit bei der Magdeburger Direktion durch das Fehlen von Lokbrigaden unterbunden, was den Chef der Transport-Verwaltung, General Trunow, veranlaßt hat, selbst in diese Angelegenheit einzugreifen. Um dem General einen Bericht erstatten zu können, bitte ich mir mitzuteilen, was für Maßnahmen Sie zu treffen gedenken, um die Lage bei der Magdeburger Direktion zu verbessern.«[8]

Provisorisch wurde der Schuppen im Bw Erfurt G geflickt, das Schiebebühnenfeld ist augenblicklich nicht nutzbar. Am 7. März 1947 werden dort 52 7709, 1647 und 3134 der Kolonne 11 repariert. Wenige Wochen später waren diese drei aus dem DR-Park ausgegliedert
Foto: Rbd Erfurt, Slg. R. Garn

52 4919 der Kolonne 23 und der einfache Begleiterwagen (G-Wagen) wurden heimlich unter der zweispurigen Behelfsbrücke der Autobahn bei Ruhland im Jahre 1946 fotografiert
Foto: G. Paul

Lyssenko befragte in einem Telefonogramm vom 19. August 1946 den für Personalfragen zuständigen Herren Dr. Pfeiffer, warum die Vervollständigung der Lok-Kolonnen der Berliner und Kottbuser Direktion bisher nicht durchgeführt worden sei. Die Personale verteilten sich zu diesem Zeitpunkt wie folgt:
Kolonne 1: 304 Mann, 2: 330, 3: 359, 4: 335, 5: 350, 7: 338, 8: 330, 20: 320, 23: 353, 24: 334, 25: 331, 26: 353 Mann.

In Vertretung des Generaldirektors der HV DR, bezog sich der Stellvertreter Schramm ebenfalls auf ein Telefonogramm, geführt mit Herrn General-Direktor Trunow, daß er zwar die RBD angewiesen habe, jede Lokkolonne um eine Doppelbrigade für die 31. Kolonnenlok zu ergänzen, aber aufgrund von Personalmangel die endgültige Bestätigung noch ausstehe. Er hoffe auf die Zustimmung der örtlichen MBV, daß versuchsweise statt sechs »Köpfen« auch vier »Köpfe Lokpersonal (2 Lokführer und 2 Heizer)« genügen.

Der Fahrzeugpark für den freien Park stabilisierte sich zwar, aber es fehlte nun am Personal. Aufgrund einer Verfügung vom 4. November 1946 waren in jeder Lokkolonne fünf Maschinen »zurückzuziehen und abzustellen«. Dadurch wurden 712 Mann Lokpersonal, 860 Zugbegleiter, einschließlich Wagenmeister, und 120 Mannschaftswagen »somit für eigene Zwecke frei«. Lediglich für die Bewachung und Pflege der abgestellten Lokomotiven forderte die SMAD noch jeweils zwei Brigaden an. Allerdings verwies die SMAD sofort darauf, daß »das freigewordene Personal, soweit noch nicht geschehen, aus dem Brigadedienst und damit auch aus der Brigadeverpflegung zurückzuziehen ist.«

Vom 1. Januar 1947 an war auf Befehl der SMAD aus jeder Doppelbrigade je ein Wagenmeister zurückzuziehen. Somit bestand künftig eine Doppelbrigade »nur« aus je zwei Lokführern, Führerberechtigten, Heizern, Zugführern und Schaffnern sowie einem Wagenmeister; also insgesamt 11 Mitarbeitern. Zusätzlich wurden aus den Kolonnen 1 und 16 jeweils die zwei Heizer abgezogen.

Anfang des Jahres 1948 wurden einige Brigaden ausgetauscht. Zum einem galt der Befehl Nr. 49 zum Abstellen dreier Kolonnenlokokomotiven, andererseits der Befehl Nr. 22/7 vom 8. Januar 1948 zum Personaltausch. Doch im Telefonogramm Nr. 205 vom 29. April 1948 verwies General-Direktor Wojewudski, Chef der Eisenbahnabteilung der TV der SMAD, darauf, daß künftig die Ablösung der Lok- und Zugbrigaden der Kolonnenloks zu unterbleiben hat.

»Jede Kolonnenlok ist mit Lok- und Zugpersonal etatmäßig aufzufüllen und zwar unter Berechnung von 11 Mann pro Lok. Bei Entlassungen und Versetzungen der Kolonnen-Mannschaften ist für einen gleichzeitigen und gleichwertigen Ersatz zu sorgen.«

Mit viel Liebe pflegten die Mitglieder der Brigade des Lokführers Martin Paul die 52 4919
Foto: G. Paul

Vor ihre »Gisela« 52-6639 der Schöneweider Kolonne 5 bat ein Pressefotograf die gesamte Brigade. Heizer Erhard Geier (3.v.r.u.) grüßte aus Spaß in Polen oft alle an der Strecke stehenden Kruzifixe. Der polnische Lotse glaubte an einen Katholiken und schippte fortan selbst die Kohlen in die Feuerbüchse
Foto: Slg. E. Geier

Personalschwierigkeiten waren immer ein besonderer Fakt.

Kurz nach der personellen Umbildung der Kolonnen zeigte sich erneut, daß vor allem Lokomotivführer fehlten. Die DR versuchte, auch »Westberliner« Personale für den Kolonneneinsatz zu gewinnen. Diese alllerdings lehnten mehrheitlich einen Einsatz bei den »Brigaden« ab. Speziell die Lokführer des Bw Grunewald wollten ihre Freiheit, ihr enges Zusammenleben mit der Familie nicht aufgeben. Aber auch die Angst vor Übergriffen in Polen war ein Punkt. Schließlich plagte die Ungewißheit, wie lange ein derartiger Einsatz dauern würde.

Am 23. Dezember 1948 lud die DR diese Lokführer zu einem »Überzeugungsreferat« ein. Eindringlich wurde an die Personale appelliert, sich doch den Notwendigkeiten des Dienstes zu beugen. Desweiteren wurde ihnen versichert, daß der russische Kolonnenleiter das Personal keineswegs festhalten dürfe, wie es ihm gefalle. Schließlich versuchte man, die Eisenbahner an ihre Berufsehre zu erinnern. Doch selbst das blieb ohne Erfolg.

Bald darauf mußte die Kolonne 16 aufgelöst werden. In der Westzone Berlins hatten die DR und die SMA ihre Macht verloren.

Der Befehl Nr. 49 der SMAD war vom 4. März 1948 datiert. Diesem Befehl zufolge waren in den noch bestehenden Transportkolonnen jeweils drei Lokomotiven kalt abzustellen. Ausgesucht wurden solche, die erst kürzlich das Raw verlassen und maximale Radreifenstärke hatten. In den 13 Lokkolonnen wurden dadurch 39 Lokbrigaden frei. Bis auf jeweils eine Brigade bei jeder Kolonne, zuständig für Bewachung und Unterhaltung, wurden die übrigen den Direktionen überwiesen. 18 Brigaden kamen in den Rbd-Bezirk Halle. Aus der Kolonne 14 kam das Personal zur Rbd Greifswald, aus den Cottbuser Brigaden 20, 23 und 24 zur Rbd Cottbus. Die Personale der Kolonnen 7 und 23 waren für die Rbd Magdeburg bestimmt. Dabei wurden die einstigen Heimatorte beachtet, so daß in der Regel die ersten Personale nach Hause kamen. Diese waren zunächst als »Abgeordnet« zu betrachten, um bei einem möglichen Abruf der SMAD innerhalb von drei Tagen wieder zur Verfügung zu stehen. Lediglich die Magdeburger schieden endgültig aus.

Ebenfalls in die Reserve der SMAD wechselten zum 1. August 1948 weitere 58 Lokomotiven. 39 aus den Kolonnen der Rbd Berlin (K 1–7, 13, 15), 14 der Rbd Cottbus (20, 23, 24) und fünf der Rbd Greifswald (K 14). Nun

Auswaschung, (f) große	большая промывка (ж)
Auswaschung, (f) kleine	малая промывка (ж)
Bahnräumer (m) 102-5, 60-6	метельник (м)
Barrenanker (m) 51-1	брус (м) или балка (ж) для подвижных анкерных болтов
Barrenankerstehbolzen (m) 52-1	подвижные, анкерные болты (м)
Barrenrahmen (m)	балочная или брусковая рама (ж)
Barrenrahmenwange (f) 91-6	боковая стенка (ж) брусковой рамы
Bauart (f)	строительная серия (ж), вид (м) постройки
Bauartreihe (f)	строительная серия (ж)
Bedarfsausbesserung (f)	случайный ремонт (м) оздоровительный ремонт (м)
Beilage (f)	принадлежность (ж)
Beilage (f) zur Tragfeder, 31-5, 77-6	подкладка (ж) к подвесной рессоре
Bekleidung des Kessels (f.)	обшивка (ж) котла
Beschleunigungsventil (n) an der Druckluftbremse	клапан (м) ускорения пневматического тормоза или воздухораспределителя

Mehrfach gab die DR für die Brigade-Lokführer Wörterbücher heraus, damit sie die wichtigsten Eisenbahn- und Dampflokbegriffe ins Russische übersetzen konnten
Dokument: Slg. A. Stange

Stadturlaubschein

für Martin Paul

Grund Arzt

23. Sep. 1947 Dr. med. Georg Piazza

Stempel u. Unterschr. des Arztes

Wiederbestellt

in der Kolonnenleitung zurückgemeldet

Paul
f. d. Kol. Leiter

Hoyerswerda, den 23.9.47

Stadterlaubnis für Lokführer Martin Paul, um von der Kolonne 23 zum Arzt in Hoyerswerda zu gehen
Dokument: Slg. G. Paul

genügte zum »Schutz und zur Instandhaltung« gar nur noch eine Person für jede abzustellende Lokomotive.

Die Ruhepause für die Maschinen dauerte allerdings nicht lange. Aufgrund der strengen Nachkriegswinter kamen einige wieder zu Einsätzen. Gemäß Befehl Nr. 138 vom 3. Dezember 1948 hatten die Rbd Berlin innerhalb von drei Tagen 12 und die Rbd Cottbus acht Lokomotiven mit dem erforderlichen Personal bereitzustellen. Die Brigaden, einst mit dem Befehl Nr. 299 im Juli nach Hause gesandt, mußten wieder abgefordert werden. Einziger Vorteil: Sie bekamen wieder die Kolonnenverpflegung.

Bereits im Frühjahr 1947 durften 41 Lokomotiven aus der »kalten Reserve« gemäß Befehl Nr. 30 der SMA D zur »Sicherstellung des Reiseverkehrs zur Leipziger Messe« den Direktionen übergeben werden. Auch das sollte sich wiederholen, denn die Leipziger Messe besaß einen besonderen Stellenwert.

Am 6. April 1948 rügte General-Direktor Wojewudski in seinem Schreiben Nr. 22/20240 den Generaldirektor Besener wegen des Bestandes von »Lokbrigaden, welche nicht auf den Lokomotiven, sondern anderwärts tätig sind.«

Die 52er hat von ihrem Zug abgekuppelt, um im Bahnhof Lübben die Wasservorräte zu ergänzen. Anwohner versuchen sofort etwas Verwertbares, von Lebensmitteln bis hin zu Kohlen, zu ergattern
Foto: P. Cürlis, Slg. R. Garn

Wojewudski wörtlich: »Aus dem vorgelegten Bericht...ergibt sich, daß 2 131 Lokführer und Heizer nicht auf der Lok tätig sind: Davon wären 1 290 Köpfe für die Lokbedienung geeignet, während 841 Köpfe als im Lokdienst unverwendbar zu betrachten sind.

Dabei behaupten Sie gleichzeitig, daß die Organisation einer dreifachen festen Lokbedienungsschicht an dem Mangel von Lokbrigaden scheitert. Hingegen ist aus Ihrer Aufstellung ersichtlich, daß Lokbrigaden, welche sich für den Lokdienst eignen, ganz andere Stellungen besetzen, wie z.B. als Arbeiter der Holzaufbereitungsstelle, Werkschutz, Verpflegungsaufkäufer, Pförtner, Lokbewacher und in anderen ähnlichen Ämtern tätig sind, für deren Ausübung keinerlei Fachkenntnisse eines Lokführers oder Heizers erforderlich sind. Ferner ist die Verteilung der Lokbrigademannschaften unzweckmäßig, da in einem Bw Überfluß, während gleichzeitig in einem anderen sich ein Lok-Personalmangel bemerkbar macht.

Es ist offensichtlich, daß die HV sich überhaupt nicht mit dem Personalbestand der Lokbrigaden befaßt, was zu einer schlechten Lokauswertung und einer bedeutenden Schadlokanzahl führt, insbesondere hinsichtlich der Zwischenausbesserung.«

1) Die Direktion Pasewalk zog im Herbst 1945 nach Greifswald und firmierte dann als Rbd Greifswald

2) Herr Fröhlich von der Rbd Berlin informierte am 9. August 1945, daß der Rbd Berlin 45 Lokomotiven aus Ungarn und 100 aus der Tschechoslowakei zugeführt werden. Diese Maschinen sind in Tempelhof zu sammeln und zu überprüfen.

3) Kolonne »16« Bw Pasewalk, vmtl. Schreibfehler, daher Kolonne »26«

4) Die einzelnen Lokomotiven der Kolonnen sind zu Stichtagen in den Anhängen genannt; die Laufwege der Kolonnen sind der Grafik zu entnehmen

5 Aus dem Park der Rbd Berlin wurden zusätzlich zwischen 1946 und 1952 Lokomotiven als »Betriebspark Ami« im Bw Anhalter Bahnhof herausgenommen (siehe Anhang). Neben Sonderzugdiensten für die amerikanischen Alliierten dienten sie auch in der Phase des »kalten Krieges« in Berlin für die Versorgung Westberlins. Letztmalig wurde am 16. Juni 1952 über diesen Park diskutiert, als eine technischen Untersuchungsgruppe der DR der Zutritt durch die amerikanischen Bewacher zu den im Triebwagenschuppen am Anhalter Bahnhof abgestellten Lokomotiven (52 373, 6311, 6427, 80 022, 93 1212) verwehrt wurde. Bis 1955 gelangten die Maschinen an die DR zurück.

6) Kottbus – einstige Schreibweise bis 1905, dann mit C und K (bis etwa 1950) zulässig (siehe Heimatkalender der Stadt Cottbus 1996); da die russische Schreibweise kein hartes C vorsieht, wurde die Stadt oft in SMA-Briefen mit K geschrieben

7) Kramer, Erwin – ab 1950 Generaldirektor der DR und ab 1954 Verkehrsminister der DDR

8) Es ist nicht klar, auf welche zwei Kolonnen sich Lyssenko bezieht. In dem Rbd-Bezirk wurde zusätzliche Lokomotiven (auch als Lokkolonnen bezeichnet) vorgehalten, die die Transporte zwischen Braunschweig und Berlin übernahmen. Die »Verpflegungsabrechnung« übernahm die Kolonne 16 Berlin-Grunewald.

Der Alltag der Kolonnen

Fahren und Reparieren – der Kampf mit dem Material

Am 22. Dezember 1945 wurde Dr. Fitzner mit dem Schreiben Nr. 21/452 erneut von der TA der SMAD angegriffen. Die Verspätungen der Pendelzüge mit Beutegut auf den Fahrtrouten innerhalb der SBZ sowie in Polen führte zu Unmut über » die unbefriedigende Arbeit der Deutschen Reichsbahnverwaltung in der Weiterleitung der Züge auf Zwischenstationen, Eisenbahnknotenpunkten und Hauptdepots, demzufolge der Umlauf der Lok wegen unbegründeter Aufenthalte der Züge auf den Zuführungen zu den Stationen, auf den Stationen sowie der Lok, die sich in der Ausrüstung oder Ausbesserung befinden, jäh angestiegen ist.«

Darüber hinaus hielt die SMAD Dr. Fitzner vor:

» (...) 2. Eine Reihe von Direktionen, insbesondere die Rbd Berlin und Cottbus, haben auf Grund einer gleichgültigen Haltung gegenüber dem zugeschriebenen Lokpark keine rechtzeitigen Maßnahmen zur Ausbesserung der Lok getroffen, was einen jäh angestiegenen Prozentsatz von Schadlok zur Folge hatte, und nach Abgang der Kolonnenlok waren die Direktionen praktisch ohne Lokpark.

3. Die Zahl der Fälle von Maschinenschäden auf der Strecke hat sich in letzter Zeit vermehrt, was die Folge nachlässiger Behandlung und sogar der Sabotage einzelner Lokbrigaden hinsichtlich der Lok, sowie geringwertiger Ausbesserung in den Depots und Werkstätten war.

In der III. Novemberdekade sind 27 Fälle zu verzeichnen, in denen die Lok wegen Dampfunterdruck stehen blieben, 36 Fälle von Lokschäden. Deutsche Brigaden auf polnischen Gebiet lassen die Züge auf freier Strecke unter dem Vorwand der Ausbesserung der Lok im Stich und versuchen, ihre schlechte Arbeit dadurch zu erklären, daß die Verwaltung der Polnischen Eisenbahn sie ignoriere. In Wirklichkeit aber ist das Umgekehrte der Fall. Die Lok 50 1505 des Depots Cottbus ließ am 7.12.45 den Zug Nr. 912 wegen

Für die Presse machen Mitglieder die Kolonne 5 glückliche Gesichter, sonst war eine Fahrt mühevoll
Foto: Slg. E. Geier

Pumpenschaden im Stich. Bei der Lok 52 1451 schmolzen die Sicherungspfropfen aus, sie mußte durch eine Reservelok abgeschleppt werden. Die Lok 58 1109 ließ den Zug 1382 wegen Bruch des Rostes im Stich, die Lok Nr. 58

Jubiläum im einst elektronischen Werk in Hennigsdorf: Die 50. Lokomotive seit Kriegsende wurde im Februar 1948 repariert
Foto: H. Hensky, Slg. Preuß. Kulturbesitz

1244 des Depots Cottbus wurde am 8.12.45 wegen Schieberschaden durch eine Reservelok abgeschleppt, und von der Lok 52 641 verschwand am 10.12.45 um 3 Uhr die Lokbesatzung unter Aufgabe des Zuges Nr. 886 und lief in den Wald. Allein im Depot Posen liefen in zwei Tagen 13 Lok zur Ausbesserung ein. Alle Fälle von Lokschäden und von schlechter Zurücklegung der Fahrtroute blieben Ihrerseits ungestraft.

Die Organisation des Zugverkehrs wird seitens der deutschen Verwaltung der Eisenbahn von niemand geleitet, demzufolge die Lok 52 2477 der Kolonne 8, die in Karlshorst am 6.12.45 um 3.55 Uhr zur Kontrollstelle auslief, mit dem Zug erst um 20.42 Uhr abfuhr. Bei dem Mangel an Lok für Pendelzüge wurde sie dem Sammelzug Nr. 8303 angehängt. Die Lok Nr. 42 1909 wurde am 8.12.45 vom Fahrdienstleiter vollkommen verloren und erst nach Eingreifen des bevollmächtigten der SMA am 9.12.45 im Depot Lichtenberg entdeckt.

In Anbetracht der schlechten Erfassung der Arbeit der Lok und ihres Zustandes kommt es vor, daß unter den defekten, auf Ausbesserung wartenden Lok einwandfreie Lok festgestellt werden, z B bei der Rbd Berlin 3 Lok und bei der Rbd Dresden 26 Lok…«

Stellvertretend für die DR wehrte sich Dr. Fuchs gegen dies Anschuldigungen und informierte am 2. Februar 1946 Oberst Morossow über Eingriffe in den Eisenbahnbetrieb. So hatte der Kommandant der Zugleitung V in Grünau, Major Kudinow, am 17. und 18. Januar 1946 fünf Lokomotiven der Direktion Cottbus von Schöneweide über Grünau zur Direktion Halle weiter gesandt. Außerdem wurden drei Lokomotiven der Rbd Cottbus am 30. Januar auf Befehl des Majors übermäßig lange festgehalten und im Berliner Bezirk ebenso verwendet. So betrug u.a. die Wendezeit der 52 323 in Schöneweide 25 Stunden, der 44 099 sogar 34 Stunden und der 52 3312 immerhin 22, 5 Stunden.

Noch fast vier Jahre später bemängelte General-Direktor Wojewudski gegenüber dem Präsidenten der Generaldirektion der DR Kreikemeyer, daß die Lokomotiven in den Kolonnen einen unbefriedigenden Zustand hätten:

»So wurde gemäß der Instruktion der Transport-Verwaltung der SMAD der Zustand der Lok bei Vorhandensein von mehr als 10 abgerissenen Stehbolzen und erhöhter Kesselsteinbildung für nichtbefriedigend gehalten… Ungeachtet solch strenger Anforderungen, wie sie bei der Frühjahrsprüfung gestellt wurden, erhielten 73,3 % der Loks in den Lok-Kolonnen hinsichtlich ihres Zustandes die Bewertung »gut«. In 15 Tagen des Dezember wurden 298 Lok geprüft, von denen bei nachsichtigster Bewertung des Zustandes 69,5 % ein gutes Prädikat erhielten. Ein besonders schlechter Zustand ist in den Lok-Kolonnen 5, 7 und 13 zu verzeichnen… Es ist charakteristisch, daß bei der Kolonne 13 während der Prüfung Loks mit durchgehenden Rissen in den Wänden der Verkleidung der Feuerbüchse festgestellt wurden (die Loks 52-344, 52-2985, 52-4501), aber selbst diesen Loks wurde hinsichtlich ihres Zustandes die Bewertung »befriedigend« gegeben, was offensichtlich der Wirklichkeit nicht entspricht. Aus der Kolonne 13 sind vom Mai bis zum 1. Dezember 7 Loks auf Grund von Rissen in den Wänden der Verkleidung der Feuerbuchse ausgeschieden. Die

Werk	Zustand und Aufgaben	Kopfzahl 1939	1945
Grunewald	z.T. ausgebrannt, Werkzeugmaschinen ausgebaut, Güterwagenabteilung arbeitsfähig	1 187	149
Tempelhof	erhebliche Fliegerschäden, Werkzeugmaschinen ausgebaut, Kraftwagen- und Lokausbesserung arbeitsfähig	2 950	427
Warschauer Str.	Teilzerstörungen, Werkzeugmaschinen ausgebaut, z.Z. werden Güterwagen auf russische Spur umgebaut	1 558	1 103
Schöneweide (S-Bahn)	nur Dachschäden, Werkzeugmaschinen ausgebaut, Umbau von vierachsigen Personenwagen	1 918	312
Potsdam	größere Fliegerschäden, Werkzeugmaschinen ausgebaut, neue Halle betriebsfähig (Regierungswagen)	1 951	346
Brandenburg-West	fast keine Schäden, Werkzeugmaschinen ausgebaut, Lokausbesserung arbeitsfähig	3 170	2 300
Eberswalde	größere Schäden, Werkzeugmaschinen ausgebaut, nicht arbeitsfähig	1 456	517
Rostock mit Malchin	leichte Schäden, ausgeräumt	?	259 Arb. u. 95 Beamte
Wittenberge	ausgeräumt	?	832 Arbeiter, davon 300 aus Ostrowo
Magdeburg mit Halberstadt	Fliegerschäden Wagenhalle, Schmiede, Werk arbeitet	?	700 Arb. + 100 Beamte
Stendal, Meiningen, Cottbus u.a.	keine Angaben		

Untersuchung der Gründe dieses Massenausscheidens von Loks aus der Kolonne 13 zieht sich hingegen unzulässig lange hin, und keine Maßnahmen zur Verhütung ähnlicher Fälle in der Zukunft werden getroffen.

Der Prozentsatz der nicht einsatzfähigen Loks in den Lok-Kolonnen insgesamt wächst vom Monat Mai (12,7 %) ab unentwegt und überschreitet zur Zeit die Norm von 13,5 % (November 14,1 %).«

Doch wie war die Lage in den Raw wirklich? Nach einer Liste der Geschäftsführenden Direktion für das Werkstättenwesen vom 15. August 1945 versuchte sich die DR am Wiederaufbau (s. Tabelle oben).

Nach einer Beratung bei der Transportabteilung in Berlin-Karlshorst am 10. November 1945 mußte sich Dr. Fitzner mit der »Wiederinbetriebnahme geräumter Ausbesserungswerke« beschäftigen. Vorrangig waren wieder Lokomotiven instandzusetzen. Die SMAD forderte, daß bis zum Jahresende mindestens 1 500 Lokomotiven, 2 000 Personenwagen und 15 000 Güterwagen ausgebessert werden. Folgende Werke sah Dr. Fitzner vor:

Raw Rostock	für Lokomotiven aller Schadgruppen
Raw Eberswalde	Lokomotiven der Schadgruppen L 0, L 2 und Personen- und Güterwagen
Raw Wittenberge	Lokomotiven der Schadgruppen L 0, L 2 und Personen- und Güterwagen
Raw Brandenburg West	Lokomotiven der Schadgruppen L 0, L 2 sowie Ersatzstücke und Weichen
Raw Berlin-Tempelhof	Lokomotiven aller Schadgruppen und Straßenkraftfahrzeuge
Raw Berlin-Grunewald	Güterwagen
Raw Berlin-Albrechtshof	Lokomotiven und Personenwagen aller Schadgruppen
Raw Berlin-Lichtenrade	Straßenkraftfahrzeuge
Raw Cottbus	Lokomotiven der Schadgruppen L 0, L 2 und Güterwagen
Raw Dresden	Güterwagen

Maschinen sollten aus anderen Werken kommen und Hebeböcke mußten gesondert aufgearbeitet werden. Dazu konnte Dr. Fitzner am 27. Februar 1946 gegenüber Generalmajor Kwaschnin, Befehlshaber der Transportverwaltung der SMA D, mitteilen, daß die ausgebesserten Hebevorrichtungen in den Bw und Raw genutzt werden. Lediglich im Bezirk Berlin verzögere sich die Instandsetzung, »da fast alle Arbeitskräfte für die laufende Ausbesserung, insbesondere an Kolonnenlok« herangezogen werden.

In einem Referat vom 13. Februar 1947 schilderte die Abteilung 50 der HV DR (Lokausbesserung) die Lage. Erschwert wurde sie durch personelle Engpässe. Einstige Fremdkräfte kehrten in ihre Länder zurück, andere gingen »mit Rücksicht auf die Ernährungslage« aufs Land und vie-

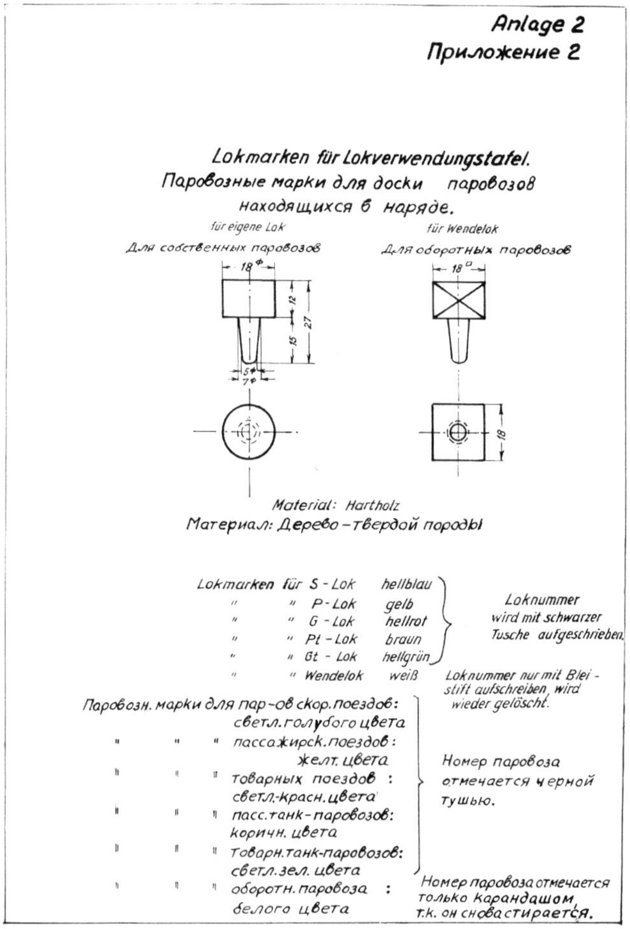

Stets zweisprachig mußten Konstruktionsunterlagen sein, wie hier die für Holzstöpsel. Während »eigene« Lokomotiven nur runde erhalten durften, waren für »Wendelok« (Kolonne) eckige vorgesehen
Foto: Slg. R. Garn

le Arbeiter waren noch immer in Kriegsgefangenschaft. Die DR schätzte aber auch ein, daß »die Leute, die durch Demontagen gezwungen, ihre Arbeitsplätze verlassen und zur Reichsbahn kommen, nicht mit der Liebe arbeiten, die nun einmal nötig ist, um eine Leistungssteigerung zu erreichen. Besondere Wünsche auf bevorzugte Zuteilung bestimmter Lebensmittelartengruppen oder Genußmittel konnten erst teilweise mit Hilfe der SMAD erfüllt werden. Werke, die direkte Reparationsaufträge haben, haben die Möglichkeit, in dieser Beziehung ihren Mitarbeitern mehr zu bieten.«

Der Referent erklärte ferner, daß von elf Lokomotivausbesserungswerken in der SBZ lediglich zwei ohne namhaften Schaden die Kriegswirren überstanden hätten. Es handelte sich um Stendal und Meiningen (einst in den westalliierten Zonen). Nachstehend genannte Werke nahmen die Lokomotivreparatur wieder auf, wenn auch nur Schadgruppen L 0 und L 2, und wiesen folgende prozentuale Schäden auf:

Tempelhof (70 Prozent), Cottbus (80), Chemnitz (67), Dresden (64), Zwickau (82), Jena (95), Eberswalde (98), Halle (61), Leipzig (98), Halberstadt (98), Rostock (29) und Wittenberge (47).

Weder für die Kolonnen-Bewegung noch für den freien Verkehr genügten die Ausbesserungsleistungen von Lokomotiven. So mußte sich der Stellvertreter des Obersten Chefs der SMA und stellvertretende Oberbefehlshaber der sowjetischen Besatzungstruppen in Deutschland, Armee-General Ssokolowski, darum bemühen. Im Befehl Nr. 174 vom 18. Dezember 1945 forderte er, daß im I. Quartal 1946 die Ausbesserungswerkstätten Berlin-Tempelhof, Wittenberge, Brandenburg und Rostock für die Lokomotivausbesserung sowie die Werke in Dresden, Eberswalde, Berlin-Grunewald und Schöneweide für die Wagenausbesserung in Betrieb zu nehmen. Mit dieser »Vergrößerung« seien im gleichen Zeitraum 1 635 Lokomotiven, 45 Elektroloks, 120 Triebwagen der Vorortbahnen und insgesamt 23 100 Wagen zu reparieren.

Diese Steigerung war dringend erforderlich. Dr. Fitzner mußte am 22. Dezember 1945 der SMA berichten, daß der Schadbestand von Lokomotiven 60 Prozent betrage. »Früher« betrug er durchschnittlich 20 Prozent. So mußte Fitzner feststellen, daß zur Forderung von 2 721 Lokomotiven immerhin 413 fehlten.

Allein zum Jahreswechsel 1946/47 nahm die Stundenzahl für die Reparatur der Wendelokomotiven erheblich zu. Gegenüber der Vorgabe von nur sechs Stunden benötigten so im Januar 1947 11 426 Lokomotiven durchschnittlich neun Stunden. Diese Bedarfsausbesserungen beinhalteten wiederholt die selben Schäden. Dazu gehörten undichte Feuerbüchsen durch abgerissene Stehbolzen und Stegrisse. Hinzu kamen undichte Heiz-, Rauchrohre und Bodenringe. Die Ursache lag vor allem in der Braunkohlenfeuerung. Beim unregelmäßigem Betrieb traten zu große Wärmeschwankungen auf, die dann bei Lokomotiven mit eisernen Feuerbüchsen zu Spannungen im Material und letztlich zu Undichtigkeiten führten. Auch ungeeignete Dichtungsringe an den Luken oder Pumpen führten zu Problemen. Es fehlte an geeignetem Material wie Hanfschnüren, Klingerithdichtungen oder Kupfer-Asbestringen. Anstelle der Asbestringe verwendeten die Werkstätten selbst gegossene Bleiringe. Auch die Ersatz-Werkstoffe aus dem zweiten Weltkrieg hielten den hohen Anforderungen nicht mehr stand. So fehlte das Lagermetall WM 80. An dessen Stelle verwendete man WM 10. Dies führte zu zahlreichen Achslagerschäden. Auch Aschkastenrückstände (heiße, nicht verbrannte Braunkohlenstückchen) in den Lagern führten zu Lagerschäden. Hinzu kamen scharfgelaufene Spurkränze und lose Radreifen. Die Anzahl von wartenden Lokomotiven auf eine L 3 oder L 4 Ausbesserung wuchs an.

Mit verschiedenen Maßnahmen wurde versucht, der enormen Probleme Herr zu werden. Abnahmeinspektoren in den Raw, »Festbesetzungen der Lokomotiven zur besseren Unterhaltung und Pflege«, Lokfahrschulen in jedem Rbd-Bezirk und das »Lok-Erhaltungsgeld« (wieder steuerfrei) sollte neben besseren Ersatzteilen den beträchtlichen Anteil der Bedarfsausbesserungen senken bzw. die Ausbesserungsleistungen beschleunigen und verbessern.

Im März 1947 mußte Erwin Kramer den SMAD-Befehl Nr. 40 vom 12. März 1947 quittieren und die Bw anweisen, daß die heimkehrenden Kolonnenlokomotiven sofort zur Wäsche gelangen und die weitere Ausbesserung vordringlich vor allen anderen Arbeiten durchzuführen ist. Allein im Februar 1947 betrug die durchschnittliche Zeit für das Auswaschen 55, 2 Stunden, die Norm sah lediglich 48 Stunden vor. Besonders prekär war die Situation bei der Kolonne 30 mit 115 Stunden bzw. bei der Kolonne 27 mit 86 Stunden.

Generaldirektor Besener unterrichtete am 17. April 1946 die Reichsbahndirektionen in der Besatzungszone über die festgesetzten Arbeitsnormen für die Lokkolonnen. Diese sahen folgendermaßen aus:

»1)	Durchschnittliche Laufleistung je 24 Stunden	175 km
2)	Lokumlaufzeit	13 Tage
3)	Für Ausbesserung vorgesehene Zeit:	
	Auswaschung mit kalten Wasser	48 Stunden
	Auswaschung mit heißen Wasser	24 Stunden
4)	Prozentsatz der Schadloks	12 %
5)	Zulässige mittlere Abnutzung der Radreifen im Betrieb	2 3/10 mm

Für die Lok-Instandsetzung ist folgendes Programm für den Monat April festgelegt worden:

1) Von jeder Kolonne sind nicht weniger als 6 Loks mit schadhaftem Kessel, Antriebsmaschine und Laufwerk instandzusetzen. Nicht weniger als 4 Loks sind auszuwaschen.

2) Die Instandsetzung am Kessel ist mit einer teilweisen Ausmontierung der Rohre und Auswechselung von schadhaften Stehbolzen durchzuführen; an der Maschine sind Schieberkolbenringe und Zylinderkolbenringe, am Laufwerk Gleitstücke und Stangenlager auszuwechseln.

3) Als Ersatz für die Schad-Loks, die zur Instandsetzung an die Werke abgehen, ist jeder Kolonne eine Lok zu geben, die der Kolonne zuzählen ist.«

Die erbrachten Leistungen der Kolonnenlokomotiven verteilten sich u.a. für den Monat März 1946 wie folgt:

Rbd Berlin	886 640 km
Rbd Cottbus	296 803 km
Rbd Dresden	819 890 km
Rbd Erfurt	97 660 km
Rbd Greifswald	77 086 km
Rbd Halle	247 689 km
Rbd Magdeburg	138 400 km
Rbd Schwerin	137 747 km
Summe	2 701 915 km

Trassen, Transporte und Tagebücher

Im Lauf der Zeit bildeten sich für den Kolonneneinsatz drei Hauptabfuhrstrecken quer durch Polen heraus: Dies waren die Strecken:

- Von Küstrin-Kietz nach Bagrationowsk (früher Ilawka/Preußisch Eylau) bzw. nach Zeleznodoroznyj, (früher Gerdawy/Gerdauen),
- Von Frankfurt (Oder) über Terespol oder Czeremcha nach Brest-Litowsk,
- Von Guben nach Jagodin, Rawa Russkaja, Mostiska und Nizankowice.

Ferner bestanden Abfuhrrouten über Stettin sowie Horka/Görlitz über Przemysl nach Lemberg (s. Zeichnung Seite 43).

Die Transporte auf den Strecken nach Brest und Gerdawy im ehemaligen Ostpreußen wurden vorwiegend von Lokomotiven der in Berlin und Frankfurt (Oder) stationierten Kolonnen bespannt, während die südliche Linie nach Ja-

Übergabeverzeichnis von Gütern (Auszug)

Datum	Zugnummer	Zuglok	Abgangs-Bf	Ziel-Bf	Grenzübergang	Bezeichnung des Gutes (Anzahl der eingestellten Fahrzeuge)
02.01.47	6588	41 148	Dessau	Insterburg	Küstrin-Neustadt (Kostrzyn n./O.)	Trophäen (8)
04.01.47	19286	44 812	Bleicherode	Insterburg	Küstrin-Neustadt	Kali (8)
20.02.47	6519/1390		Torgau	Brest	Frankfurt (Oder)	russische Gefangene (20)
25.02.47	6503/1390		Hoyerswerda	Brest	Frankfurt (O)	Schwellen und 52 1330, 52 4919, 52 2879, 52 1240 (insges. 23)
01.04.47	6435/1390		Berlin-Köpenick	Brest	Frankfurt (O)	Autos und 52 3296, 52 807, 52 1347, 52 795, 50 2655 (38)
07.04.47	6425/1394		Halle	Brest	Frankfurt (O)	Maschinen und 52 5017, 52 2878 (46)
23.05.47	6409/1380		Bitterfeld	Brest	Frankfurt (O)	Besatzungsgut und 74 148, 74 1097, 89 002, 89 003 (53)
12.08.47	6409/1398		Saalfeld	Akmolinsk	Frankfurt (O)	Masten (25)
10.11.47	6427/1380		Bitterfeld	Brest	Frankfurt (O)	Transformatoren (15)
10.11.47	6415/1384		Leipzig	Brest	Frankfurt (O)	Literatur (20)
27.11.47	6433/1394		Rehagen	Brest	Frankfurt (O)	Feldeisenbahn (51)
05.12.47	10010/1344		Frankfurt (O)	Brest	Frankfurt (O)	Schwellen und 52 4508, 52 6402, 52 5540, 52 2446, 52 3605 (20)
06.12.47	1396		Brandenburg	Minsk	Frankfurt (O)	Konstruktionseisenteile und 52 3215, 52 6036, 52 7006, 52 722, 52 1294 (31)
08.12.47	6419/1386		Podelzig, Gera	Brest	Frankfurt (O)	Schwellen, 1 Auto und 1 Hausinhalt (von Berlin-Rummelsburg nach Leningrad) sowie 52 706, 52 3400, 52 7543, 52 5265 (20)

godin und den Abzweigen nach Rawa Russkaja und Przemysl vornehmlich den Kolonnen aus dem Cottbuser Raum vorbehalten blieb. Es ist davon auszugehen, daß die südlichen Grenzorte der Sowjetunion in der Anfangsphase auch von Dresdner Brigaden erreicht wurden. Ein Frankfurter Zugführer erinnert sich an Lokomotiven der BR 58. Der nördliche Grenzübergang Scheune (bei Stettin) hatte hauptsächlich lokale Bedeutung.

Die Kolonne 26 (Pasewalk) wurde im Dezember 1946 nicht als Fernkolonne für den Einsatz in Polen eingestuft und die Brigaden der Kolonne 14 (ab Januar 1947 in Angermünde) waren auf den Strecken nach Ostpreußen und Brest im Einsatz, wenn sie nicht zum Stettiner Hafen unterwegs waren oder sonstige Zubringerdienste leisteten. Ernst Walter Fischer hat diesen Übergang bei seinen 43 Einsätzen nur einmal überquert, als er auf der Rücktour von Tscherniachowsk (Insterburg) im Zeitraum vom 11. bis 16. April 1946 Fahrten zum Stettiner Hafen erledigen mußte.

Transportiert wurde unmittelbar nach dem Kriege vor allem schlecht verladenes Demontagegut in Richtung Osten und militärischer Nachschub in der entgegengesetzten Richtung. Im Laufe der Jahre änderte sich das äußere Bild. Immer häufiger waren ordentlich verpackte Maschinen oder Maschinenteile, meistens aus der laufenden Produktion, auf den Güterwagen zu sehen.

Der Strecke über Küstrin wurde offensichtlich zunächst große Bedeutung für die Abfuhr der Reparationsgüter beigemessen, denn der Abschnitt von Berlin bis zur Grenze war ab 27. April 1946 wieder zweigleisig befahrbar. Die erneuerte Dauerbrücke über die Oder bei Küstrin konnte ab 3. März 1947 genutzt werden. Erst 1948 wurde das zweite Gleis wieder demontiert. Die meisten Transporte auf dieser Trasse wurden in Gerdawy übergeben. Nur 1946 gab es noch einige Züge, die bis Tscherniachowsk auf Normalspur verkehrten. Einige wenige Züge endeten in Ilawka. Auf dem Bahnhof in Gerdawy gab es nur von Frauen bediente Handweichen. Selbst die Unterhaltungsarbeiten an den Gleisanlagen wurden von Frauen ausgeführt. In den 50er Jahren wurden u.a. Landmaschinen aus der laufenden Produktion und Kali nach Gerdawy befördert.

Die Transitstrecke nach Brest war besonders gut ausgelastet. Der Oberbauzustand entsprach zu damaliger Zeit den Anforderungen. Nur eine Holzbrücke bei Warschau

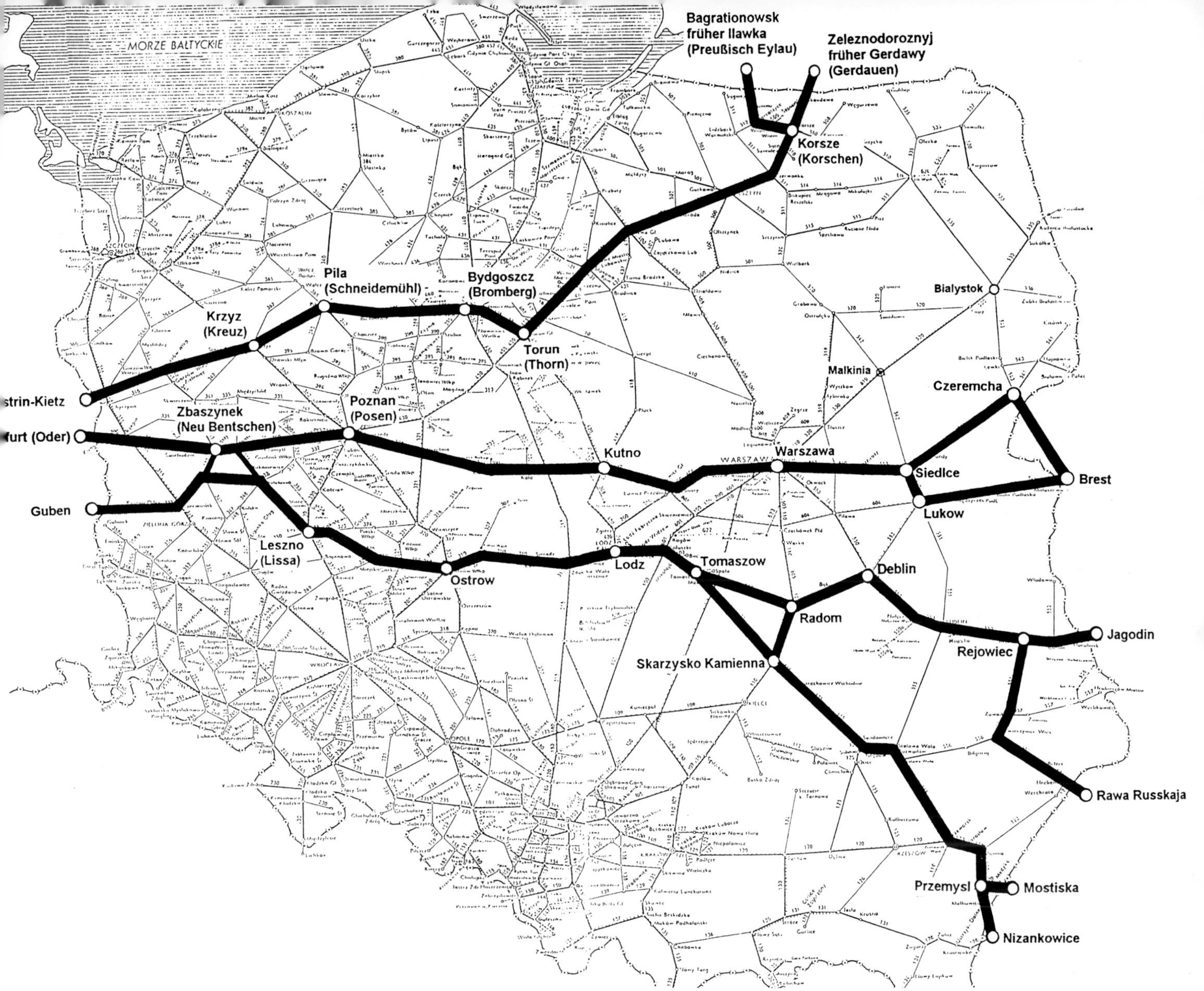

Die Hauptabfuhrstrecken nach den Aufschreibungen der Brigadefahrer. Zeichnung. Slg. L. Meyer

über die Weichsel, die mit höchstens 10 km/h befahren werden durfte, ist den »Schwarzen« noch als negatives Beispiel in Erinnerung. In der Schlußphase des Kolonnendienstes wurden nach Brest hauptsächlich Militärgüter, Uranerz, Kisten und in der Gegenrichtung Erze sowie Masseln für das Eisenhüttenkombinat Ost transportiert. Auf diesen Gleisen verkehrten oft auch Züge mit Lademaßüberschreitung, z.B. mit Militärkraftfahrzeugen im Huckepackverfahren oder neue Kühl- und Langstreckenwagen. Diese Züge wurden teilweise auch über Nebenstrecken geführt, beispielsweise die Linien von Rzepin (Reppen) über Miedzyrzecz (Meseritz) nach Zbaszynek (Neu Bentschen) oder von Siedlce über Czeremcha nach Brest-Litowsk. Mitunter liefen diese Züge auch von Warszawa (Warschau) oder Siedlce über Malkinia, Bialystok, Czeremcha nach Brest. Da die Züge mit Lademaßüberschreitung nur am Tage und auf Umwegen befördert wurden, dauerten die Fahrten natürlich länger, in den letzten Jahren etwa 14 Tage.

übergeben							
an Frankfurt				an Küstrin			
Lok №	Kolon. №	Transport №	Stunde der Übergabe	Lok №	Kolon. №	Transport №	Stunde der Übergabe
				52 7613	5	19086	[illegible]
52 2477	8	1396	18^{57}	52 6730	29	19202	21^{43}
42 1791	30	1398	20^{17}	58 111	13	6581	1^{08}
52 2135	PKP	1394a	21^{40}	52 318	19	19802	3^{35}
52 3294	4	1376	23^{22}	52 3615	23	19311	7^{53}
52 7505	20	1380	1^{32}	58 2758	9	7827	8^{53}
42 848	Ru.	D2	2^{52}	58 1596	9	19523	11^{55}
52 3219	5	1378	3^{42}	58 2006	15	6579	15^{43}
52 7512	24	1382	5^{58}				14
41 013	8	1384	8^{05}				
93 129	PKP	1358a	10^{28}				
52 5015	1	502	11^{09}				
52 874	1	1386	15^{20}				
93 129	PKP	1324	16^{00}				
52 5239	4	1388	16^{33}				
zurückgekehrt							
52 4875	22	1391	17^{46}	52 3161	16	4289	19^{22}
52 3296	21	1391 Lr	18^{33}	52 4535	13	4295	2^{56}
52 568	5	Schadlok (Rohre)		[illegible] 011	11	4297	7^{45}
52 4561	16	1391	5^{14}	52 [illegible]677	28	4281	10^{23}
52 5660	1	Lz.		52 [illegible]657	18	4285	16^{10}
50 823	21	1385	7^{25}				
93 129	PKP	1357a	7^{52}				
58 2138	9	1383	9^{24}				
52 1420	2	1395	10^{20}				
52 1491	5	1397	12^{38}				
01 117	Ru	AD1	12^{56}				
52 5150	24	1397 Lr	14^{30}				
93 129	PKP.	1321	14^{58}				

Übergabenachweis vom 30. September 1946. Bemerkenswert, daß die Passagierkolonne für die D 1/ D 2 als »Ru« bezeichnet wurde
Dokument: Slg. A. Stange

Besondere Ladungen wurden durch einen polnischen Wagenmeister bis nach Czeremcha begleitet. Jenseits der Grenze, im Abschnitt über Wysoko-Litowsk und Licice nach Brest Nord kamen die deutschen Eisenbahner noch in den 50er Jahren mit einer einfachen Sicherungstechnik, dem Stabverfahren, in Berührung. Für jeden Abschnitt der eingleisigen Strecke gab es einen speziellen Stab, der an einem Ring von etwa 50 Zentimeter Durchmesser befestigt war. Er mußte während der Fahrt aufgenommen und auf dem nächsten Bahnhof wieder abgeworfen werden. Nur wer den Ring mit dem Stab hatte, war zum Befahren des Abschnittes berechtigt. Selbst auf dem großen Bahnhof Brest funktionierte überwiegend einfache Technik (Handweichen, Übergabe von Befehlen mit primitiven Einrichtungen, Bekohlung mit Weidenkörben).

Zeitzeugen aus den ersten Jahren der Kolonnenzeit berichten, daß von Brest aus auf noch vorhandenen Normalspurstrecken Züge mit der BR 52 befördert wurden, wie z.B. in Richtung Lwow (Lemberg). Lokomotiven der BR 52 mit auf Breitspur veränderten Radsätzen fielen erst später auf. An einen besonderen Fall erinnert sich Rudolf Krienitz (Jahrgang 1915): Er wurde Anfang 1948 nach Ankunft in Brest

Unter Beifall treffen Mähdrescher aus der Sowjetunion in einem Bahnhof bei Berlin ein (1952). Weniger Aufmerksamkeit galt den wieder zurückgeführten elektrischen Lokomotiven (im Hintergrund)
Foto: J. Moll, Slg. Preuß. Kulturbesitz

mit seinem Heizer zum Bahnhofskommandanten bestellt und aufgefordert, mit Lok und Brigadewagen etwa 80 km weiter im Landesinneren für zirka zwei Wochen Rangierarbeiten zu übernehmen. Sehr erregt und besorgt lehnte er das ab. Der Kommandant hingegen machte deutlich, daß er ihn erschießen lassen werde, damit er ruhiger werde. Erst als ein Vorgesetzter des Kommandanten erschien, wurde der Auftrag geändert. Die Brigade mußte einen Zug ins Hinterland befördern. Seine nachträgliche Beschwerde bei der Reichsbahndirektion Berlin erzeugte nur Mitleid.

Auf der südlichen Trasse, die bis 1951 hin und wieder auch von den Brigaden aus der Rbd Berlin befahren wurde, liefen die Transporte vorwiegend nach Jagodin. Artur Antrack (Jahrgang 1912) war ab September 1949 in Hoyerswerda bei der Lokkolonne 11. Er erinnert sich:

»Die frühere zweigleisige Strecke Guben–Krosno (Crossen) war damals eingleisig. Auch bis Leszno (Lissa) lag nur ein Gleis. Die Hauptstrecke von Leszno bis Ostrow war zweigleisig und danach wurde überwiegend eingleisig gefahren. In Jagodin gab es nur einige Gleise und das Bahnhofsgebäude. Ein Einsatz auf dieser Route dauerte 2 bis 3 Wochen.«

Der Unterhaltungszustand der meisten von den Deutschen befahrenen südlichen Strecken in Polen war damals verhältnismäßig gut. Nur auf dem Abschnitt Skarzysko–Przemysl gab es sehr viel Langsamfahrstellen. Mitunter mußte über kleinere Brücken die Geschwindigkeit auf 10 km/h verringert werden. Da sie oft in Talsenken lagen, machte die Überwindung der anschließenden Steigung erhebliche Mühe. Die Cottbuser Einsatzbrigaden bewegten sich zu etwa 80% auf den Strecken zu den südlichen Zielen an der russischen Grenze. Mit den Zügen nach Rawa Russkaja wurden vor allem Holzerzeugnisse (Schwellen, Fertighäuser usw.) transportiert. Bis Przemysl beförderten Brigaden der Kolonne 10 u.a. Lazarettzüge, die dort von sowjetischen Lokomotiven übernommen wurden.

Von großer Bedeutung für einen sicheren Fahrtverlauf auf den Gleisen der PKP war die Anwesenheit polnischer Lotsen (Piloten) auf den Führerständen der Kolonnenlokomotiven. Die Piloten waren für die betrieblichen Belange zuständig und hatten die Aufgabe, dem deutschen Lokführer entsprechende Informationen zu übermitteln. Da viele Polen die deutsche Sprache beherrschten, gab es bei der Auswahl sicher keine Probleme. Nach den Berichten von Zeitzeugen gab es kaum Fälle, wo ein solcher streckenkundiger Begleiter nicht zur Verfügung stand. Aus jahrelanger Tätigkeit, mitunter noch aus der Zeit vor 1945, kannten die deutschen Lokführer die Strecken besser, als manche ihrer polnischen Kollegen. Deshalb kam es nicht selten vor, daß die Piloten auf einem Stuhl hinter dem Lokführer saßen und schliefen

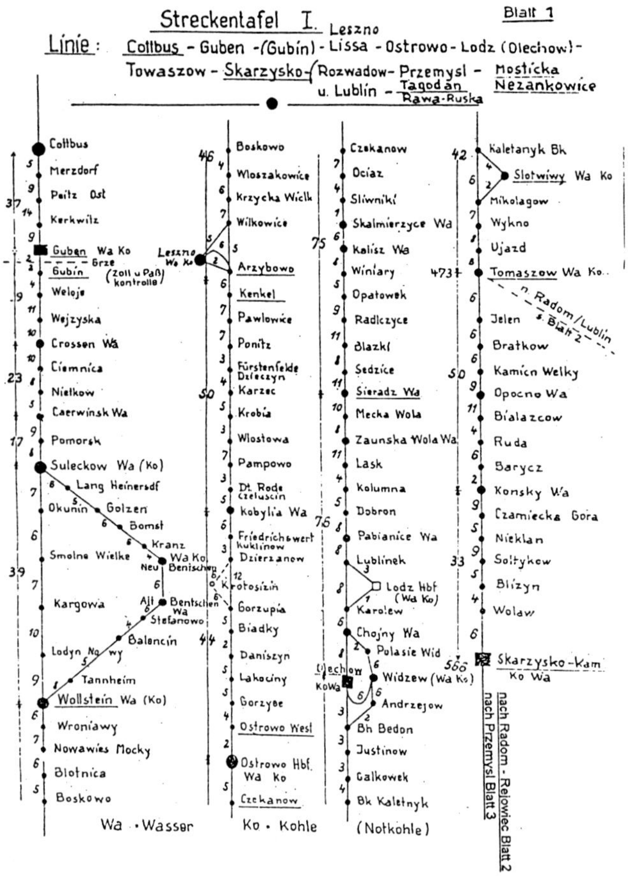

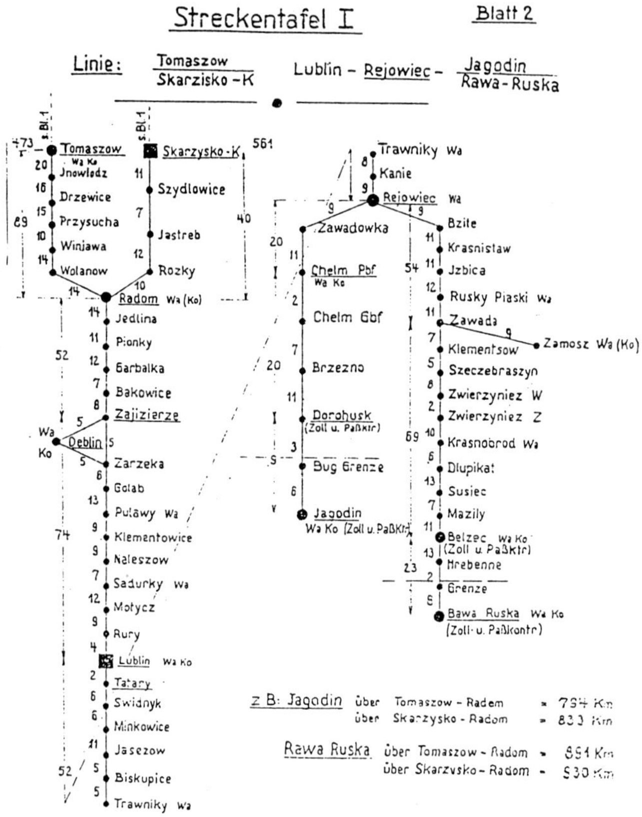

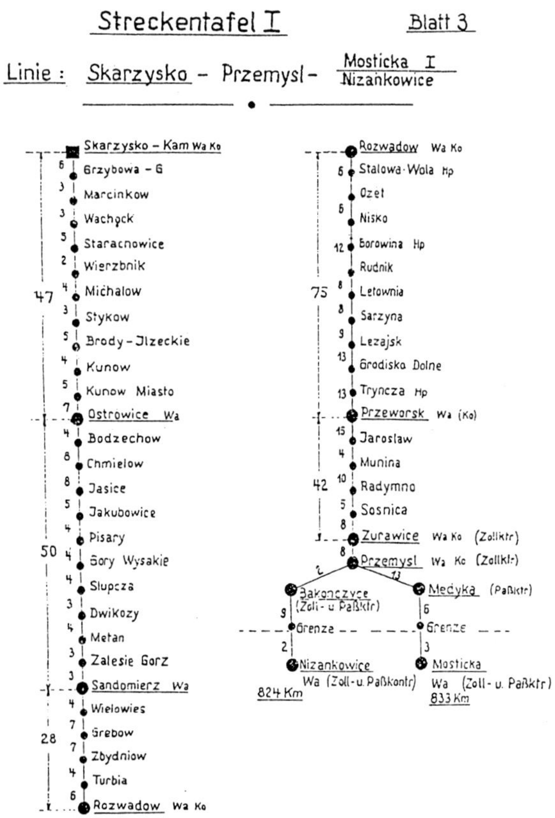

Diese Streckentafeln wurden zur Ermittlung der Kilometerleistung von der DR herausgegeben. Auffallend sind unterschiedliche Schreibweisen von Orten (einschl. Fehler)
Grafik: Slg. L. Meyer

oder sich im Brigadewagen aufhielten. Bei notwendigen Verhandlungen mit Bahnhofs- oder Stellwerkspersonal wurden sie dann wieder aktiv. Auch nachdem es Fahrpläne und andere Unterlagen für die Transporte durch Polen in der Heimatdienststelle gab, blieben die Piloten verantwortlich. Selbst Brigadefahrer der letzten Zeit behaupten, stets einen Lotsen gehabt zu haben. Andererseits gab es im November 1951 einen Verbesserungsvorschlag von Romuald Brzezinski vom Referat für internationalen Verkehr der Direktion Poznan. Danach sollten die polnischen Piloten nur noch auf Umleitungsstrecken und besonderen Eisenbahnknoten zum Einsatz gelangen.

Tagebuchaufzeichnungen aus dem Kolonnenalltag sind eine Rarität. Wer zur damaligen Zeit solche Aufzeichnungen über den Fahrtverlauf machte und dabei erwischt wurde, mußte wegen Spionage mit harten Strafen rechnen. Ernst Walter Fischer (1909–1995), Lokführer in Chemnitz und wohnhaft in Niederwürschnitz bei Chemnitz, hat nach seinem Tode ein Notizbuch im DIN A 5-Format hinterlassen, in dem er über viele Jahre seines Eisenbahnerlebens mit wenigen Worten notierte, wo er sich befand oder welche Aufgaben er erledigte. Dabei sind auch rund vier Jahre seiner Kolonnenzeit auf 80 Seiten mit erfaßt. Es ist davon auszugehen, daß er dieses Büchlein bei seinen Einsätzen im Ausland nicht bei sich trug, sondern Notizen nach seiner Rückkehr übernahm. Seine ersten Eintragungen zu den Einsatzbrigaden stammen vom Dezember 1945:

»Zusammenstellung ab 18.12. in Brigaden für Russeneinsatz. Ab 20. auf Fahrt mit Lok 58 439 und G-Wagen mit 10 Kameraden. Alles frühere Mitglieder der NSDAP. Ankunft in Frankfurt/O. Weihnachtsheiligabend 9.30 Uhr. Ersten Eindruck von zurückkommenden deutschen Kriegsgefangenen. Am 1. Weihnachtsfeiertag Ankunft in Berlin-Karlshorst. Bericht an russisches Einsatzkommando über Lok und Brigade. Russen verweigern Annahme der Lok, da diese stark reparaturbedürftig. Brigade fährt nach eigenem Entschluß in die Heimat-Bw.«

Nach diesem ersten »Ausflug« wurde er ab Februar 1946 zur Kolonne 5 nach Berlin Schöneweide abgeordnet. 18 Mal war er in Richtung Osten über die Grenzen gefahren, als er nach 19 Monaten Dienstzeit in Berlin glaubte, dort seine Pflicht erfüllt zu haben. Am 6. November 1947 meldete er sich von der Kolonne und am nächsten Tag von der »Zentralstelle Lichtenberg« ab und nahm seinen Dienst drei Tage später wieder im Bw Chemnitz Hilbersdorf auf. Das Lotterleben hatte aufgehört, die Ordnung war wieder hergestellt und die viele Fahrerei beendet. Doch die Freude währte nicht lange: Am 16. Februar 1948 mußte er zu einem »Dienstempfang«, wie er selbst schrieb. Dort erhielt er eine erneute Abordnung, dieses Mal zur Kolonne 2 nach Berlin-Karlshorst. Wieder dauerte es fast zwei Jahre, bevor er – nun endgültig – in seine Heimat zurückkehren konnte. Vom 8. zum 9. Oktober 1949 setzte er mit der Kolonne 2 nach Frankfurt (Oder) um, fuhr noch einmal nach Brest Zentral und verabschiedete sich am 2. Dezember aus der Stadt an der Oder. Insgesamt hat Fischer 43 Einsätze absolviert. Er war 27 Mal nach Brest, elf Mal nach Gerdawy (Gerdauen) bzw. Ilawka, drei Mal nach Tscherniachowsk und je einmal nach Jagodin und nach Rawa Russkaja unterwegs. Im Tagebuch wurden für alle ehemaligen deutschen Orte die deutschen Namen verwendet. Zur Vereinfachung geschieht das auch in der folgenden Tabelle.

Der Sohn von Ernst Walter Fischer, Helmut Fischer (Jahrgang 1930) hat im Jahre 1951 als Lokheizer ebenfalls seine Auslandseinsätze schriftlich festgehalten. Die Ergebnisse fallen bereits wesentlich günstiger aus als die zu Zeiten

Zusammenstellung aller Brigadeeinsätze von E. W. Fischer mit den daraus ermittelten Zeiten und Laufleistungen

Nr.	Zeitraum	Zielort	Tage	Laufleistung in km			Bemerkungen
	1946			Inland	Ausland	S	Lokkolonne 5
1	01.02.–16.02.	Insterburg	15	154	1206	1360	
2	22.03.–17.04.	Insterburg	26	461	1227	1688	52 2446
3	21.04.–09.05.	Preußisch Eylau	18	236	1154	1390	
4	18.05.–07.06.	Insterburg u. Scharfenwiese	20	212	1365	1577	
5	12.06.–27.06.	Brest über Terespol	15	162	1402	1564	
6	13.07.–29.07.	Gerdauen	16	154	1118	1272	52 1495 Küstr. Rep.
7	01.08.–19.08.	Gerdauen	18	398	1252	1650	
8	23.08.–05.09.	Gerdauen	13	154	1118	1272	
9	12.09.–23.09.	Gerdauen	11	189	1118	1307	
10	26.09.–18.10.	Gerdauen zweimal	22	254	1912	2166	

Nr.	Zeitraum	Zielort	Tage	Laufleistung in km			Bemerkungen
11	29.10.–18.11.	Brest über Terespol	20	162	1402	1564	
12	21.11.–14.12.	Gerdauen u. Pr. Eylau	23	268	1238	1506	
Summen :			217	2804	15512	18316	
Durchschnittswerte 1946			18,1	233,7	1292,7	1526,3	(84,4 km pro Tag)
	1947			Inland.	Ausl.	S	
13	20.01.–06.02.	Brest ü. Czeremcha u. Teresp.	17	223	1456	1679	
14	05.04.–22.04.	Brest, zurück über Lissa	17	162	1514	1676	52 1495 an R abgeg.
15	19.05.–14.06.	Brest über Czeremcha	25	162	1465	1627	52 4817
16	08.07.–31.07.	Brest über Terespol	20	162	1402	1564	
17	30.07.–14.08.	Brest über Terespol	15	162	1402	1564	
18	13.09.–02.10.	Brest über Terespol	18	162	1402	1564	Abgang v. Kol. 5
Summen :			112	1033	8641	9674	
Durchschnittswerte 1947			18,7	172,2	1440,2	1612,4	(86,4 km pro Tag)
Drei Monate Dienst in der Heimatdienststelle, am 16. Februar Auftrag zur Dienstleistung in der Lokkolonne 2							
	1948						
19	22.02.–15.03.	Brest über Czeremcha	20	162	1456	1618	52 5088 Stamml. 3217
20	16.03.–05.04.	Brest über Czeremcha	20	181	1882	2063	
21	08.04.–21.04.	Brest über Terespol	13	162	1402	1564	
22	15.05.–28.05.	Brest über Terespol	13	566	1402	1968	
23	02.07.–04.08.	Brest über Czeremcha	33	162	1876	2038	
24	09.08.–11.09.	Brest ü. Czeremcha u Teresp.	33	162	1488	1650	
25	18.09.–01.10.	Brest ü. Czeremcha u Teresp.	13	162	1429	1591	
26	25.10.–10.11.	Brest über Czeremcha	16	162	1456	1618	
27	14.11.–24.11.	Gerdauen	10	154	1118	1272	
28	27.11.–10.12.	Brest über Czeremcha	13	162	1456	1618	
29	14.12.–29.12.	Jagodin	13	162	1558	1720	
Summen :			197	2197	16523	18720	
Durchschnittswerte 1948			17,9	199,7	1502,1	1701,8	(95,0 km pro Tag)
	1949						
30	04.01.–18.01.	Brest ü. Czeremcha u Teresp.	14	218	1429	1647	
31	16.02.–06.03.	Gerdauen u. Pr. Eylau	18	154	1118	1272	
32	11.03.–20.03.	Brest über Terespol	9	322	1402	1724	
33	24.03.–02.04.	Brest ü. Czeremcha u Teresp.	9	195	1429	1624	
34	06.04.–16.04.	Brest über Czeremcha	10	162	1456	1618	
35	22.04.–03.05.	Rawa Russkaja über Lissa	11	410	1708	2118	
36	19.06.–29.06.	Brest über Terespol	10	162	1402	1564	
37	01.07.–13.07.	Brest ü. Czeremcha u Teresp.	12	162	1429	1591	
38	21.07.–31.07.	Brest über Terespol	10	162	1402	1564	
39	03.08.–10.08.	Gerdauen	7	154	1118	1272	
40	18.08.–29.08.	Brest ü. Czeremcha u. Debl.	8	237	1465	1702	
41	01.09.–08.09.	Brest über Terespol	8	162	1402	1564	
42	22.09.–02.10.	Gerdauen	10	154	1118	1272	08.10. Umzug n. Fko
43	14.10.–26.10	Brest ü. Czeremcha u Teresp.	12	–	1456	1456	02.12. Abgg. v. Kol. 2
Summen :			148	2654	19334	21988	
Durchschnittswerte 1949			10,6	189,6	1381	1570,6	(148,6 km pro Tag)
Summen von 43 Einsätzen			674	8688	60010	68698	
Durchschnittswerte 1946–1949			15,7	202	1395,6	1597,6	(101,93 km pro Tag)

seines Vaters. Dabei ist zu beachten, daß die Fahrten in der Regel in Frankfurt (Oder) und nicht in Berlin begannen. In einem Jahr hat er 23 Mal Brest erreicht, und einmal mußte die Brigade wegen Reparatur von Sochaczew die Rückreise antreten. Es war reiner Zufall, daß H. Fischer nur in Richtung Brest gefahren ist. Das Verhältnis der Anzahl der Fahrten nach Brest und Gerdawy lag zu dieser Zeit bei 10 : 3 .

Siegfried Busch (Jahrgang 1932) hat als Lokheizer bzw. Lokführer im Bw Frankfurt (Oder) vom 27. 12. 1952 bis 12. 1. 1954 insgesamt 21 Fahrten dokumentiert. Einmal war Gerdawy und 19mal Brest das Ziel. Am 26. Mai Frankfurt geschleppt) und am 26./27. Juni mußte die Lok 52 2858 in Kutno entfeuert und die Überhitzerelemente vom Lokpersonal gedichtet werden, bevor es in Richtung Heimat weiter ging. Wegen dieser Störungen betrug für den dokumentierten Zeitraum die durchschnittliche Dauer eines Einsatzes 6,6 Tage und die Laufleistung bezogen auf die Einsätze 211,4 km/ Tag. Die durchschnittliche Wendezeit in Brest war 12 Stunden (min. 3 Stunden, max. 32,75 Stunden).

Ab 23. Mai 1953 wurde in der Brigade das 12er-System eingeführt.

Zusammenstellung der Brigadeeinsätze von Helmut Fischer im Jahre 1951 mit den daraus ermittelten Zeiten und Laufleistungen

Nr.	Zeitraum	Zielort	Tage	Laufleistung in km			Bemerkungen
				Inland	Ausland	S	
1	03.01.–08.01.	Brest über Terespol	5,1		1402	1402	52 7221, Lokf. Richter
2	15.02.–21.02	Brest über Terespol	6		1402	1402	52 7221, Lokf. Richter
3	25.02.–03.03.	Brest über Czeremcha	5,4		1456	1456	52 7221, Lokf. Richter
4	14.03.–20.03.	Brest über Terespol	6,8		1402	1402	52 7221, Lokf. Nitz
5	06.04.–11.04.	Brest über Terespol	5,6		1402	1402	50 2233, Lokf. Richter
6	14.04.–19.04.	Brest über Terespol	5,3		1402	1402	50 2233, Lokf. Richter
7	09.05.–16.05.	Brest über Czeremcha	7,1		1456	1456	52 1181, Lokf. Richter
8	26.05.–29.05.	Brest über Terespol	3,8		1402	1402	52 7221, Lokf. Richter
9	05.06.–10.06.	Brest über Terespol	5,1		1402	1402	52 7221, Lokf. Richter
10	21.06.–26.06.	Brest über Czeremcha	5,8		1456	1456	52 7221, Lokf. Richter
11	02.07.–06.07.	Brest über Terespol	4		1402	1402	52 7221, Lokf. Wagner
12	10.07.–14.07.	Brest über Terespol	3,7		1402	1402	52 7221, Lokf. Reh
13	19.07.–23.07.	Brest über Terespol	4,5		1402	1402	52 7221, Lokf. Reh
14	02.08.–09.08.	Brest über Terespol	7,4		1402	1402	52 7221, Lokf. Reh
15	15.08.–20.08.	Brest über Czeremcha	6,2		1456	1456	52 7221, Lokf. Reh
16	11.09.–17.09.	Brest über Terespol	6		1402	1402	52 7221, Lokf. Reh
17	22.09.–27.09.	Brest über Czeremcha	5,5		1456	1456	52 7221, Lokf. Reh
18	29.09.–05.10.	Brest über Terespol	6		1402	1402	52 7221, Lokf. Reh
19	21.10.–27.10.	Sochaczew (Reparatur)	5,8	215	917	1132	52 7221, Lokf. Reh
20	01.11.–07.11.	Brest über Malkinia	7,1	68	1514	1582	52 7221, Lokf. Reh
21	14.11.–19.11.	Brest über Terespol	5,6		1402	1402	52 7221, Lokf. Reh
22	28.11.–06.12.	Brest über Czeremcha	7,7		1456	1456	52 7221, Lokf. Reh
23	09.12.–16.12.	Brest über Terespol	7		1402	1402	52 7221, Lokf. Reh
24	19.12.–28.12.	Brest über Terespol	9,1		1402	1402	52 7221, Lokf. Reh
Summen			141,6	283	33599	33882	
Durchnittswerte			5,9	12	1400	1412	(239,28 km pro Tag)

1953 erreichte die Brigade nur Sochaczew. Die Lok 50 1879 mußte wegen eines Kesselrisses kalt nach Frankfurt zurückgeschleppt werden. Störungen bei der Rückfahrt gab es am 16. März mit der Lok 50 769 in Sochaczew (wegen eines defekten Kolbenschiebers wurde die Lok bis

In einem Bericht des Bw Frankfurt (Oder) Verschiebebahnhof September 1951 wurden lange Wendezeiten von 183 bis 248 Stunden in Gerdawy im beanstandet. Soweit die entsprechenden Zeitangaben in den Tagebuchaufzeichnungen vorhanden sind, einige Werte zum Vergleich:

Lokführer Ernst Walter Fischer (rechts) ist Anfang der 50er Jahre nach seiner Brigadezeit im Bw Glauchau tätig. In der Mitte, der Herr mit Hut, ist der Vorsteher des Bw
Foto: Slg. L. Meyer

Zeitzeuge in Gerdawy (Gerdauen)		Wendezeit in Stunden
E. W. Fischer	25.07. 1946	7,3
E. W. Fischer	18. bis 20.11. 1947	93,0
E. W. Fischer	22. bis 25.02. 1949	115,0
E. W. Fischer	06. bis 07.08. 1949	75,5
E. W. Fischer	26. bis 29.09. 1949	100,0
S. Busch	06. bis 07.03. 1953	30,5

Der Gruppenleiter Betrieb des Bw Frankfurt (Oder) Vbf beklagte im Oktober 1951 wiederholt gegenüber der Rbd Berlin, daß »Standzeiten bis über 5 Tage im Zuge des Fünfjahrplanes und der Leistungssteigerung für das Bw Fko Vbf nicht tragbar sind, da unsere Lokbrigaden im Wettbewerb stehen und während dieser hohen Standzeiten in Gerdauen andere Lok erhebliche Leistungen erzielen können. Durch diesen Zustand wird ein Mangel an Einsatzlok und Brigaden hervorgerufen und die Wirtschaftlichkeit durch Zahlung von Überstunden für das Zugpersonal erhöht (s. Tabelle Seite 51).«

Hin und wieder kam es vor, daß ein oder mehrere Brigademitglieder den Anschluß verpaßten, wenn auf den Unterwegsbahnhöfen die Abfahrt früher erfolgte als angenommen. Oft spielten die Tauschgeschäfte dabei eine Rolle. Mit Personenzügen oder anderen Einsatzbrigaden gab es dann eine komplizierte Verfolgung.

E. W. Fischer ist seinem Kollektiv nach einer Heimfahrt hinterher gereist. Am 21. April 1946 kam er um 14.30 Uhr in Berlin an und begann seine Verfolgungsjagd um 17.10 Uhr. Am 24 April notierte er: »An Schneidemühl 12.30 Uhr, Brigade wieder erreicht !«

Die Auswertung aller Aufzeichnungen läßt erkennen, daß es nur selten größere Abweichungen von den eingangs erwähnten Hauptabfuhrtrassen gab: E. W. Fischer war bei seiner zweiten Tour nach Tscherniachowsk über

Standzeiten der Lokomotiven in Gerdauen (Auszug):

Lok-Nr.	Frankfurt ab	Gerdauen an	Gerdauen ab	Standzeit	Frankfurt an	Ausbleibezeit
52 5142	21.09./17.40	23.09./10.10.	27.09./13.20	4 Tage, 3 Std.	30.09./1.22	8 Tage, 17 Std.
50 1433	15.09./17.10	17.09./4.03	20.09./23.07	4 Tage, 19 Std.	23.09./17.09	9 Tage, 11 Std.
52 5014	23.09./13.48	25.09./16.00	01.10./10.55	5 Tage, 19 Std.	02.10./19.50	10 Tage, 10 Std.
52 4994	22.09./22.10	24.09./22.05.	30.09./10.22	5 Tage, 12 Std.	02.10./11.20	11 Tage, 19 Std.

Szczecin (Stettin) zurückgekommen und beim siebenten Einsatz führte der Weg über Stargard–Bydgoszcz (Bromberg) nach Gerdawy. Während der Rückfahrten (Nr. 14 und 40) von Brest wechselte er von Lukow nach Deblin auf die südliche Route.

Helmut Fischer hat bei seinen 24 Einsätzen zwischen Frankfurt und Brest nur eine Abweichung zu verzeichnen. So kam er am 25. Oktober 1951 von Sochaczew über Stargard und Szczecin nach Frankfurt zurück.

Die notierten Einsätze von Siegfried Busch zeigen keine Abweichungen. Entgegen anders lautenden Veröffentlichungen fanden planmäßig auch keine Fahrten von Frankfurt über Poznan (Posen), Torun (Thorn) nach Korsze (Korschen) statt (s. Abbildung Seite 52).

Recht unregelmäßig waren die Umläufe im Güterzugdienst. In den ersten Jahren dauerte ein Einsatz ab Berlin im Durchschnitt etwa 18 Tage. Für die Beförderung von Zügen mit Lademaßüberschreitung, die teilweise auf Umwegen über Nebenstrecken liefen, wurden bis zu 5 Wochen benötigt. Vor allem die langen Wartezeiten auf den Unterwegsbahnhöfen hielten dabei auf. Auf den Wendebahnhöfen mußte häufig auf einen Gegenzug gewartet werden.

Ab etwa 1949 verkürzten sich schrittweise diese Zeiten. Anfang der 50er Jahre dauerte ein Umlauf durchschnittlich eine Woche. Manche Brigade schaffte es in vier bis fünf Tagen. Vor allem, wenn die Züge mit Uranerz beladen waren oder z.B. aus Kühlwagen bestanden, wurden sie vorrangig über die Strecke gelassen.

Ein Cottbuser Zeitzeuge von der Kolonne 10, der vor allem die südlichen Routen befuhr, notierte dazu:

»Die Ausbleibezeiten betrugen in den ersten Jahren bis zu drei Wochen. Sie entstanden durch lange Wartezeiten auf Annahme, vorwiegend in Skarzysko mußten wir oft mehrere Tage warten. Wir waren in dieser Zeit im Bereich des Bw abgestellt. Am längsten war aber stets die Wendezeit in Jagodin. In der weiteren Zeit verkürzten sich die Ausbleibezeiten erheblich, eine Woche war schon keine Ausnahme mehr.«

Helmut Fischer (links) mit einem Kollegen ließ sich zur Erinnerung vor der 52 3217 fotografieren
Foto: Slg. L. Meyer

		Guben	W+K			Frankfurt Pbf	W	Küstrin-Kietz	W+K
		Krosno	W			Swiebodcin Wkp	W	Kostrzyn Tow	W
		Czerwinsk	W			Zbaszynek	W+K	Gorzow	W
		Sulechow	W+N			Zbaszyn	W+N	Krzyz	W+N
		Wolsztyn	W+K			Opalenica	W	Pila Osob	W+K
		Leszno	W+K			Poznan Gorczyn	W	Naklo	W+N
		Kobylia	W			Poznan (Hbf)	W+K	Torun Tow	W+K
		Ostrowo (Hbf)	W+K			Pozn. Franowo	W+K	Torun Mokre	W+K
		Skalmierzyce	W			Wrzesnia	W	Jablonowo	W
		Kalisz	W			Konin	W+N	Ilawa Gl.	W+K
		Sieradz	W			Kolo	W	Ostroda	W
		Zaunska Wola	W			Kutno Azory	W+K	Olsztyn Glow	W+K
		Pabianice	W			Kutno Zach (Gbf)	W	Korsze	W+K
		Lodz (Hbf)	W+N			Kutno Osob (Pbf)	W	Gerdawy (Gerdauen)	W+K
		Chojny	W			Zychlin	W		
		Widzew	W+N			Lowiez	W		
		Olechow	W+K			Sochaczew	.W+K	ab Grenze 559 km	
		Slotwiwy	W			Warszawa (West)	W		
		Tomaszow	W+K			Warszawa Gdansk	W		
		Opocno	W			Minsk Maz.	W	Ilawka (Preuß. Eylau)	W+K
		Konsky	W			Siedlce	W+K		
Skarzysko	W+K	Radom	W+N			Lukow	W+N		
		Deblin	W			Malaszewice	W+K	ab Grenze 577 km	
Ostrowice	W	Pulawy	W			Brest-Litowsk	W+K		
		Sadurky	W						
Sandomierz	W	Lublin	W+K			ab Grenze 701 km			
		Trawniky	W						
Rozwadow	W+K	Rejowiec	W			Czeremcha	W+K	Korschen bis Insterburg 70 km	
		Rusky Piaski	W	Chelm	W+K	Wysoko-Litowsk	W		
Przeworsk	W+N	Zamosz	W+N			Brest-Litowsk	W+K		
Zurawice	W+K	Krasnobrod	W						
Przemysl	W+K	Belzec	W+K			Ab Grenze 728 km			
Nizankowice	W	Rawa Russk.	W+K	Jagodin	W+K				
ab Grenze 787 km		ab Grenze über Tomaszow 854 km		ab Grenze über Tomaszow 757 km					
Mostiska	W								
ab Grenze 796 km		über Skarzysko 888 km		über Skarzysko 791 km					

W Wasserentnahmestelle
K Bekohlungsstelle
N Notbekohlungsstelle

Die Entfernungsangaben gelten von der Oder-Neiße-Grenze bis zum Grenzort in der damaligen Sowjetunion

Wasser- und Kohlestationen an den Hauptabfuhrlinien, Streckenlängen

Die vorgesehene Last eines Zuges nach Brest betrug 1 200 Tonnen. Am 11. Juli 1950 stand die 50 1433 der Kolonne 7 (Berlin-Karlshorst) in Frankfurt vor einem Zug mit 1 532 Tonnen Last. Als Versuchsfahrt wurde diese Leistung besonders überwacht. Trotz Reparaturen an einem Wagen und an der Lokomotive (Lichtmaschine) erreichte der Zug 71086 den Bahnhof Brest 160 Minuten früher als vorgesehen; die Fahrzeit betrug 42,15 Stunden.

In Brest wartete die Brigade nur knappe neun Stunden auf ihre Rückleistung. Der Zug 17088 bestand aus 118 Achsen und 1 516 Tonnen Last. Wieder durch »Abkürzungen der Restaurierungen und Kontrollen« gelang eine Fahrzeit von nur 36 Stunden. Lokfahrmeister Wachholz beschrieb, daß »somit die Möglichkeit besteht, unter Auswertung dieser Versuchsfahrt eine Lok mindestens 5 bis 6mal im Monat auf dieser Strecke einzusetzen.«

Doch nicht jede Fahrt wurde derartig vorbereitet und überwacht, so daß die Fahrten oft doppelt so lange dauerten. Da die Personale der Brigade 259 den Schwerlastzug gut beförderten, Brenn- und Schmierstoffe sparsam verbrauchten (Hinfahrt 28 t, Rückfahrt 22 t Steinkohlen), sprachen der Kommandant des Transportzuges und der Bevollmächtigte des Ministeriums des Transportwesens der UdSSR in Polen ein Lob aus.

Zugführer Hubricht von der Brigade 110 begleitete vom 2. bis 7. Dezember 1953 den Transport 16/41784, Zug Dg 71186/87, von Frankfurt nach Brest. Zuglokomotive war die 52 1325. Ihm erschienen die außerplanmäßigen Haltezeiten ungemein hoch.

»Die plm. Haltezeit des Transportes beträgt lt. Fahrplanunterlagen 1 259 Min; die wirkliche aber 3 354 Min... Als Hauptgrund (für die Aufenthalte – d.A.) wird mitgeteilt »Abnahme Brest«. Es ist jedoch eigentümlich, daß, wenn man diese Bahnhöfe (Posen-Franowo, Kutno, Warschau Ost, Siedlce) anläuft, die Gleisanlagen nicht voll ausgenutzt vorfindet. 1 bis 2 Züge in Richtung Brest, auch gar keiner ist der Anblick...«

Es hatte sich doch nichts gebessert.

Zu einer Brigade gehörten ein Brigadelokführer, zwei Lokführer, drei Lokheizer, zwei Zugführer, zwei Zugschaffner und ein Wagenmeister. Die Diensteinteilung in den Kollektiven wurde bis zur Einführung des 12er-Systems unterschiedlich geregelt. Bei vielen Lokpersonalen war üblich: Acht Stunden Dienst, 16 Stunden Ruhe. Hin und wieder mußte gewechselt werden, damit der Dienst nicht immer zur gleichen Tageszeit anfiel. Manche bevorzugten deshalb: Sechs Stunden Dienst und 12 Stunden Ruhe. Einige Zeitzeugen berichten auch über 12 Stundendienste und 24 Stunden Ruhe.

Die tatsächlichen Ruhezeiten waren oft länger, weil bei langen Standzeiten nur ein Mann auf der Lok blieb und der andere sich im Brigadewagen aufhielt. Das Zugpersonal hatte in der Regel acht Stunden Dienst und acht Stunden Ruhe. Der Wagenmeister trat bei Bedarf in Aktion. Sämtliche Schreibarbeiten, einschließlich der Führung des Lokdienstzettels und der Leistungsabrechnung in der Heimatdienststelle, gehörten zum Aufgabenbereich des Zugführers.

Lokheizer Siegfried Busch hat gerade die neue Wattejacke und Ledermütze erhalten und muß sich gleich der Presse vorführen
Foto: Slg. L. Meyer

Trotz einiger Verbesserungen, die im Laufe der Jahre erreicht wurden, führte die angespannte Lage wiederholt zur kritischen Bewertung des unökonomischen Lok- und Personaleinsatzes im Transitverkehr. Im Juli 1952 machte eine »Studienkommission zur Durchleuchtung der Verschiebebahnhöfe der Generaldirektion Reichsbahn« den Vorschlag, je drei Brigadelok mit einer Springerbrigade (ohne Lok) zu einer Einheit zusammenzufassen und die Einsatztechnologie zu verändern. Jährlich könnten so 5,5 Millionen Mark eingespart werden. Es ist davon auszugehen, daß dieser Vorschlag eine Grundlage für das 12er-System war.

Der Leiter der Lokkolonne 10, Erwin Kühnel, hatte diese Methode in Cottbus eingeführt und wurde dafür zum Tag des Eisenbahners 1953 als Verdienter Eisenbahner ausgezeichnet. In Frankfurt (Oder) war es der Brigadeführer Franz Ewerling, der sich für diese Methode einsetzte.

Sie brachte nicht nur Vorteile. Voraussetzung war die Umbildung der Brigade: drei Lokführer, drei Lokheizer, drei Zugführer und drei Zugschaffner waren nun erforderlich. Die Zugführer wurden zusätzlich als Wagenmeister ausgebildet. Nach der alten Besetzung mußte die Lok nach zwei bis drei Einsätzen zum Auswaschen und zur Planausbesserung abgestellt werden und die gesamte Mannschaft hatte für drei bis fünf Tage Heimatruhe. Da die durchschnittlichen

Deutsche Reichsbahn
Generaldirektion

Berlin, den 10.Juli 1950

B e s c h e i n i g u n g !

Der Lokfahrmeister Erich W a c h h olz der RBD Berlin ist beauftragt, die Versuchsfahrt Frankfurt – Brest-Litowsk – Frankfurt als Kontrolleur zu begleiten.

Ich bitte alle beteiligten Stellen den Lokfahrmeister Wachholz in seinen Dienstobliegenheiten zu unterstützen.

Германские госуд. жел. дор.
Генеральная дирекция

Берлин, 10/7-1950 г.

Справка.

Паровозному инструктору Эриху ВАХГОЛЬЦУ Берлинской дирекции поручено участие в пробном рейсе Франкфурт – Брест – Франкфурт в качестве контролера.

Прошу все участвующие служебные места, оказывать ему поддержку при исполнении им своих служебных обязанностей.

Niemieckie Koleje Państwowe
Generalna Dyrekcja

Berlin, dnia 10.7.50

Poświadczenie.

Instruktor parowozowy Erich Wachholz Berlinskiej Dyrekcji kolejowej ma polecenie, uczestniczyć w próbnej jeździe Frankfurt – Brześć – Frankfurt jako kontroler.

Proszę wszystkie odpowiednie miejsca, okazywać mu zapomogę w wypełnieniu swych obowiązków służbowych.

Für die erwähnte Versuchsfahrt wurde dem Kontrolleur Wachholz diese provisorische Bescheinigung ausgestellt
Dokument: Slg. M. Reimer

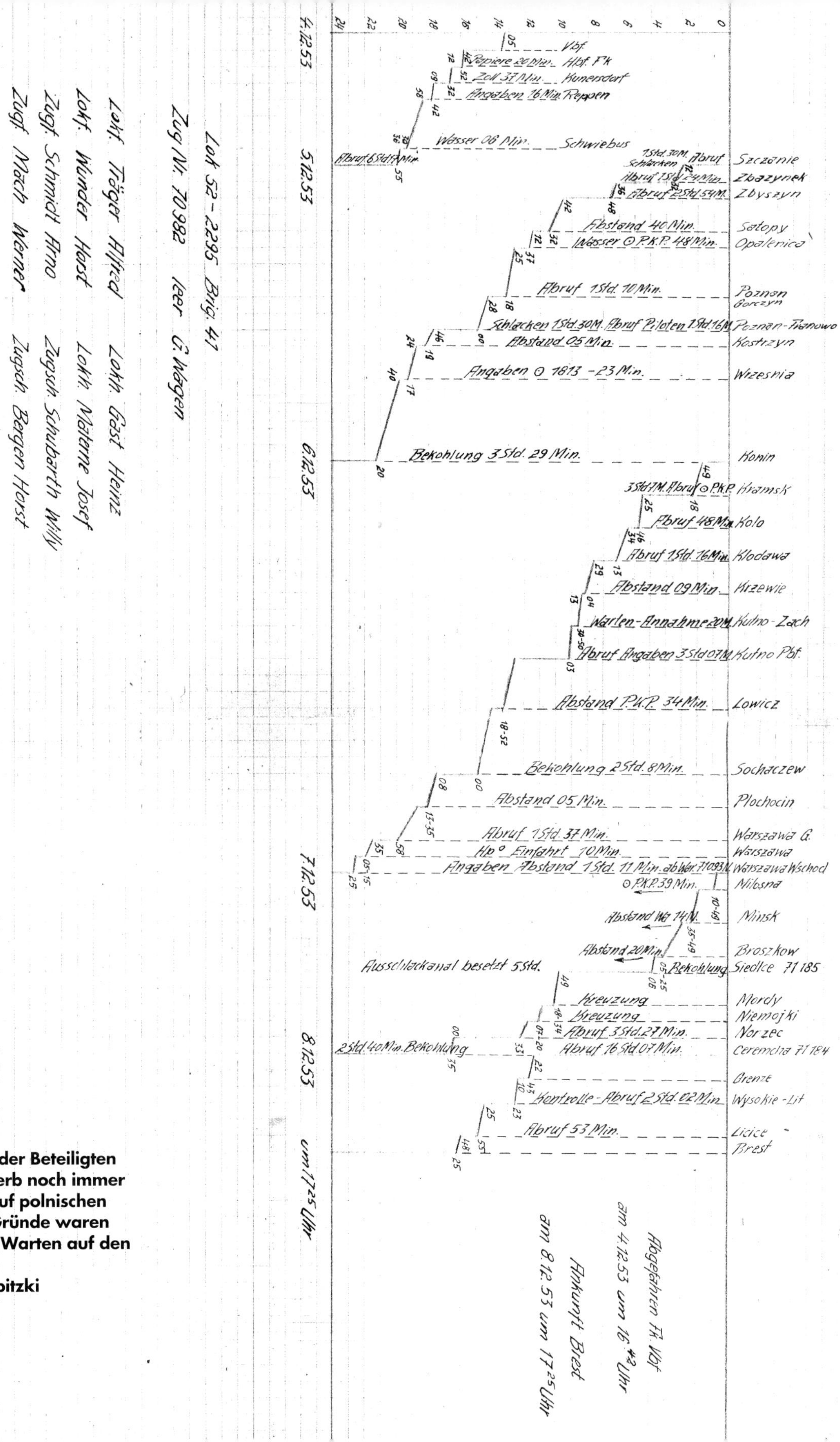

Fahrtverlaufsberichte der Beteiligten zeigen trotz Wettbewerb noch immer längere Aufenthalte auf polnischen Bahnhöfen. Häufige Gründe waren »Annahme« oder das Warten auf den Lotsen
Dokument: Slg. V. Kubitzki

Aktivist Franz Ewerling aus Frankfurt überarbeitete genauso wie Erwin Kühnel aus Cottbus die Brigadepläne. Statt jeweils dreier Lokführer und Heizer fuhren fortan nur noch zwei. Die Überstunden wurden geringer, die Leistung stieg um 35 Prozent. Foto: Slg. L. Meyer

Auswaschzeiten zwei Tage betrugen, stand die Lok bis zum Eintreffen der Personale im Bw.

Bei Anwendung des 12er-Systems gingen nur 2 Lokführer, 2 Lokheizer, 2 Zugführer und 2 Zugschaffner auf die Reise. Ein komplettes Personal befand sich für die Dauer einer Fahrt, also eine Woche, in Heimaturlaub. Dadurch war die Lok ständig besetzt. Beim Auswaschen konnten vom ständig anwesenden Lokpersonal Pflegearbeiten sowie der Lokputz und vom Zugbegleitpersonal die Wartung des Brigadewagens durchgeführt werden.

Der 12- oder Acht-Stundendienst während des Einsatzes war jedoch anstrengender. Pech hatte das Personal, das während der freien Zeit in die Kontrolle und um den Schlaf kam.

Die reinen Deutschland- oder DDR-Brigaden mit dreifacher und später zweifacher Lokbesatzung ohne Zugpersonal und Wagenmeister waren ebenfalls in Brigadewagen untergebracht. Wenn wenig über die Grenze zu fahren war, wurden auch die Transitbrigaden im Inland eingesetzt. Dabei wurde oft mißachtet, daß das Lokpersonal keine Streckenkenntnis mehr hatte.

Während der Fahrt mußte die Freizeit im Mannschaftswagen gestaltet werden. Schlafen hatte Vorrang, außerdem wurde gelesen, Karten gespielt und gekocht. An ein Radio war damals noch nicht zu denken. Stadtbesuche z. B. in Posen, Kutno, Warschau, Siedlce und Brest fanden aus Sicherheitsgründen selten statt. Das auf der Lokomotive tätige Personal hatte häufig genügend Zeit, um sich mit der Natur oder dem Leben und Treiben auf und neben den Gleisen zu beschäftigen:

»Bei unseren Fahrten über Warschau auf den S-Bahngleisen haben wir oft und gerne die modebewußten jungen polnischen Frauen bewundert« erinnert sich ein damals junger Lokheizer.

Im Mai 1949 ersuchte Oberst Morossow, »die Herstellung des Kulturwagens für die in Brest wendenden Kolonnenpersonale beschleunigt durchzuführen«. In den letzten Jahren konnten die Brigadefahrer in Brest ein Kulturhaus mit Toiletten, Duschen, Verkaufs- und Klubraum nutzen. Kupons im Werte bis zu 50 Mark mußten dazu im Bw Frankfurt erworben werden. Von dieser Möglichkeit wurde jedoch wenig Gebrauch gemacht, da es attraktiver war, die Einkaufsmöglichkeiten in Polen zu nutzen.

Im Bw Frankfurt gab es für die Fahrt Sportgeräte, Bücher und Musikinstrumente zum Ausleihen.

Zeitzeuge Möller:

»Ich hatte einen eigenen Handball mit. Gespielt wurde oft mit dem russischen Begleitkommando. Der Kontakt zu diesen Leuten war unterschiedlich. Meistens lag das daran, wie sich der Offizier verhielt.«

Ein anderer Zeitzeuge erinnert sich:

»Oft wurden die Transporte nicht über den polnischen Grenzbahnhof Terespol, sondern über den Grenzbahnhof Czeremcha gefahren. Hier standen mitunter bis zu sieben Transporte drei bis vier Tage, ehe es weiter über die Grenze nach Brest ging. Dicht beim Bahnhof war ein Sportplatz, der dann auch zu Fußballspielen genutzt wurde. Es kam dabei zu fast internationalen Begegnungen, z.B. deutsche Eisenbahner gegen polnische Grenzer, polnische Eisenbahner oder gegen eine Mannschaft des sowjetischen Begleitkommandos... Auch bei Spielen Russen – Polen wurde lautstark zugeschaut. Standen wir an Festtagen, Ostern, Pfingsten, Weihnachten oder Sylvester/Neujahr auf diesem Grenzbahnhof, wurde meist gemeinsam in einer großen Baracke gefeiert. Allerdings von uns aus nur solange, bis wir merkten, daß bei den Polen und Russen der Alkohol zu wirken begann, denn dann kam es zwischen diesen mitunter zu heftigen Schlägereien.«

Eine sinnvolle Freizeitgestaltung wurde Anfang der 50er Jahre gefördert, indem man Personale mit gleichen Interessen zusammenbrachte. Die Musikbrigade 100 – sechs Angehörige des Kollektivs konnten ein Instrument spielen – bekam einen großen vierachsigen Brigadewagen und Musikinstrumente. Gespielt wurde nicht nur im Brigadewagen, sondern bei entsprechenden Standzeiten auch auf den Bahnhöfen. Zeitzeugen erinnern sich an Konzerte auf dem Danziger Bahnhof in Warschau und im Bahnhof Brest. In Nurzec, 20 km vor Czeremcha, haben diese Tonkünstler bei einer Fahrt und schönem Wetter musiziert. Das hatte zur Folge, daß die Bewohner herbeiströmten und die Musiker aufforderten, in der Dorfgaststätte zum Tanz aufzuspielen. Dieser Bitte wurde entsprochen, nachdem die polnische Aufsicht verständigt war, den Zug nicht vor 24.00 Uhr abfahren zu lassen.

Auf deutschem Territorium wurde die Freizeit entweder zur Heimfahrt genutzt oder man vergnügte sich individuell in Kantinen oder Gaststätten. Ein großer Teil verfügte auch über ein Privatquartier mit geselliger Bekanntschaft.

Mit dem neuen Kulturhaus in Frankfurt (Oder) sollte mehr Einfluß auf eine gestaltete Freizeit genommen werden. Schon 1951 entstand eine Schalmeienkapelle. Ein Jahr später wurde eine hauptamtliche Blaskapelle gebildet, die nicht selten auch in der Oderstadt zum Einsatz kam. Nach dem Ende der Brigadezeit im Jahre 1954 blieb dieser Klangkörper auf ehrenamtlicher Basis weiter bestehen. Von den vielen damals entstandenen Interessengemeinschaften hat nur der Modelleisenbahnzirkel die Wende überlebt.

Im Herbst 1953 wurde für das Transit-Bw eine Betriebszeitung unter dem Titel »Schienenband der Freundschaft« geschaffen. Sie erschien einmal monatlich im Format DIN A 4 mit vier Seiten Umfang. Im Juni 1955 stellte diese Zeitung im Zusammenhang mit den veränderten Aufgaben ihr Erscheinen wieder ein.

Im Wettbewerb

10 860 Eisenbahner waren Ende 1945 für die personelle Besetzung von fast 900 Lokomotiven in 30 Lokkolonnen nötig. Die Situation, besonders beim Lokpersonal, war äußerst angespannt. Anträge der Zentralverwaltung des Verkehrs, die Besetzung der Lokomotiven statt mit drei nur mit zwei Personalen zu gestatten, fanden bei der Transportabteilung der SMAD keine Gegenliebe. Als eine Art der Wiedergutmachung wurden vor allem ehemalige NS-Parteigenossen zum Kolonnendienst zwangsverpflichtet. Manche bemühten sich selbst darum, um nicht mehr den kritischen Blicken in der Heimatdienststelle ausgesetzt zu sein. Andere waren bereits entlassen und wurden für den Dienst in den Einsatzbrigaden wieder eingestellt. Die Direktionen und die nachgeordneten Dienststellen bekamen Auflagen, wenn die Besetzung nicht gelang. Die Dienststellenleiter mußten dann ihre Kollegen, die mitunter gerade erst aus der Gefangenschaft zurückgekehrt waren, von der Notwendigkeit des Einsatzes in der Kolonne überzeugen. Später wurde daraus auf der Grundlage von Freundschafts- und Wirtschaftsverträgen eine ehrenvolle Aufgabe gemacht. Nach den Leistungen wurde das Personal ausgewählt. Insbesondere junge Leute bewarben sich, um auf diese Weise schneller zu einer Planstelle zu kommen und mehr Geld zu verdienen. In einer Veröffentlichung aus dem Jahre 1953 wurde sogar gefordert, längere Dienstzeiten in den Transitbrigaden »durch eine bleibende, sichtbare, ehrbare Dekorierung« anzuerkennen. Wenn auch ursächlich von den Sowjets nicht beabsichtigt, war der Einsatz im Transitverkehr zu einer Sache der Ehre geworden. Es waren die ersten Deutschen, die nach dem Kriege die östlichen Grenzen überqueren durften und einige Privilegien besaßen.

Für die 935 Kolonnenlokomotiven im ersten Quartal 1947 wurden durchschnittlich pro Lok und Tag 68,3 Kilometer Laufleistung ermittelt. Bezogen auf die 718 betriebsfähigen Lokomotiven erhöhte sich der Wert auf 89 Kilometer und für die tatsächlich eingesetzten betriebsfähigen 503 Kolonnenlokomotiven ergab sich eine durchschnittliche Laufleistung von 127 Kilometer pro Tag (siehe auch Trassen, Transporte und Tagebücher, Seite 47/48).

Diese Ergebnisse waren, bezogen auf die tatsächlich eingesetzten betriebsfähigen Lokomotiven, nicht schlecht. Sie beruhten in erster Linie auf der privilegierten Behandlung der durch Kolonnenlokomotiven bespannten Züge und durch bevorzugte Abfertigung in den Werkstätten zu Lasten der Lokomotiven für den freien Verkehr. Maschinen, die für den Kolonnendienst nicht mehr geeignet waren, wurden einfach ausgetauscht. Bis zu 746 Lokomotiven wurden 1947 durch die DR in den Monatsmeldungen als Minus ausgewiesen, während es beim Kolonnenpark teilweise Überbestände gab. Insgesamt herrschte ständig ein erheblicher Lokmangel. Deshalb war bei allen Aufgabenstellungen die

Im Bahnhof Berlin-Schöneweide (?) steht die Aktivistenlok Nr. 5 bereit. Den Titel gab es für gute Leistungen im Zugdienst sowie für Sicherheit und Pflege
Foto: H. Hensky, Slg. Preuß. Kulturbesitz

Ausnutzung, Unterhaltung und Pflege der Dampfrösser an die erste Stelle gesetzt.

Sichtbarer Ausdruck einer gut gepflegten Lok war der Putzzustand. Auf ein gepflegtes Erscheinungsbild legten die sowjetischen Kommandanten großen Wert. Vor der Einfahrt ins Heimat-Bw mußte die Lok glänzen.

Die Frankfurter Brigaden erledigten dies in der Regel in Rzepin, das gesamte Kollektiv griff dabei zur Putzwolle. Natürlich hatten die Schwarzen auch von den Siegern gelernt und ihr wichtigstes Produktionsmittel verziert.

Die Radreifen, Ränder der Pufferteller, Bahnräumer und des Umlaufes, sowie weitere besonders hervorzuhebenden Kanten wurden weiß gestrichen. In den ersten Jahren geschah das vorwiegend mit Karbidschlamm oder Kalk. Karbidschlamm stand in den Werkstätten reichlich und kostenlos zur Verfügung. Nachteilig war, daß der Anstrich häufig erneuert werden mußte und die alten Farbreste vorher mit der Drahtbürste zu entfernen waren. Später, Anfang der fünfziger Jahre, wurde die schnell trocknende Nitro-Farbe dazu verwendet.

Unabhängig von den Pluspunkten, die der Kommandant in der Heimatstation vergab, war das Putzen der Lok den Kolonnenfahrern in Fleisch und Blut übergegangen. Die Standzeiten auf den Unterwegsbahnhöfen wurden sehr oft zu Pflegearbeiten genutzt. Um den Umweltschutz kümmerte sich in dieser Zeit niemand. Wichtig war der saubere »Bock« und für einen ordentlichen Eisenbahner das dadurch »verbesserte Wohlbefinden«. Diese Verhaltensweisen wurden auch von Mitreisenden beobachtet. Horst Bergen erinnert sich an einen Transport zurückkehrender Kriegsgefangener und verschleppter Frauen aus Ostpreußen im Jahre 1949. Aus Dankbarkeit, weil sich die Brigade – sicher nicht ganz uneigennützig – bemüht hatte, noch rechtzeitig vor Weihnachten die Heimat zu erreichen, hatten einige Heimkehrer in Rzepin ihre Lok geputzt.

Das Kohlenladen in Polen wurde von stationären Bediensteten erledigt. Dafür mußte das Lokpersonal schriftlich quittieren bzw. in den letzten Jahren die entsprechenden polnisch und russisch beschrifteten Kohlenschecks übergeben. Die Restaurierungsarbeiten an der Lok, einschließlich Wasser nehmen, hatte das Personal selbst auszuführen. Mitunter wurde es vom diensthabenden Zugpersonal unterstützt. Auch für diese Arbeiten mußte, als Nachweis für die noch zu beseitigende Schlacke oder Lösche und den Wasserverbrauch, unterschrieben werden.

Während der Aufenthalte zum Restaurieren stand der jeweilige Güterzug ohne Lok. Nur bei Militärgut wurden die Züge unterwegs getauscht, um die Aufenthaltszeiten zu verkürzen.

Bei durchschnittlicher Belastung und guter Kohle wurde in den fünfziger Jahren in der Richtung nach Brest erst in Sochaczew und dann in Siedlce bekohlt. War Kohle von schlechter Qualität auf dem Tender, erfolgte das bereits in Poznan, dann in Kutno und in Siedlce (bei Fahrten über Czeremcha erhielt die dortige Bekohlungsstelle den Vorzug). Das Bekohlen in Brest wurde nach Möglichkeit, wegen der schlechteren Kohlen, gemieden.

Wenn zwischendurch Wasser genommen werden mußte, wurde die Einfahrt in ein Gleis, wo das möglich war, über den Lotsen veranlaßt.

Nach ein, zwei und später auch drei Einsätzen wurde die Lok zum Auswaschen und zur Durchführung der Fristarbeiten abgestellt. Ein Lokpersonal, das keinen Heimaturlaub bekam, war ständig anwesend, kontrollierte die Arbeiten der Handwerker (ohne die Kompetenzen des Meisters zu verletzen) und führte selbst Pflegearbeiten durch. Anwesendes Zugpersonal war für das Putzen der Lok zuständig. Da es noch keine Kesselspeisewasseraufbereitung durch chemische Zusätze gab, wurde bei den Auswascharbeiten großer Wert auf die Entfernung von Kesselsteinablagerungen gelegt. Bei guter Arbeitsausführung hat das anwesende Lokpersonal meistens »importierte« Zigaretten an das Werkstattpersonal verteilt.

Der Aktivistensonderzug mit der 38 2290 vor seiner Abfahrt nach Dessau steht am 14. Februar 1949 vor der noch immer zerstörten Halle des Leipziger Hbf Foto: Trapp, Slg. BA Berlin.

Eine gute Qualitätsarbeit war nicht zuletzt deshalb notwendig, weil es wiederholt Kritiken gab, wenn polnische Werkstätten zur Reparatur genutzt wurden. In den Anfangsjahren der Kolonnentätigkeit reichte es, wenn der jeweilige russische Kommandant einer polnischen Werkstatt die Reparatur bestätigte, damit die PKP Geld dafür bekam. Doch die Lage verschärfte sich.

Oberst Morossow machte im Mai 1949 noch einmal deutlich, daß »die Lokpersonale bei Fahrten in Polen keinesfalls größere Ausbesserungsarbeiten an den Lok vornehmen lassen dürften. Alle solche Arbeiten müßten – soweit irgend angängig – von dem Personal selbst ausgeführt werden.« Er hat festgestellt, daß »nach den von Polen eingegangenen Rechnungen an einzelnen Kolonnenlok in Polen Kolben- und Schieberuntersuchungen und sogar Auswaschungen ausgeführt worden sind. Die Rechnungen für diese Arbeiten seien außerordentlich hoch. Bisher wurden diese ganzen Kosten von der Eisenbahnverwaltung in Moskau übernommen und im Clearing-Verfahren abgerechnet. Künftig muß Deutschland diese Kosten nunmehr selbst an Polen bezahlen. Aus diesem Grunde ist es unbedingt erforderlich, daß möglichst alle Ausbesserungsarbeiten in Polen verboten werden. Das Lokpersonal ist anzuweisen, alle Instandsetzungsarbeiten möglichst selbst auszuführen und die Hilfe der in Polen gelegenen Betriebswerkstätten nur in unumgänglichen Fällen in Anspruch zu nehmen. Nach jeder Fahrt muß vom Kolonnenführer berichtet werden, ob irgendwelche Ausbesserungsarbeiten in Polen vorgenommen worden sind.«

Wie diese Festlegungen an der Basis umgesetzt wurden zeigen einige Beispiele:

»Wenn Reparaturen an Lok in Polen durchgeführt werden mußten, reagierte unser sowjetischer Kommandant recht allergisch«, schildert ein Cottbuser Kollege. »An sich kam das auch nicht oft vor. Die Robustheit der Lok BR 52 bot immer die Gewähr einer störungsfreien Fahrt. Trotzdem hat es mich einmal selbst erwischt. Beim Heranfahren an den Wasserkran in Pulawy quietschte es verdächtig. Das Achslager der 4. Kuppelachse war defekt, weil infolge eines undichten Bodenringes ständig Wasser auf das Oberteil des Achslagers lief. Im nahen Bw Deblin wurde das Lager anstandslos ausgegossen, wir brauchten nur einen Tag zu warten. In Cottbus wurden wir schon vom Kommandanten mit den Worten: ‚Was war Polen' empfangen. Es gab aber trotzdem keinerlei Konsequenzen.«

Bei einem Kollektiv aus Hoyerswerda hatte sich ein zweiachsiger Brigadewagen als vorteilhaft erwiesen. Wegen eines Schadens am Zylinderdeckel mußte leer mit einer lahmgelegten Seite fast durch ganz Polen bis Cottbus zurückgefahren werden. Immer wenn die intakte Seite nach dem Anhalten auf dem Totpunkt stand, wurde der Brigadewagen gegen die Lok geschoben, um den Totpunkt zu überwinden.

In einem anderen Fall wurden etwa 200 Kilometer mit einem ausgeschlagenen vorderen Treibstangenlager zurückgelegt.

Vorsorge wurde getroffen, indem die Brigaden alle möglichen Ersatzteile während der Fahrt im Wohnwagen oder auf der Lok mitnahmen. Die Reparaturarbeiten wurden damit auf den Bahnhofsgleisen oder auch in den Werkstätten weitgehend selbst erledigt.

Mitunter wurde gegen alle Regeln der Sicherheit verstoßen und Reparaturen während der Fahrt ausgeführt. Um längeren Standzeiten auf einem Nebengleis aus dem Wege zu gehen, hatte beispielsweise in einem Falle der Lok-

»Die Jugend im Zeichen des Zweijahresplanes« Maifeier vor der 52 3839 der Kolonne 9 im Bw Cottbus. Statt des Schriftzuges »Deutsche Reichsbahn« war ein Schild der Kolonne Nr. 9 befestigt
Foto: Slg. J. Kretschmann

heizer den Regler bedient und der Lokführer bei Dunkelheit, mit einem Seil gesichert, die Lichtmaschine repariert. Andere Beispiele zeigen, daß es auch möglich war, die Reparaturen illegal ausführen zu lassen. Das mußte dann aus der Gemeinschaftskasse oder mit Schmuggelware bezahlt werden.

Allerdings führten alle derartigen Anstrengungen der Kolonnenfahrer zu keinem befriedigenden Ergebnis.

Der Leiter der Verwaltung für internationalen Verkehr im Ministerium für Verkehrswesen der UdSSR beschwerte sich am 8. Januar 1953 und schrieb an den Generaldirektor der DR:

»Im Jahre 1952 wurden auf den Strecken der PKP über 125 deutsche Lokomotiven zwecks Ausbesserung abgekuppelt. Auf die Eisenbahnen der UdSSR gelangten vom Bahnhof Frankfurt allein im Dezember 1952 sieben schadhafte Lokomotiven, die mehr als 150 Stunden im Bw Brest in Reparatur standen. Die Lokomotiven Nr. 5374 z. B. befand sich 22 Stunden in Reparatur, die Lokomotiven Nr. 2233, 4952, 2309 und 177 befanden sich 17 Stunden in Reparatur.«

Gleichzeitig wurde gebeten, für die Zeit der Reparatur keine Miete zu berechnen.

General-Direktor des Verkehrs III. Ranges Trunow, der Stellvertreter des Chefs der TV der SMA D, forderte bereits am 12. Januar 1946 Dr. Fitzner auf, drei Materialwagen an die Personenzüge anzukuppeln. In ihnen sollten sich Kurbelstangen, Kreuzkopfeinlagen, Buchsenlager, Kurbelstangenlager, Kuppelstangen, Lok-Buchsen, Injektoren, Luftpumpen für die BR 52, 55, 56, 57 sowie auch Wagenfedern und -lager befinden, um die in Polen schadhaften deutschen Lokomotiven und Wagen zu reparieren und zurückzuführen.

Nachdem die Wettbewerbsbewegung in anderen Bereichen der Wirtschaft und bei der Eisenbahn bereits Fuß gefaßt hatte – der erste Schwerlastzug von Senftenberg nach Berlin fuhr im November 1948 – sollten nun auch die im Kolonnendienst anstehenden Probleme damit gelöst werden.

In der bereits genannten Beratung im Mai 1949 forderte Oberst Morossow dazu auf, in den Lokkolonnen Wettbewerbe zu veranstalten, »die gleichzeitig die Unterlagen für die Prämiierung der besten Lokkolonne ergeben sollen«. Die für den Monat Mai vorgesehene Prämie in Höhe von 11 000 DM sollte noch nach der alten Verfahrensweise verteilt werden.

Neu hingegen war dann der Leistungswettbewerb im Monat August. Die gefahrenen Lokleistungskilometer wurden genauso wie die Schadlokbestände nicht mehr berücksichtigt, »weil die Lokbrigaden hierauf keinen persönlichen Einfluß nehmen können,« teilte die DR am 21. September 1949 dem General Wojewudski mit.

»Der Normsatz der geleisteten Lokkilometer ist von 4 000 auf 4 500 km heraufgesetzt und für je 100 km Über- oder Unterschreitung +/- 1 Punkt festgesetzt worden... Als beste Lokkolonne wurde die Kolonne I mit 59,1 Punkten festgestellt. Hierbei muß jedoch erwähnt werden, daß diese Lokkolonne nicht vergleichsfähig mit den übrigen Kolonnen ist, weil die Laufleistung und der spezifische Kohlenverbrauch für die dort laufenden 01 Lok zu niedrig angesetzt wurde. Als zweitbeste Kolonne ist die Lokkolonne XI mit 38,6 Punkten hervorzuheben. Die beste Lokbrigade mit der Lok 50 2660 wurde in der Lokkolonne VII festgestellt, die eine Punktzahl von 116,2 erreicht hat. Daran schließt sich die Lokbrigade mit der Lok 52 2845 der Lokkolonne XI an, die 114,6 Punkte erreichte.«

Im Arbeitsverteilungsplan der Gruppe Einsatzbrigaden P 17 im Personalbüro der RBD Berlin vom August 1949 war für M. Linderhaus demzufolge festgelegt: »Ausarbeitung des Leistungswettbewerbes und Herausgabe der Richtlinien für die Lokkolonnen«.

Nun bekamen die Lokkolonnen Vorgaben, die auch als Wettbewerbsziele für die Brigaden galten. Wichtige Kriterien waren u.a.: hohe störungsfreie Loklaufleistung (keine Unfälle oder Zuglaufstörungen), gute Auslastung der Lok, möglichst geringe Kosten für Reparaturen, Kohle und Schmierstoffe und gute Pflege der Lok.

Die besten Kollektive erhielten neben der Prämie eine Urkunde und bei besonderen Leistungen gab es zusätzlich Wettbewerbsfahnen oder Wimpel. Losungen, Ehrentitel sowie Zielstellungen und Ergebnisse der Brigaden wurden teilweise mit erheblichem Aufwand an den Schlepptender geschrieben.

Großen Wert legten die politisch Verantwortlichen auf die Bildung von Jugendbrigaden (siehe auch Bw Vbf). Junge, von der Vergangenheit unbelastete Eisenbahner, sollten mehr und mehr Verantwortung übernehmen. In vielen Fällen gelang es, Spitzenpositionen bei der 500 000er-Bewegung, Luninschen Lokpflege (Methode des sowjetischen Lokführers Lunin zur technischen Pflege durch die Lokbrigaden) oder bei der Schnellausbesserung der Lokomotiven zu erreichen. Meistens waren diese Leistungen echt, manchmal wurde im Interesse der Propaganda nachgeholfen.

In einer Entschließung der Arbeitstagung der Lokkolonnen vom 28. November 1949 heißt es:

»Der Erfolg der Jugendbrigaden der Lokkolonnen IV, V, IX und XIII, die ihnen in der Sowjet-Union und Polen entgegengebrachte Sympathie, müssen zur Bildung von Jugendbrigaden in allen Lokkolonnen führen.«

Unter dem Titel »Frankfurter Jugendbrigade überbot mit Schwerlastzug Frankfurt (Oder)–Brest-Litowsk den Held der Arbeit Paul Heine« berichtete die Märkische Volksstimme vom 16. Februar 1951 von der Jugendbrigade Kummer mit der Lok 52 5014. Zu Ehren beider Kollektive gab der sowjetische Kommandant in Brest einen Empfang im Klubhaus der sowjetischen Eisenbahner.

Wichtig war aber ebenso die politische und kulturelle Arbeit in den Brigaden. Entsprechend dem Befehl Nr. 22/10416 und 098 teilte der Leiter der Lokkolonnen am 5. Oktober 1949 mit, daß in allen Kolonnen Leistungswettbewerbe durchgeführt würden.

»Eine Überwachung erfolgt durch den bestellten Kulturobmann, der auch gleichzeitig die politische Arbeit zu leisten hat. In der Lokkolonne V wurde eine Aktivistenbrigade aufgestellt. Desgleichen wird in den nächsten Tagen in der Lokkolonne IV und V je eine Jugendbrigade aufgestellt... Kulturräume bzw. Kulturwagen sind bei allen Lokkolonnen, außer der Lokkolonne VIII, vorhanden. Jede Kolonne hat einen Radioapparat erhalten. An Büchern sind im Durchschnitt bei jeder Kolonne 30–40 Stück vorhanden. Zeitschriften und politische Literatur werden laufend ergänzt. Wandtafeln sind bei allen Brigaden angebracht.«

Prämienauszahlung im Bw Frankfurt (Oder) für hervorragende Leistungen. Nicht nur »Jugendbrigaden« wurden ausgezeichnet
Foto: Slg. L. Meyer

Doch der Leiter mußte sich auch zu fehlenden Bettbezügen und anderen Gütern äußern. Besonders die DWK, die Deutsche Wirtschaftskommission, wurde angesprochen, die Versorgung auch bei den vorerst nur in Cottbus, Angermünde und Pasewalk ansässigen Konsumgenossenschaften zu übernehmen. Wie schwierig es in dieser Zeit tatsächlich war, läßt nur die Aussage zur Uniformversorgung erahnen:

»Mäntel, Hosen, Joppen und Mützen wurden an alle Kolonnen geliefert. Davon sind bis jetzt bei einer Bezahlung in 4–6 Monatsraten 75% verkauft worden. Der Rest wird der Kleiderkasse wieder zugeführt, da ein kleiner Teil der Bediensteten aus finanziellen Gründen nicht in der Lage ist, die Kosten von 180,– DM trotz Ratenzahlung aufzubringen. Die Qualität der Joppen ist mangelhaft.« (Die Bekleidung bestand in der Anfangsphase vorwiegend aus alten Uniformteilen und Arbeitssachen. Erst später stellte die DR auch Filzstiefel und Wattesachen zur Verfügung. Um die Schuhe zu schonen, zog das Lokpersonal auf der Lok sowie im Wohnwagen häufig Holzpantoffeln an. d.A.)

»Aufgrund der Artikel im *Neuen Deutschland* (Tageszeitung in der DDR – d. A.) über das Verhalten von Lok- und Zugbrigaden im Ausland, besonders der Heimkehrerzüge, konnten bisher bei der Lokkolonne IV der Lokführer Erhard R., Bw Pirna, Zugschaffner Paul F., Bf Jena, und Zugschaffner Friedrich W., P 17, ermittelt werden, welche unsere politischen Interessen in der Ostzone in den Schmutz gezogen hatten... Die Ablösung erfolgt in den nächsten Tagen.«

Zeitzeuge Walter Gaasch (rechts) und die Brigade 101 vor ihrer 52-6194 wurden im Bw Frankfurt (Oder) Vbf am 3. Juli 1951 als Sieger im Wettbewerb ausgezeichnet

Die Jugendbrigade Vorwärts aus Frankfurt (Oder) reparierte im Oktober 1950 in freiwilliger Arbeit die 52-2542 der Kolonne 2 und übergab sie dem Transitverkehr vorfristig
Fotos: Slg. L. Meyer

Diese strengere Gangart hatte General-Direktor Wojewudski, inzwischen kommissarischer Leiter der TV der SMAD, im Schreiben vom 14. Juli 1949 an den DR-Generaldirektor Kreikemeyer gefordert. Er stellte u.a. fest, daß die Leistungswettbewerbe nicht organisiert seien. Ebenso sei das System der Entlohnung den Kolonnenleitern nicht bekannt und damit würden u.a. den Kolonnen 1 und 8 keine Zuschläge gezahlt. Auch die Versorgung mit Industriewaren »verbesserter Qualität« funktioniere nicht, besondere Magazine würden nicht eröffnet und die technischen und politischen Eigenschaften der Mitglieder der Lokkolonnen seien noch nicht durch eine Kommission geprüft worden. Abschließend stellte er fest, daß »der Leiter der Abteilung Lokkolonnen seinen Aufgaben nicht gewachsen und seinem Amte nicht entspreche, von seinem Amte zu entbinden ist, wobei eine neue Kandidatur zum 18.7.49 der Transportverwaltung der SMAD zur Bestätigung vorzulegen ist.«

Das Leben der Brigaden

Wohnwagen – Leben, Hausen oder Krankheiten

»Für jede Kolonnenlok ist für die Unterbringung der Brigaden ein Wohnwagen vorzusehen, der im ordnungsgemäßen Zustand, heizbar und für den Aufenthalt und die Übernachtung der Mannschaften eingerichtet sein muß. Als Wohnwagen können außer kleineren (zweiachsigen) Personenwagen notfalls auch Güterwagen verwendet werden«. So lautete im Dezember 1945 eine Anordnung der SMAD.

Der geringe, nach dem Ende des Krieges noch verbliebene betriebsfähige Wagenbestand bot nur eine bescheidene Grundlage zur Umsetzung dieser Aufgabenstellung. Dazu kamen weitere Anforderungen, wie z. B. die Ausrüstung von 3 000 Wagen (1 700 Güterwagen und 1 300 Personenwagen) für die »Demobilisationszüge« der Roten Armee im November 1945.

Wie bei der Bildung von Eisenbahnausbesserungszügen kamen auch hier die unterschiedlichsten Wagenbauarten zum Einsatz. In den Listen zur Wohnwagenzählung des Jahres 1947 sind als »Brigade-Begleiterwagen« für Lokkolonnen vorwiegend Güterwagen aufgeführt. Bei Touren bis zu fünf Wochen waren die Männer erheblichen Strapazen ausgesetzt. In einem schlecht abgedichteten Güterwagen am Zughaken einer unruhig laufenden 52er im Doppelstockbett auf einem Strohsack zu schlafen, ist heute kaum vorstellbar. Nach und nach wurden die Güterwagen ausgetauscht.

Ein Zeitzeuge, der in einem Abteilwagen 3. Klasse untergebracht war, schildert:

»In einem Abteil hausten zwei Mann, die Bänke dienten als Schlafgelegenheit. Zwischen zwei Abteilen stand ein eiserner Ofen mit einer Kochplatte. Kochen war jedoch nur bei Stillstand möglich, da während der Fahrt nichts im Topf blieb.«

Für die Körperpflege dienten Waschschüsseln oder Eimer und zur Verrichtung der Notdurft wurde die freie Natur aufgesucht. Bei längeren Standzeiten verhielten sich auch die Insassen von Wohnwagen mit Toiletten im Interesse der Hygiene so.

Am 25. Mai 1948 mußte sich die Rbd Berlin mit einer Resolution der Kolonne 5 beschäftigen. Festgestellt wurde, daß dort die schlechtesten Wagen vorgefunden wurden, »zum Teil liegt es an den Leuten selbst... Die Brigadewagen sind aber auch teilweise für 11 Mann zu klein.«

Neben neuen Waschschüsseln, besserer Verpflegung (oft nur Sauerkohl und Hering), Schlafdecken, wollte sich P 17 auch um zusätzlich 20 Tonnen Stroh und 3 000 Strohsäcke kümmern.

Im Frankfurter Verschiebebahnhof wartet 52 2295 mit ihren zwei Begleiterwagen auf das Umsetzen an den Transitzug
Foto: Slg. L. Meyer

Auf mehreren Leinen zwischen dem Wohnwagen und dem Tender der 52 4919 trocknet die Wäsche (1946). Längere Aufenthalte mußten dafür genutzt werden
Foto: G. Paul

Der Kolonne 5, inzwischen auch in Frankfurt (Oder) beheimatet, wurden kurzzeitig sogar Schnellzugwagen für die Transitfahrten zur Verfügung gestellt. Die Mannschaft der 52 6421 scheint zufrieden zu sein
Foto: Slg. L. Meyer

Paul Fromberg, Mitglied einer russischen Brigade von 1945 bis 1947 in Rummelsburg, berichtet:

»Wir hatten einen deutschen D-Zugwagen mit einem Aufenthaltsraum, einer Küche und Schlafräumen. Jeder hatte ein eigenes Bett und im Schlafraum stand ein kleiner Kühlschrank.«

Alfred Schiffner:

»Unser Kollektiv war in 2 zweiachsigen Brigadewagen (einen für das Lokpersonal und einen für das Zugpersonal) untergebracht. Mit der Einführung des 12er-System reichte uns ein Wagen mit je einem Schlaf- und einem Aufenthaltsraum sowie einem kleinen Raum für Lebensmittelvorräte.«

Die Reisezug-Brigaden der Kolonne 1 erhielten 1949 D-Zugwagen als Wohnwagen, die gegenüber denen im Güterzugdienst fast komfortabel waren. Der Mittelteil war als Schlafraum eingerichtet und jeder hatte sein Bett. An einem Ende befand sich der Aufenthaltsraum mit Kochgelegenheit für das Lokpersonal und am anderen Ende der für das Zugpersonal.

Durch den Befehl Nr. 116 vom 23. Juni 1948 der TV der SMAD mußten die Kolonnenfahrer umziehen. Bis zum 1. August waren alle vierachsigen Reisezugwagen, die bei den Güterzugkolonnen für Wohnzwecke genutzt wurden, gegen zweiachsige oder sogar durch Güterwagen zu ersetzen. Diese Reisezugwagen waren der Ausbesserung zuzuführen und schließlich in Reisezüge des Fernverkehrs einzustellen. Allein aus den Kolonnen zog die DR so 96 Wagen heraus. 28 weitere Wagen wurden bisher von der SMA genutzt; auch diese waren zu räumen. Lediglich die Wagen in der Kolonne 42 blieben unangetastet.

»Infolge Verringerung des Kolonnen-Parkes sowie Bedarf an Personenwagen bei den RBD'en, befehle ich, folgende Anzahl der Personenwagen an die RBD'en abzugeben.« wies Oberst Paschtschenko, Chef der Eisenbahnabteilung der TV der SMAD, im Befehl Nr. 69 vom 23. April 1949 DR-Generaldirektor Kreikemeyer an. Aus den Kolonnen 2, 4–8 und 10–13 wurden insgesamt 35 vierachsige, drei sechsachsige, 13 zweiachsige und neun dreiachsige Personenwagen sowie vier vierachsige Gepäck- und drei vierachsige Speisewagen herausgezogen.

Ab etwa 1951 wurden neu aufgebaute Brigadewagen mit einer von der Lok beheizbaren Duscheinrichtung beschafft. Für den Zugführer war, wie in manchen Packwagen üblich, ein erhöhter Sitzplatz eingerichtet, von dem er über die Lok sehen konnte. Der Lauf des Zuges wurde jedoch selten von diesem Ort beobachtet. Angenehmer war es unten, im Brigadewagen.

In einem Telefonat vom 27. Februar 1946 teilte Oberstleutnant Lyssenko Herrn Dr. Warler mit, daß er bei seinem gestrigen Besuch der Lok-Kolonne Nr. 3 im Depot Pankow festgestellt habe, »daß die Leute dort sehr schmutzig wohnen (Wanzen, Läuse). Der Arzt kommt selten. In der Kolonne Nr. 17 starb in Polen ein Mann an Typhus. Die Leiche

Auch dieser Zweiachser mußte genügen: Die Brigade der 50 1879 an der Einfahrt zum Bw Frankfurt (Oder) Vbf
Foto: Slg. L. Meyer

Dieser dreiachsige, einst preußische Wagen diente ebenso als Unterkunft für die Mannschaft
Foto: Slg. L. Meyer

Auch der Tod verlangte Regelungen

Oberst Fernow mußte am 3. August 1946 an den Vizepräsidenten Kühne der Rbd Dresden ein Telegramm aus Warschau senden, daß der Gehilfe des Lokführers der 52 2819, Kolonne 14, Otto Leinhold, beim Baden in einem Bassin in der Station Olechow am 28. Juli 1946 ertrunken ist.
Oberstleutnant Lysenko von der Unterabteilung Eisenbahn der Transportabteilung der SMA D bat am 2. Januar 1946 Dr. Fitzner »sich der Hinterbliebenen des verunglückten Lokführers anzunehmen und ihnen Unterstützung zu gewähren.« Bei einem Unfall mit der Lokomotive 57 3187 der Kolonne 19 verstarb auch der deutsche Lokomotivführer. Er hinterließ 10 unversorgte Kinder. Der Kolonnenführer erreichte bei der Rbd Halle keine Unterstützung.

kam mit nach Berlin. Die entsprechende Desinfektion ist unterblieben. Beim Ausbesserungszug im Depot Pankow sind keine Impfungen durchgeführt worden. Die Anweisung, nur abgekochtes Wasser zu verwenden, wird nicht befolgt. In der Kolonne Nr. 13 sind zwei Mann an Typhus erkrankt und in Lübnitz zurückgelassen worden. Die Desinfektion muß durchgeführt werden. Herr Dr. Fitzner muß einen Befehl erlassen, wonach in allen Depots eine Brigade von 6–7 Frauen gebildet werden muß, die die Aufgabe haben soll, die Lok-Kolonnenräume jeweils nach Eintreffen der Kolonne im Depot sofort gründlich zu säubern.«

In einem Falle wurde die Leiche in einer Kiste verpackt auf dem Tender mit in die Heimat zurückgenommen.

Der Chefarzt der DZVV in der SBZ, Herr Dr. Müller, beklagte auch im folgenden Jahr die sanitäre Betreuung der Lokkolonnen. Oftmals war die Desinfektion der Begleiterwagen aufgrund der kurzen Wendezeiten nicht möglich. Auch griff der Geruch des Desinfektionsmittels noch Tage später die eingelagerten Lebensmittel an. Jeder Wagen sollte wenigstens gründlich gereinigt werden.

»Die Wohnwagen werden vom Sozialamt der DZVV mit Verbandsstoffen, Medikamenten sowie mit Duolitpuder gegen Ungeziefer und mit Dublosan zur Vorbeugung gegen Geschlechtskrankheiten ausgestattet. Merkblätter über Geschlechtskrankheiten, Tuberkulose und Grippe sind den Kolonnen zugeleitet worden. Zur Aufnahme Erkrankter oder verletzter Angehöriger der Transportbrigaden habe ich die Aufstellung je eines Sanitätswagens in Frankfurt, Pasewalk, Wehrkirch und Küstrin gefordert.«

»Nach der Aussage des Reichsbahnarztes Dr. Pommeresch (Wittenberge) wurde im April 1947 bei der Kolonne 22 ein Fall von Typhus festgestellt; der Mann ist angeblich in Allenstein (Olsztyn) erkrankt und von dem dortigen Arzt untersucht und zurückgeschickt worden. In Wittenberge erfolgte die sofortige Überführung in das dortige Kranken-

Im Bahnhofsteil »Korea« wurden alle Wohnwagen abgestellt. Die Ansammlung reichte von Donnerbüchsen über Behelfspersonen- bis hin zu Schnellzugwagen
Foto: Slg. L. Meyer

haus. Über die Kolonne wurde eine 21tägige Quarantäne verhängt...«

Dr. Fitzner mußte sich daraufhin rechtfertigen und versprach der TV der SMV, daß in den Mannschaftswagen bauliche Verbesserungen (Trennung von Schlaf- und Kochraum, Einbau von Aborten, Beschaffung von Kleiderschränken) vorgenommen würden. Da aber noch immer Reservewagen fehlten, könnten in der Frostperiode einige Wagen nicht geräumt und somit desinfiziert, lediglich nur gründlich gesäubert werden. Ferner legte er dar, daß der Gesundheitszustand im Durchschnitt als günstig zu bezeichnen sei.

»Infektionskrankheiten sind nicht häufiger als bei dem in der Heimat befindlichen Personal.«

Eine ärztliche Betreuung gab es in den Heimatorten durch die Bahnärzte und im Transit-Bw in der Sanitätsstelle im Verwaltungsgebäude. Wer nach Hause in Urlaub fahren wollte, mußte sich einer Untersuchung auf Geschlechtskrankheiten unterziehen, andernfalls bekam der Betreffende keinen Urlaub und damit weder Fahrscheine noch Verpflegung. Als besonders betroffen galten die in Berlin stationierte Kolonnen. Über »Maßnahmen gegen Verbreitung von Geschlechtskrankheiten bei den Einsatzbrigaden« gibt bereits ein am 22. Juli 1946 an die Reichsbahndirektionen gerichteter Telegrammbrief der Deutschen Zentralverwaltung des Verkehrs Auskunft. Danach sollten »auf Befehl der SMAD in Berlin-Karlshorst alle an Lues erkrankten Bediensteten aus den Lokkolonnen unverzüglich« entfernt werden.

Da auf polnischem Gebiet bei Krankheitsfällen kaum mit Hilfe zu rechnen sei, empfahl General Shaworonkow am 28. Februar 1946 der Hauptverwaltung der DR:

»1. Erkrankte Lok-Bedienstete nach Möglichkeit nicht über die polnische Grenze mitzunehmen, sondern sie auf deutschem Gebiet zurückzulassen; entweder an den Grenzorten Küstrin oder Frankfurt (Oder).

2. Erkrankte einem von der polnischen Grenze kommenden Zug oder einer Lok mitzugeben und sie in ein deutsches Krankenhaus abzuliefern.

Lokführer Josef Reh wartet vor seinem Wohnwagen auf den nächsten Einsatz
Foto: Slg. L. Meyer

Ein Grund zum Feiern: Der Güterwagen und der alte preußische Wagen gehören zur Vergangenheit, die Brigade des Lokführers Paul hat bei der Kolonne 10 endlich einen neuen Schnellzugwagen für die Transitfahrten bekommen
Foto: G. Paul

3. Die Loks sollen Hausapotheken mitführen, um erste Hilfe leisten zu können.

4. Es könnten auch Sanitätswagen eingerichtet werden, die auf der Strecke nach Polen kursieren und Erkrankte mitnehmen. Auch die Hauptverwaltung soll Vorschläge machen, immer aber unter der Voraussetzung, daß von Polen keinerlei Hilfe zu erwarten ist.«

Diese Empfehlung galt nur für die unmittelbare Nachkriegszeit. Später war es in dringenden Fällen auch möglich, ärztliche Hilfe in Polen in Anspruch zu nehmen. Lokführer Krienitz erinnert sich, daß 1950 in Kutno ein kranker Heizer an polnisches medizinisches Personal übergeben wurde. Nach etwa 14 Tagen Krankenhausaufenthalt ist dieser Heizer mit dem Personenzug zur Grenze nach Kunowice zurück gefahren. Ob eine Verrechnung der Kosten stattgefunden hat, ist nicht bekannt.

Sanitätskästen waren in der Regel in den Brigadewagen vorhanden. Rückfahrmöglichkeiten im Wohnwagen anderer Brigaden durch erkrankte deutsche Eisenbahner wurden ebenfalls genutzt.

Wie die Verpflegung, so die Bewegung

Fragen der Versorgung der Kolonneneisenbahner mit Nahrungsmitteln spielten in den ersten Nachkriegsjahren eine bedeutende Rolle.

»Beim Einsatz erhalten sie Zusatzverpflegung von den Russen, die aber nicht voll und dann auch unregelmäßig eingeht«, heißt es in einem Bericht der Rbd Cottbus vom Dezember 1945. Selbst Schwierigkeiten bei der geforderten Aufstellung von »Brigadekolonnen« wurden mit dem Mangel an Verpflegung begründet.

In der 4. Präsidentenberatung am 15./16. Oktober 1945 wurde von Dr. Fuchs versichert: »Verpflegung wird grundsätzlich nur den wirklich diensttuenden Angehörigen der Brigaden, also nur einmal gegeben. Bei Erkrankungen haben die Ablöser Anspruch auf die vollen Verpflegungssätze. Erkrankte müssen daher die empfangene Verpflegung zurückgeben…«.

Die Kritik vieler Eisenbahner, die nicht den Brigaden angehörten, faßte der Präsident der Rbd Erfurt in der 5. Präsidentenberatung im November 1945 zusammen:

»Auch das eigene, …überbeanspruchte Personal könne nicht verstehen, daß die Brigademannschaften nur Bereitschaftsdienst leisteten (damit ist sicherlich die geringe Laufleistung gemeint – d.A.), dabei aber bessere Verpflegung erhielten«.

Im Oktober 1945 wurde die DR von General-Direktor Shaworonkow aufgefordert, rückwirkend ab September für 9 600 »Verpflegungsköpfe« 4,48 Rubel oder 8,96 RM je Tag und Kopf für die auf Kredit an die deutschen Arbeiter der Kolonnenloks gelieferte Verpflegung auf ein Feldkontor der Staatsbank zugunsten der Sieger einzuzahlen. Bei einem täglichen Betrag von 1,50 RM pro Kopf, der vom Brigadepersonal von der Aufwandsentschädigung einbehalten wurde, war das für die DR eine zusätzliche Belastung von immerhin 2 148 480 RM pro Monat. Da bekannt war, daß die Belieferung der Kolonnen nach den »zugebilligten Armeeverpflegungssätzen« zur damaligen Zeit entweder überhaupt nicht oder nur zum Teil klappte, wurden die Direktionen vom Generaldirektor der DR zur Kontrolle ermahnt.

Der erste Zug mit Butter aus der SU zur Versorgung der Berliner Bevölkerung wird im Schlesischen Bahnhof am 25. September 1948 entladen
Foto: Slg. Preuß. Kulturbesitz

Die Deutsche Verwaltung des Transportwesens der SBZ in Deutschland erklärte dem General Shaworonkow, daß innerhalb der Rbd alle Lebensmittellager der Lok-Kolonnen unter ständiger Bewachung der Bahnpolizei stünden. Der Befehl war vom 6. April 1946 datiert. Doch offenbar genügte diese Maßnahme nicht, denn am 14. November übermittelte Oberst Morossow Herrn Dr. Fitzner ein Telefonogramm:

»Es wurde Ihnen von der Transportverwaltung wiederholt mitgeteilt, daß die Bewachung der Lebensmittelläger in den Lok-Kolonnen verstärkt werden müssen. Bis jetzt wurden von Ihnen die erforderlichen Schritte, die die Bewachung der Lebensmittel gewährleisten, nicht unternommen. Der Raub von Lebensmitteln hat nicht aufgehört. Am 30.10.46 wurde in der Lok-Kolonne Nr. 3 ein grosser Lebensmittelraub an wertvollen Gütern verübt, wie z.B. 20 kg Butter, Tabak u.a., wobei in der gleichen Kolonne am 9.11.46 wiederum ein Lebensmitteldiebstahl verübt wurde, was noch einmal bestätigt, daß die Anordnungen der TV der SMA, die Wachen zu verstärken, nicht ausgeführt werden.

Ich bitte,

1.) eine unverzügliche Untersuchung über die Lebensmittelräubereien in der Kolonne Nr. 3 einzuleiten,

2.) die Bewachung aller Lebensmittelläger und der Direktionsbasen zu verstärken, die Terrains zu beleuchten und die Lager einzuzäunen,

3.) eine überprüfte Wache aus den Reihen der Bahnpolizei festzulegen.«

Die Deutsche Verwaltung des Innern in der SBZ, Abteilung Eisenbahn- und Wasserpolizei, teilte am 26. November 1946 in ihrem Untersuchungsprotokoll »Tgb.Nr. E/Wa.276/46« mit: »Die Beraubung am 9.11.1946 wurde unter Einsatz von schweren Einbruchswerkzeugen durch-

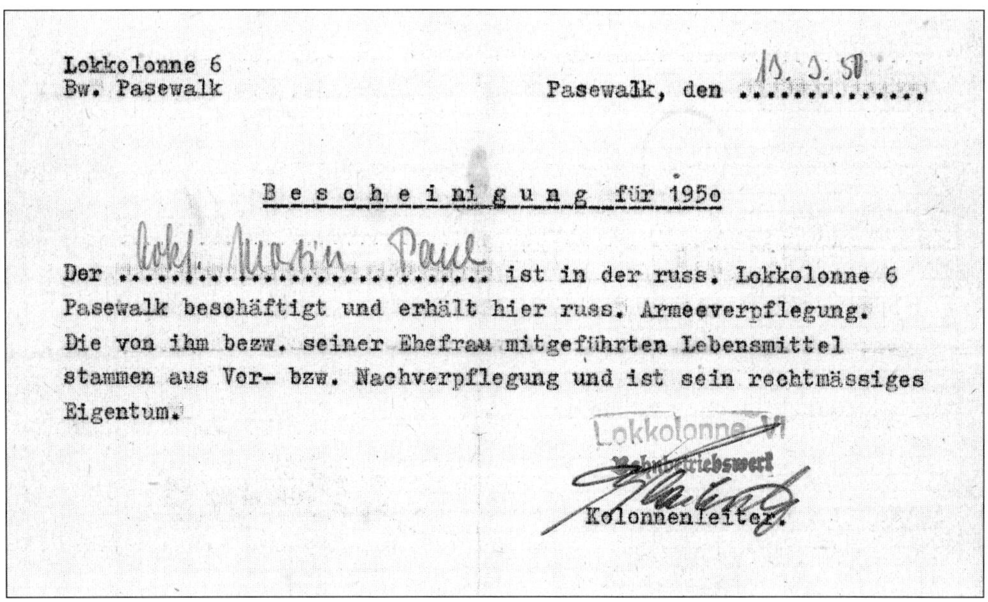
Lokkolonne 6
Bw. Pasewalk

Pasewalk, den 15. 3. 50

Bescheinigung für 1950

Der Lokf. Martin Paul ist in der russ. Lokkolonne 6 Pasewalk beschäftigt und erhält hier russ. Armeeverpflegung. Die von ihm bezw. seiner Ehefrau mitgeführten Lebensmittel stammen aus Vor- bzw. Nachverpflegung und ist sein rechtmässiges Eigentum.

Lokkolonne VI

Kolonnenleiter.

Die Lokführer in den Kolonnen bekamen so reichlich Essen, daß die zu Besuch kommenden Ehefrauen die mitgebrachte Verpflegung wieder mit nach Hause nahmen
Dokument: Slg. G. Paul

geführt. Der Wagen ist durch Herausbrechen der starken Türfüllung des Thermos-Wagens erheblich beschädigt worden. Die Täter sind bei der Arbeit beobachtet worden, konnten jedoch an der Durchführung nicht gehindert werden, da es sich um bewaffnete Personen in russ. Uniform handelte. Die Ermittlungen der Eisenbahnkriminalpolizei nach den Tätern mußte auf Anordnung des diensttuenden russ. Offiziers der Lokkolonne 3 eingestellt werden...«

»Inzwischen ist am 18.11.1946 erneut der Versuch der Beraubung dieser Wagen vorgenommen worden, der jedoch nicht zur Ausführung kam, da es den Tätern nicht gelang, trotz Anwendung von großen Maschinenschlüsseln und Einsatz körperlicher Gewalt den gesicherten Wagen aufzubrechen. Es handelte sich wieder um Personen in russ. Uniformen. Das deutsche Lokkolonnenpersonal wie auch die Eisenbahnpolizisten, die die Beraubung verhindern wollten, wurden unter Waffengewalt in einen Eisenbahnwagen gedrängt und am Eingreifen gehindert...Ein von dem Tatort ca. 100 m entfernt stationiertes Kommando der Roten Armee, das um Hilfe und Unterstützung gebeten wurde, lehnte ebenso wie die telefonisch benachrichtigte russ. Militärpolizei ein Eingreifen ab, da es sich um Lebensmittel für deutsche Eisenbahner handelte. Die Täter setzten den Versuch etwa 40 Minuten fort und zogen erst, nachdem sie sich von der Erfolglosigkeit ihrer Bemühungen überzeugt hatten, unter dem Schutz ihrer Waffen ab.«

Die Eisenbahner wurden in der Folgezeit nur im geringen Maße an den Kosten für die Marschverpflegung beteiligt. Einige behaupten sogar, sie bekamen sie umsonst. Es ist jedoch davon auszugehen, daß die geringen anteiligen Kosten entweder mit den Nebengeldern verrechnet wurden oder sie mußten vor Empfang der Ware eingezahlt werden. Das wurde offensichtlich unterschiedlich gehandhabt.

Im Januar 1947 hielt die sowjetische Staatskasse in Potsdam für 4900 Mann der Transportbrigaden 2 451 666 RM für die sowjetische Armeeverpflegung vor. Die Tagesration betrug 16 RM und 14 Rpf. In den Genuß dieser besseren Verpflegung kamen nur noch die Kolonnen für Fernfahrten. Dazu zählten die Kolonne 1, 3–8, 10, 13–16, 18–20, 22–25 und 29. Im Mai fanden sich auch die Kolonnen 2 und 21 in den Verpflegungsrationen wieder. Das Schreiben TE-Di Nr. 494 teilte dazu mit:

»Die Zugbrigaden zur Bedienung werden in die Verpflegung NKO 3 (Volkskommissariat der Verteidigung) auf Grund von Befehlen der TV aufgenommen. Der ganze überflüssige Bestand der Zugbrigaden, der sich bei den Kolonnen befindet und bei der Zugarbeit keine Verwendung hat, muß sofort aus der Verpflegung des NKO ausgeschlossen werden; er wird der Direktion überwiesen, um durch diese die städtischen Lebensmittelkarten zu erhalten.«

Im Monat Juli wurden mehrere Lokomotiven wieder unter Dampf gesetzt. Die Kolonnen 9–13, 21 und 22 wurden durch das Schreiben TT Nr. 93 beauftragt, Leerwagen aus der UdSSR nach Deutschland zurückzuholen. Für 20 Tage sollten die Brigaden Proviant erhalten.

Die Ausgabe der Portionen erfolgte von den Verpflegungsstellen, die in der Regel an den Standorten der Lokkolonnen eingerichtet waren. Zeitzeugen berichten aber auch über russische Verpflegungsstellen in Posen, Warschau Ostbf., Siedlce und Brest, die es 1946/47 noch gab.

»In Rummelsburg hatten die Russen an der Ladestraße in einem Gebäude eine Verpflegungsstelle untergebracht. Auf einen Verpflegungsscheck erhielt unsere Mannschaft dort Lebensmittel, wie Brot, Wurst, Butter, Fleisch usw.«, erinnert sich Paul Fromberg.

Verpflegung vom 16.03.1946–31.03.1946 nach dem Tagebuch von E. W. Fischer

Graupen	2,000 kg	Tee	0,016 kg
Zucker	0,400 kg	Lorbeerblätter	6,2 g
Salz	0,480 kg	Paprika	9,3 g
Öl	0,320 kg	Senfpulver	9,3 g
Margarine	0,410 kg	Zigarettenpapier	7 Päckchen
Kartoffelflocken	0,864 kg	Streichhölzer	3 Schachteln
Nudeln	0,340 kg	Seife	1/2 Stück
Weizenmehl	0,180 kg	Waschpulver	1/2 Paket
Kartoffelmehl	0,060 kg	Kopffleisch	2,100 kg
Machorka	0,288 kg	Wurst	1,200 kg
Roggenmehl	8,233 kg oder		
Roggenmehl	3,332 kg und 5 Brote oder		
Roggenmehl	2,557 kg, 4 Brote und 5 Pakete Kössenbrot		

Für das Bw Fko Vbf wurde Anfang 1950 eine Verpflegungsstelle im Gebäude Birnbaumsmühle 73 eingerichtet. Vier Mitarbeiter nahmen in der Ausgabe und zwei im zugehörigen Büro ihre Tätigkeit auf. Frau Gerda Richter (Jahrgang 1928) gehörte dazu:

»Die Ausgabe erfolgte in der Regel vor Antritt der Fahrt für eine Dekade (10 Tage). Der Brigadeangehörige holte sich im Büro gegen bare Bezahlung einen Beleg, für den er an der Ausgabe die Ware bekam. Einige Brigaden – von denen, die gemeinsam kochten – holten die Lebensmittel geschlossen für das gesamte Kollektiv. Andere Brigademitglieder nahmen die Lebensmittel in Empfang, bevor sie nach Hause fuhren.«

Ausgegeben wurden u.a. Schweinefleisch nach Wahl (mitunter auch Pökelfleisch), Dauerwurst, Butter, Margarine, Brot und Zucker. Zunehmend kamen Konserven mit Obst und Gemüse zur Ausgabe. Zwei Kuriere holten die Lebensmittel von Berlin Nordbahnhof. Einer der männlichen Ausgeber zerlegte die Schweinehälften in der Ausgabe in kleine Stücke. Natürlich gab es zu dieser Zeit auch Kartoffeln mit auf die Reise. Dazu Alfred Schiffner (Jahrgang 1933):

»Unsere Kartoffelkiste wurde an der russischen Grenze auf Grund entsprechender Bestimmungen verplombt (die Einfuhr von Gemüse war verboten – d.A.). Wenn jedoch die Aufenthaltszeiten zu lang wurden, haben wir die Scharniere abgeschraubt, um uns etwas kochen zu können.«

Wie sich die Fahrensleute einige Jahre zuvor helfen mußten, zeigt ein anderes Beispiel: Bei einer Tour im Herbst 1947 ging es auf dem Bahnhof Gniezno (Gnesen) auf der Strecke von Poznan (Posen) nach Torun (Thorn) nicht weiter. Zwei Brigaden standen dort bereits einige Tage, die dritte kam dazu und mußte fast drei Wochen auf die Weiterfahrt warten. In jeder Woche begaben sich 4 Mann nach Poznan, um Verpflegung für die Brigade zu holen. Doch Kartoffeln waren nicht dabei, die gab es gleich nebenan auf dem Acker. Schließlich wurde eine Gruppe – fünf Eisenbahner von jeder Brigade und von jedem sowjetischen Begleitkommando zwei Mann mit MP – zum Kartoffelernten zusammen gestellt. Das Kuriose dabei: Russen bewachten deutsche Eisenbahner beim »Ernten« gegen eventuell auftauchende polnische Bauern. Mit gut fünf Wochen war dies eine der längsten Fahrten, die Walter Gaasch erlebte.

Im Laufe der Zeit verloren die Verpflegungsstellen immer mehr an Bedeutung, weil sich die Nahrungsmittel oft nicht lange genug hielten. Vielfach wurde diese sofort an die Familie, Bekannte oder Freundin weitergegeben. Die Ansprüche stiegen und es war Abwechslung für den Speisezettel gefragt. Außerdem gab es damals noch die Lebensmittelkarten, die in Anspruch genommen wurden, wenn es nach Hause oder in Urlaub ging. Für die Versorgung im Ausland kam immer mehr die Selbstversorgung zum Tragen, es wurden Lebensmittel für Nähmaschinennadeln, Kämme usw. eingetauscht.

Ein Brigademitglied war für das Kochen zuständig, aus Zeitgründen war es meistens einer vom Zugpersonal oder der Wagenmeister.

»Wir haben sogar Kuchen gebacken im Herd und auch in der Feuerbüchse, wenn Gelegenheit dazu war und das Feuer nach vorn geschoben werden konnte«, erinnert sich Horst Bergen (Jahrgang 1920), der bis 1953 als Schaffner in der Brigade fuhr.

Ende der 40er, Anfang der 50er Jahre gab es in Polen bereits reichlich Lebensmittel aller Art im Angebot. Doch nicht alle Teile der Bevölkerung waren finanziell in der Lage, sich solche Waren zu kaufen. In einigen Gegenden, vor allem auf den Dörfern, herrschte bittere Armut. Nur die Selbstversorger kamen einigermaßen über die Runden. Ein Zielbahnhof für die Brigadefahrer war der im Süden Polens gelegene Ort Jaroslaw. Hier war es üblich, daß die Polen mit Naturalien bezahlten. Für eine Blumenpostkarte gab es z. B. ein Ei. Selbst Dienstleistungen wurden so vergütet. Dazu ein Zeitzeuge:

»Ein Zugführer hatte eine Haarschneidemaschine mit. Die Polen kamen mit ihren Kindern. Für einen Haarschnitt wurde mit zwei Eiern bezahlt. So hat unser Friseur mitunter die ganze Brigade (11 Mann) mit Eiern versorgt.«

Mit neuen Strukturen sollte die Arbeit verbessert werden: In einem Schreiben der Hauptverwaltung Verkehr vom 2. August 1949 wurde eingeschätzt:

»In verpflegungstechnischer Hinsicht treten bei der Zusammenfassung aller Brigaden nach Berlin keine Schwierigkeiten auf, da die Versorgung der Lokkolonnen mit Verpflegung bereits zentral durch die Rbd Berlin erfolgt.« Als Verwaltungspersonal für eine Lokkolonne waren je ein Buchhalter und ein Lagerverwalter für Verpflegung vorgesehen.

Ab April 1950 übernahm eine »Verpflegungsabteilung der Einsatzstelle für Brigaden« an Stelle bisheriger Sachbearbeiter in einigen Direktionen die Aufgaben der gesicherten Versorgung der Lokkolonnen.

Um den Tauschhandel in Polen zu unterbinden, wurde im Dezember 1952 von der Gruppe Fahrzeuge der Generaldirektion der DR der Vorschlag unterbreitet, »jedem Brigadeangehörigen im Monat bei dreimaligen Fahrtantritt insgesamt 150 Zloty bereitzustellen.«

Ein weiterer Vorstoß in dieser Richtung datiert vom 26. Januar 1954: Der Minister unterbreitete dem »Hohen Kommissar der UdSSR in Deutschland« den Vorschlag, die Verpflegungssätze zu erhöhen, da »der Klassengegner dazu übergeht, größere Rubelbeträge von der SU nach Westberlin einzuschleusen.«

Die Ursachen wurden im Tauschhandel für zusätzliche Verpflegung gesucht. Außerdem sollten den Brigadefahrern täglich 20 Zigaretten und zwei Flaschen Bier zu »Konsum-Preisen« zugestanden werden. Als Ausgabestellen wurden die Bahnhöfe Brest Nord, Brest Zentral, Gerdauen und Jagodin in Polen vorgeschlagen.

Schmuggel und Grenzkontrollen

Inzwischen hatten sich die Brigadefahrer an den Tauschhandel gewöhnt. Er diente nicht mehr nur der eigenen Versorgung während der Fahrt. Vielfach profitierten die Familien bzw. Bekannte und Verwandte davon. Auch das eigene Einkommen wurde damit verbessert.

Lokführer Kühnel (Jahrgang 1915) gehörte zur Kolonne 10 in Cottbus. Er erinnert sich:

»Es gab wohl keinen Brigadefahrer, der nicht in irgendeiner Weise geschmuggelt hatte. Das war auch verständlich, so lange dies zur Verbesserung der eigenen Versorgung und der Familie diente. Bestimmte Waren wurden in Polen an geschäftstüchtige Leute, die sich immer an den Haltepunkten einfanden, gegen Geld angeboten und verkauft und dafür in der Hauptsache Speck, Kaffee, Butter, Margarine erworben. Der Einkauf erfolgte zu einem großen Teil auf dem Wochenmarkt in Lublin.«

Lokführer Krienitz (Jahrgang 1915) war bei der Kolonne 15 in Berlin Lehrter Bahnhof und Wustermark und ab 1952 in Frankfurt (Oder). Er hatte einen schriftlichen Vertrag mit einem Händler aus Spandau West, der die Ware vorschoß. Bei Rückkehr erhielt dieser als Gegenleistung einen Teil der eingetauschten Produkte. Mitunter kamen die Händler bis in die auf Bahnhofsgleisen abgestellten Wohnwagen. 30 Mundharmonikas, Chiffontücher, 1 000 Nähmaschinennadeln und vieles andere mehr kamen in eine Eisenkiste und wurden auf dem Tender unter den Kohlen versteckt. Dafür wurden in Polen u.a. etwa 30 Kilogramm Speck sowie 30 bis 40 Liter Olivenöl – zwei große Milchkannen voll, die sich im Wassertender angebunden gut verstecken ließen – gekauft bzw. eingetauscht. Mit dem Erlös aus dem Verkauf des größten Teiles dieser Lebensmittel im Heimatland verbesserte das gesamte Kollektiv sein Einkommen. Nach den Ausführungen von Zeitzeugen brachte der Handel, wenn er ohne Komplikationen verlief (in einigen Fällen mußte auf Forderung des polnischen Zolls das Tenderwasser abgelassen und der Kohlentender abgeräumt werden), mindestens 10 000 DM pro Fahrt ein. Das Einkommen eines Brigadeführers mit allen Zuschlägen betrug etwa 1 200 Mark im Monat. Natürlich flossen aus diesem gemeinsamen »Topf« auch die Mittel für die Bestechung von Zöllnern, Kohlenladern und anderen, die Finanzierung von illegal durchgeführten Reparaturen in Polen und für die vielen Helfer in der Heimatdienststelle. Gab es in der Brigade solch eine gemeinsame Finanzierungsquelle nicht, wurden für den gleichen Zweck Umlagen gemacht.

Lokführer Antrack (Jahrgang 1912) gehörte ab 1949 zur Kolonne 11 in Hoyerswerda:

»Wir haben u.a. Injektionsspritzen und Sonnenbrillen mitgenommen und dafür Speck, Brot, Zigaretten und anderes eingetauscht. Später, etwa ab 1952, wurden auch goldene Uhren aus Westberlin beschafft und in der SU gegen Rubel verkauft. Das wurde, wenn es herauskam, hart bestraft. Ich habe mich daran nicht beteiligt.«

Die Verstecke für Schmuggelware mußten ständig gewechselt werden, da die Zöllner relativ schnell dahinter kamen. Doch die Schmuggler fanden immer wieder neue Möglichkeiten.

Beliebte Aufbewahrungsorte waren die Hohlräume hinter der Innenverkleidung der Brigadewagen, bei 3. Klasse-Abteilwagen auch solche im Fußboden und über der Zwischendecke auf dem Führerstand der Lok. Für Produkte, die Wärme vertrugen, war Platz hinter der Kesselverkleidung. Hin und wieder wurden die Gegenstände an einer Schnur befestigt, so daß sie damit wieder aus den Hohlräumen herausgezogen werden konnten. Bei alten Wagen wurden Kessel der früheren Gasbeleuchtung entsprechend präpariert oder ein Luftbehälter der Lok blind verflanscht. Doppelte Schrankrückwände und die Strohsäcke der Betten dienten als Versteck. Speck und andere Lebensmittel wurden oft an den Verstrebungen im Wassertender angebunden. Soweit die Nahrungsgüter nicht in wasserdichten Behältnissen verpackt waren, mußten sie im oberen Bereich verankert und die Fahrt über die Grenze nur mit teilweiser Tenderfüllung vorgenommen werden. Nicht selten haben die Schweißer in der Heimatdienststelle für eine entsprechende Vergütung Bauartänderungen am Tender vorgenommen und fachgerecht Verstecke eingebaut. Zugänge zum Versteck vom Tenderumlauf wurden mit Kohleresten getarnt. Uhren und Devisen (Rubel) wurden u.a. in den Unterkästen deponiert (dazu mußten sie abgeschraubt werden) oder in der Oberschmierung der Laufachse im Öl, verpackt in Kunststoff- oder Gummibeutel, in hohlgebohrten Schrauben vom Rauchkammerträger oder in hohlgemachten Broten. In Kondome verpackt wurde sogar der eigene Körper zum Versteck. Nicht selten mußten die Brigadefahrer nach der Kontrolle selbst suchen, um wieder in den Besitz ihrer Handelsobjekte zu kommen.

Mitunter wurde kurz vor der Grenze an einem der vorderen Güterwagen im Zug ein Behälter angeschraubt. Manchmal war das russische Begleitkommando im Besitz von Plombenzangen. Es ist deshalb auch vorgekommen, daß vorübergehend Schmuggelgut der Deutschen Personale in einem verplombten G-Wagen befördert wurde.

An eine fast heitere Episode erinnern sich Cottbuser Zeitzeugen:

»Ein Heizer hatte Margarine hinter der Verschalung der Wagenwand versteckt. Vor der Grenze in Gubin mußten wir am Tage lange auf Abruf warten. Die Sonne erwärmte die Wagenwand, brachte die Margarine zum Schmelzen und diese lief dann in Spuren die Außenwand herunter. Schnell wischten wir alle den Wagen ab und kamen mit einem auffällig geputzten Wagen an die Grenze und nach Hause.«

Ein totgelegter Hauptluftbehälter wurde durch den polnischen Zoll entdeckt, weil bei einem kurzfristigen Auftrag zur Abfahrt das Luftpumpen zu lange dauerte.

Dieser Tauschhandel über die Grenzen hinweg war allgemein bekannt. Belehrungen sollten daher Abhilfe schaffen. So wurde im Juni 1948 den Brigaden der Lokkolonne 3 in Pankow ein Auszug aus dem Befehl Nr. 272 der Abteilung Transportwesen der SMA zur Kenntnis gegeben:

»1. Das Spekulieren sowie das Schmuggeln über den Grenzen ist verboten und unter Strafe gestellt. Der Kolonnenführer hat alle Brigadeführer anzuweisen, daß bei Mitführung von Schmuggelware der Brigadeführer und der Mann, bei dem obige Ware vorgefunden wird, verantwortlich gemacht und bestraft werden.

2. Die Lok sowie der Brigadewohnwagen sollen am Standort der Kolonne nach Verstecken untersucht werden.

3. In jedem Wagen muß ein Verzeichnis über die persönlichen Sachen (Anzüge, Schuhe, Mäntel usw.) jedes einzelnen Brigadeangehörigen vorhanden sein. Eine Änderung des Verzeichnisses darf nur vom Kolonnenleiter (nicht Brigadeführer) vorgenommen werden.

4. Bei Abfahrt zum Einsatz der Lokbrigade sollen Kontrollen betr. Schmuggelware durchgeführt werden.«

Ab 15. Januar 1951 mußten alle Personale, die im Transiteinsatz fuhren, halbjährlich folgenden Text zur Aufbewahrung in der Personalakte zur Kenntnis nehmen und unterschreiben:

»Ich bin eingehend und ausdrücklich unterrichtet worden, daß es verboten ist, auf meinen Dienstfahrten mitzunehmen:

1. Devisen
2. Schmuggelware jeder Art
3. Druckerzeugnisse, die nicht in der DDR bzw. im Demokratischen Sektor Berlin hergestellt worden sind.

Ich bin weiterhin darauf hingewiesen worden, daß eine Zuwiderhandlung gegen dieses Verbot unweigerlich schärfste Bestrafung nach sich zieht.«

Haftstrafen zwischen drei bis neun Jahren bekamen die Mitglieder einer Frankfurter Lokbrigade, als 1954 herauskam, daß sie mit Uhren und Devisen gehandelt hatten. Wesentlich glimpflicher kamen die Mitglieder der Kolonne 12 davon, als General-Direktor Wojewudski dem DR-Generaldirektor Kreikemeyer am 1. April 1949 im Schreiben Nr. 22/10152 über die Beschwerden und Strafen durch die polnischen Zollbehörden gegenüber den »Lokkolonnenarbeitern« informierte.

»Ganz besonders viele Übergriffe haben sich die Lok- und Zugbrigaden der Kolonne 12 (Angermünde – d.A.) geleistet. Um die Durchfuhr von Schmuggelwaren nach Polen und von Polen nach Deutschland nicht zuzulassen, ordne ich an, Maßnahmen zur Unterbindung der von den Lok- und Zugbrigaden auf dem Territorium Polens und Deutschlands ausgeübten Spekulationen zu ergreifen und die wiederholt in der Ausübung des Schleichhandels überführten Arbeiter der Kolonne 12 wie zum Beispiel:

Albert B. – Dienstausweis No. 168744 – Zugbegleiter in der Kolonne 12;
Herbert F. – Dienstausweis No. 162947 – Lokomotivführer;
Gustav K. – Dienstausweis No. 379625 – Gehilfe des Zugbegleiters;

aus der Kolonne zu entlassen und sie mit anderen Arbeiten zu ersetzen, wobei die Entlassenen in Zukunft nicht mehr bei den Lokkolonnen arbeiten dürfen.«

Doch bereits nach wenigen Tagen lagen mehrere Beschwerden »zur Beförderung der Konterbande nach Polen« auf dem Tisch von Kreikemeyer. Wojewudski äußerte u.a. am 18. Mai 1949:

»Sie haben bis jetzt keine entscheidenden Maßnahmen zur Unterbindung der unerlaubten Mitführung von Lebensmitteln und Gebrauchsgütern über die deutsch-polnische Grenze durch die Lok- und Zugmannschaften der Kolonnen ergriffen. So ist am 5. Mai der Reisezug Nr. 501/1365 zwei Stunden auf dem Bahnhof Rzepin durch die polnische Verwaltung deshalb aufgehalten worden, weil auf der Lok 01-208 der Kolonne 1 durch den polnischen Zoll im Tenderbehälter 65 kg Speck, 2,5 kg Konserven, 1 kg Magarine, die unerlaubt vom Lokführer und dem Zugführer mitgeführt wurden, entdeckt wurden. Dieses Verhalten der Lokmannschaften beim Passieren der deutsch-polnischen Grenze ist für die Zukunft unhaltbar.«

Die Entlassung aus dem Kolonnendienst sowie die Androhung auch strafrechtlicher Bestrafungen waren die Folge.

Grundlage für die Grenzkontrollen waren die Grenzausweise. In der Regel wurden sie vom Zugführer eingesammelt, im Brigadewagen verwahrt und den Kontrollorganen zur Kenntnis gegeben. Ab 1951 wurden sie meistens geschlossen von der Ausweisstelle des Transit-Bw Frankfurt (Oder) abgeholt und bei Rückkehr sofort wieder abgegeben. In dieser Zeit war es bei den Grenzkontrollen üblich, daß sich die Brigademitglieder im Wagen in einer Reihe aufstellten. Nachdem die Ausweise mit den anwesenden Personen verglichen waren, wurden sie abgestempelt. Mehrsprachig ausgefüllte Vordrucke über mitgeführte persönliche Gegenstände waren ebenfalls Gegenstand der Kontrolle. Lokpersonale, die wegen aufgetretener Unregelmäßigkeiten keinen Grenzausweis mehr erhielten, kamen in den DDR-Brigaden zum Einsatz oder wurden in die Heimatdienststelle zurückversetzt.

Zoll- oder Paßkontrollen wurden durchgeführt in:
(deutsche und sowjetische Grenzorte kursiv):

Küstrin-Kietz – Kostrzyn, Korsze, Skandawa – *Gerdawy, Ilawka*
Frankfurt (Oder) – Kunowice – Rzepin, Terespol, Malaszewicze – *Brest-Litowsk,* Czeremcha – *Brest-Litowsk*
Guben – Gubin, Dorohusk – *Jagodin,* Belzec – *Rawa Russkaja,* Zurawice, Przemysl – *Mosttiska,* Bakonczyce – *Nizankowice*

»Handschuhmax« (2.v.r.) mit deutschen und polnischen Kollegen während eines organisierten Erfahrungsaustausches Mitte der 70er Jahre
Foto: Slg. L. Meyer

Alle kannten Handschuhmax

Die meisten Zöllner waren geschult, besaßen Erfahrungen und waren in der Regel bestrebt, vorhandene Schmuggelware aufzuspüren. Einige suchten besonders gründlich, andere waren bei entsprechender Gegenleistung großzügiger. »Handschuhmax«, ein polnischer Zöllner aus Rzepin, zeichnete sich durch seine Intelligenz aus. Fast alle befragten ehemaligen Kolonneneisenbahner, die den Grenzübergang Frankfurt (Oder) benutzten, kannten »Handschuhmax«: Er sprach akzentfreies Deutsch, trug stets helle Lederhandschuhe und hat viele Verstecke herausgefunden. Sogar außerhalb der Kontrollstelle Rzepin tauchte er auf. Mitunter suchte er sich ein Brigademitglied zum separaten Gespräch aus und hatte dabei oft Erfolg.

»Er hat nicht mehr kontrolliert, sobald er etwas bekam«, so Paul Fromberg. Manchmal wurden Dinge wunschgemäß beschafft und bei der nächsten Tour abgeliefert.

»Er hat uns bei der letzten Fahrt 1954 von Reppen bis Neu Bentschen begleitet. Dort war der Tender fast leer und er konnte nun sehen, was unter der Kohle versteckt war. Da diese Schmuggelware niemand gehörte, nahm er sie mit«, erinnert sich Arthur Antrack.

Diese Informationen machten uns neugierig. Wir forschten nach und fanden heraus, daß Handschuhmax in Rzepin seinen Lebensabend verbringt. Lothar Meyer hat ihn besucht.

Jan Kubzdyl, so sein richtiger Name, ist 1920 in Zbaszyn (Bentschen) geboren. Von 1941 bis 1945 hat er im gleichen Ort bei der DR im Gleisbau gearbeitet und dabei die deutsche Sprache erlernt. Nach einer sechsmonatigen Ausbildung wurde er 1947 als Zöllner auf dem Bahnhof Rzepin zur Kontrolle der Lokbrigaden eingesetzt. Von 1951 bis zu seinem Ausscheiden im März 1980 war er im Bahnhof Kunowice (Kunersdorf) – später auch als Leiter der Dienststelle – tätig.

Meyer: Wie kamen Sie zu dem Spitznamen »Handschuhmaxe«?

Kubzdyl: Um mir die Hände beim Besteigen der Lokomotiven oder Wagen bzw. bei den Kontrollen nicht schmutzig zu machen, trug ich Arbeitshandschuhe aus hellem Leder. Das war zweckmäßig, weil zwischendurch auch Schreibarbeiten auszuführen waren. Deshalb gaben mir die deutschen Personale diesen Namen.

M: Wie lange dauerte eine Kontrolle?

K: Wir hatten 30 bis 40 Minuten Zeit für eine Kontrolle. Eine längere Zeit hätte unter Umständen den Betriebsablauf behindert. Deshalb wandte ich meine eigenen Methoden bei der Kontrolle an. Meisten hatte das Lok- und das Zugpersonal einschließlich Wagenmeister gesonderte Mannschaftswagen. Ich fragte – oft unter vier Augen – nach den Verstecken im jeweils anderen Wagen. Mitunter hatte ich Glück damit und brauchte nicht lange suchen. Wir wußten auch, daß viele Brigaden auf dem Tender unter der Kohle eine Eisenkiste mit ihren Tauschobjekten hatten, aber wir konnten nur in wenigen Fällen so weit gehen und die Kohle in einem Depot abladen lassen.

M: Was geschah mit beschlagnahmter Schmuggelware?

K: Die wurde sicher gestellt. Dem Personal passierte sonst nichts weiter. Nur einmal haben wir 50 goldene Uhren (30 im Brigadewagen und 20 in einem Behälter, der unter einem Güterwagen angeschraubt war) gefunden. Das wurde weiter gemeldet.

M: Was wurde geschmuggelt?

K: Ich erinnere mich an die bereits genannten Uhren, Igelitmäntel, Speiseöl, Speck und Kaffee.

Die Kontrollen an der russischen Grenze waren im allgemeinen sehr streng. Es wurde hauptsächlich nach Devisen (Rubel) gesucht. Trotzdem war es auch an dieser Grenze möglich, um ein Durchwühlen der Schränke und Betten zu vermeiden, die Kontrolleure zu beeinflussen. Eine Flasche »Hochprozentiger« auf dem Tisch oder ein paar Spiegeleier mit Speck wirkten Wunder. Vom Zug durften sich die Deutschen auf russischem Gebiet nicht entfernen. Die Gleisanlagen in Brest, auf denen die Lokomotiven und Brigadewagen abstellt wurden, waren umzäunt, gut beleuchtet und bewacht. Trotz dieser strengen Sitten kamen manchmal nachts die Wachposten und baten um Essen oder Zigaretten. Obwohl es seltener vorkam, wurden auch in Brest Tauschgeschäfte mit einfachen Produkten erledigt. Dazu ein ehemaliger Kolonneneisenbahner:

»Ein Heizer von uns hatte einen Sack (50 Kilogramm) Salz mitgenommen, um in Brest Litowsk Hühnerfutter einzutauschen. Einen Kochgeschirrdeckel nutzte er dabei als Maß. Dafür bekam er Mais und Sonnenblumenkörner. Als die Miliz den Salzverkauf unterbinden wollte, rückte ich eine Flasche Wodka und drei Schachteln Zigaretten raus, um Ärger zu vermeiden. Eine weitere Flasche mußte ich an die anderen herumstehenden Leute ausschenken, weil sie nicht verstehen konnten, daß nur die Miliz bedacht wurde. Auf diese Weise wurde die Ruhe und Ordnung wieder hergestellt.«

Im Jahre 1948 wurden insgesamt 670 Schmuggelfälle in Küstrin bei deutschem Zugpersonal, das die »Transitzüge nach der UdSSR« führte, festgestellt. Dazu gehörten von den 38 im Dezember erfaßten Fällen u.a. die in der Tabelle auf Seite 74 aufgelisteten:

Datum	Zug	Kolonne	Lok-Nr.	Gegenstand
01.12.48	5172	4	50 2385	2 Gummimäntel, Glühlampen »Osram«, Mundharmonikas, 3 Federhalter, 800 Stahlfedern, 10 Lippenpomade im Wagen der deutschen Bedienungsmannschaft unter der Kohle
03.12.48	5197a	4	52 604	2,8 kg ges. Speck, 5,3 kg Weizenmehl in den speziellen Schränken der deutschen Zugbegleitungsmannschaft
03.12.48	5184	5	50 2568	1800 Blatt Kopierpapier, 800 Rasierklingen, 9 Federhalter, 1 medizinische Spritze, 10 Kinderanzüge aus synthetischem Gummi in den doppelten Wänden des Wagens
07.12.48	5172	13	52 1491	16 ärztliche Thermometer, 23 Füllfederhalter, 70 Glühbirnen für Taschenlampen, 75 Sattlernadeln, 25 Paar baumwollene Damenhandschuhe auf der Plattform für das deutsche Zugpersonal
14.12.48	5172	13	52 2477	18 Fotofilme, 6 Negative 6 x 9, 100 Rasierklingen, 57 Lutscher (Schnuller), 15 Nähmaschinennadeln, 6 Schraubenzieher, 2 Lockenwickler, 3 Füllfederhalter in der Doppelwand des Wagens des deutschen Zugpersonals
17.12.48	5775	13	52 2281	12 kg gesalzenen Speck, 1,5 Liter Pflanzenöl, 1 gebrauchte lederne Aktentasche auf dem Tender der Lok unter den Kohlen
18.12.48	5199a	2	?	9 kg gesalzenen Speck, 9,25 Liter Pflanzenöl, 1 kg Butter, 1,28 kg Zucker, 2 Büchsen Fleischkonserven, 0,67 kg Rauchwurst in der Lok unter den Achsen und in der Doppeldecke des Bremserhäuschens
22.12.48	5178	6	52 629	6 Damen-Gummimäntel, 5 Füllfederhalter unter der Lok in einem besonderen Kasten
30.12.48	5172	4	50 2523	192 Nadeln für ärztliche Spritzen, 100 Rasierklingen, 1656 Kleiderhäkchen, 45 Taschenlampenbirnen, 1 Paar Leder-Damenschuhe, 1 Rundfunkröhre AF 3.1, 1 Rundfunkröhre KDD 1.1, 1 russische Rundfunkröhre, 8 Rundfunkröhren A 3 11 in einem besonderen Kasten unter der Lok

Auch im folgenden Jahr wurde den Zugpersonalen wieder ein- oder ausgeführte Konterbande abgenommen. Die Palette reichte u.a. von 1 554 Stahlfedern in einer besonderen Röhre unter der Lok 52 5207 (K 5), 14 kg gesalzenem Speck unter dem Wagen des Zugpersonals, 32 kg ungesalzenem Speck und 121 kg Pflanzenöl im Wasser des Tenders der Lok 52 4955 (K 4) bis hin zu 900 Rasierklingen, 76 Präservativen, 56 Lutschern, 8 Spielkarten und drei Gummischürzen in verschiedenen Schränken des beheizbaren G-Wagens oder 14 Damen-Gummimänteln und 25 Metern Gummistoff im Luftbehälter der Lok 52 1609 (K 2).

Unfälle und Überfälle

»Am 5. Juli 1945 um 07.04 Uhr ist auf der Strecke Potsdam/ Belzig - Wannsee bei der Abzw Bot Lzg 1902 (Potsdam–Wannsee) dem P 532 (Wannsee–Belzig) in die Flanke gefahren. Ein Reisender wurde getötet, zwei wurden schwer verletzt und drei leicht verletzt. Vier Wagen des P 532 sind stark beschädigt worden. Die Streckenabschnitte waren bis 14 Uhr gesperrt.

Ursache des Zusammenstoßes: Der russische Lokführer des Lzg 1902 hat in Babelsberg Ufastadt das Einfahrsignal überfahren, ist ohne Auftrag weitergefahren und hat dann noch das Deckungssignal bei der Abzw Bot überfahren.«

Unfälle wie dieser behinderten den Kolonnenverkehr zusätzlich zu den übrigen Widrigkeiten. Dr. Fuchs beschwerte sich bei der Eisenbahnabteilung der TV der SMAD, daß die Unfälle auf polnischem Gebiet zunehmen würden. Allein zum Jahreswechsel 1945/46 waren es 17 und er listete sie entsprechend auf (siehe Tabelle weiter unten).

Tatsächlich waren es nur 13, da Oberstleutnant Schmykow der TV erkannte, daß einige Unfälle auf dem Boden der SBZ stattfanden. Er wolle aber allen Unregelmäßigkeiten nachgehen, speziell dort, wo sich Unfälle, wie im Bahnhof Zkarzysko, häuften.

Zum Unfall vom 21. Januar äußerte sich Lokführer Karl Biermann von der Brigade 4 der Lokkolonne 11:

»Um 20.21 Uhr erhielten wir vom polnischen Fahrdienstleiter in Breslau-Brockau den Auftrag, mit Zug 223011 nach Hernpretsch abzufahren. Zugführer Meeg gab dem Lokf Heinrich Auftrag zur Abfahrt. Lotse wurde nicht gestellt. Transportführer (Russe) fuhr auf der Lok. Um 21.00 Uhr übernahm Lokf Biermann die Lok. Sämtliche Signale waren außer Betrieb, bis auf ein roterleuchtendes Signal auf Bf Mockbern. Der diensttuende Beamte vom Bf Mockbern gab mir den Auftrag zur Weiterfahrt. Auf meine Frage, wie weit wir noch zu fahren hätten, erklärte mir dieser, noch drei Stationen. Die dritte sei unbesetzt. Wegen der Dunkelheit und Unkenntnis der Strecke fuhr ich in Schrittgeschwindigkeit. Nach Durchfahren des nicht erleuchteten

Im Einsatz beschädigte Kolonnen-Lokomotiven

Nr. der Lok und Kolonne	Unfallort, Zeit und Ursache	Art der Beschädigung und Kosten
52 2625 K 1	Bf Posen-Polikopola, 01.11.1945, Zusammenstoß infolge falscher Weichenstellung	Pufferbohle verbogen, 250 RM
52 1199 K 2	Bf Riesal, 08.01.1946, Zug auf besetztes Gleis geleitet, Zusammenstoß	Puffer abgerissen, Tragfedern beschädigt, 4 Kuppelstangen verbogen, 4 000 RM
52 724 K 6	Bf Altdamm bei Stettin, 08.01.1946, Entgleisung der Lok in schadhafter Weiche	Führerhaus, Bremsgestänge beschädigt, Spurkranz ausgebrochen, 600 RM
52 2636 K 26	Blockstelle Jungfernberg (b Stettin), 11.10.1945, Entgleisung in aufgeschnittener Weiche,	Lok unbeschädigt, jedoch Tender in Polen geblieben, Lokführer Z. vom Bw Pasewalk noch verhaftet
52 1635 K 11	Strecke Brockau - Glogau, 21.01.1946, infolge falscher Weichenstellung fuhr Lok in die gesprengte Weistritz-Brücke	Lok schwer beschädigt, Wohnwagen zertrümmert, 75 000 RM
50 2152 K 22	Bf Zkarzysko, 21.01.1946, Lok entgleist durch Auffahrt der polnischen Lok 52 550	hintere Puffer, Heiz- und Luftleitungen schwer beschädigt, 500 RM
52 7221 K 18	Bf Zkarzysko, 08.01.1946, Flankenfahrt mit einer Rangierabteilung, Einfahrt in Bf war frei	Steuerung und rechte Zylinderblockbekleidung beschädigt, 750 RM
52 6265 K 12 und 52 4926 K 14	Bf Gröditz, 29.01.1946, infolge falscher Weichenstellung fuhren beide Lok durch Kleinlokschuppen und entgleisten	Lok 52 6265 in Bach gestürzt, 52 4926 leicht beschädigt, Mannschaftswagen schwer beschädigt, 7 000 RM

und nicht besetzten zweiten Bf's fuhren wir nach ca 500 m in eine gesprengte Dreibogenbrücke. Da in Brockau keine Gelegenheit zum Drehen vorhanden war, fuhren wir mit Wohnwagen und Tender voraus. Der Brigadewagen wurde vollkommen zertrümmert. Zugführer Geißler erlitt Quetschungen und wurde ins Hospital Hernpretsch überführt... Über weiteres wurden wir von anwesenden russischen Offizieren nicht unterrichtet.«

Falsche Weichenstellungen waren in Polen an der Tagesordnung. So verunglückte auch der Militärtransport Zug 4449 am 6. März 1946, der trotz Lotse in ein Nebengleis des Bahnhofs Cholm fuhr, in dem sechs Meter Schienen fehlten. Doch die Lok 52 5337 verblieb in Polen, die Kolonne 11 durfte sie nicht mehr holen. Die SMA machte Polen vertraglich für Schäden, entstanden durch polnische Bedienstete, verantwortlich. Die Lokomotiven sollten künftig in Polen repariert werden, für Stillstandszeiten mußte Polen eine Summe in Dollar an die SMA überweisen. Die Gesamtsumme von 479 459,38 RM legte Dr. Fitzner im März 1946 dem Ministerium der polnischen Staatsbahn vor. 13 Kolonnenlokomotiven wurden bei Unfällen auf dem Netz der PKP beschädigt.

Mit der »Kundmachung« zweier Gerichtsurteile mußten Generalmajor Kwaschnin und Dr. Fitzner auf die zahlreichen Unfälle und Verstöße gegen Vorschriften eingehen. So gab es u.a. im November 1945 im Rbd-Bezirk Dresden neun Zusammenstöße und acht Verstöße, im Rbd-Bezirk Magdeburg sechs Zusammenstöße und 35 Verstöße. Mit ihrem gemeinsamen Befehl Nr. 72 vom 12. Dezember 1945 wollten sie künftig derartiges nicht dulden und Personen, die den Eisenbahntransport schädigten, durch die militärische Staatsanwaltschaft für Eisenbahntransportwesen schwer bestrafen lassen.

Das auf Seite 77 wiedergegebene Protokoll eines Gerichtsverfahrens verdeutlicht dies, auch wenn es nicht unmittelbar mit der Kolonnen-Bewegung zu tun hat.

Da sich die Lage insgesamt zuspitzte, forderte Oberstleutnant Schykow eine Aufstellung, wieviel Tote oder verwundete Armeeangehörige der UdSSR es bei Unfällen gab. In der Zeit vom 1. August 1945 bis zum 26. März 1946 waren es insgesamt 51 Unfälle, bei denen 48 Armisten getötet und 86 verletzt wurden. Hinzu kamen noch drei bzw. 20 »Zivilreisende«. Durch eigenes Verschulden verunglückten 14 tödlich, weitere 20 verletzten sich.

Ähnlich war die Bilanz der nächsten drei Monate. Bei 16 Unfällen starben 30 Personen, 160 wurden verletzt, 103 Lokomotiven und 427 Wagen wurden (bei Unfällen, 43 Feuerschäden, 24 Havarien und 267 Fällen von Ausschuß) zerstört oder beschädigt. Oberstleutnant Ssalin, der Militärstaatsanwalt des Eisenbahnverkehrs der SMAD, legte als Hauptgrund »die äußerst geringe Disziplin der beim Zugverkehr beteiligten deutschen Eisenbahner und die grobe Verletzung der Regeln und Dienstvorschriften sowie das Bestreben einiger Deutscher, den Zugverkehr zu desorganisieren und die Ausführung des Transportplanes zu verhindern« im Befehl Nr. 63 vom 13. Juli 1946 vor. Der Zug 19137 beispielsweise fuhr nach einer mangelhaften Bremsprobe am 21. Juni 1946 zwischen Edle Krone und Tharandt auf den mit Werkseinrichtungen beladenen Pendelzug Nr. 08 auf. 41 Wagen wurden zertrümmert, der Schaden betrug 100 000 RM, drei Personen wurden getötet. Schuldig war der Zugführer, der ehemalige Parteigenosse Edwin B..

Die ehemalige Mitgliedschaft in der NSDAP wurde, besonders wenn sie bereits seit etwa 1937 bestand, nur allzuoft hervorgehoben.

»Aus verbrecherischer Nachlässigkeit« stellte der Zugzusammensteller Br. am 9. Mai 1946 in Berlin-Kaulsdorf einen Plattformwagen mit einer die Lademaße überschreitenden Ladung ein, ohne den Zugführer zu informieren. Hohe Freiheitsstrafen folgten, wie für den Lokführer Hü. und den Gehilfen des Fahrdienstleiters Bö., die für einen Zusammenstoß in Eilsleben am 18. April 1946 als Schuldige benannt wurden. 24 Personen fanden damals den Tod.

»Der Präsident der RBD Halle – Oelkers – hat ... der Militär-Staatsanwaltschaft eine offensichtlich den Tatsachen nicht entsprechende technische Stellungnahme vorgelegt, in der er die Schuld der Hauptschuldigen, der ehemaligen Pg's Hü. und Bö. bestritt und verleumderisch behauptete, daß dieses Eisenbahnunglück durch die Schuld sowjetischer Militärpersonen erfolgte, die den Fahrdienstleiter Bö. mit Gewalt gezwungen hätten, den Zug auf die besetzte Strecke abzusenden, obgleich Bö. selbst diesen Umstand nicht bestätigte.«

»Dabei darf bei solchen Verbrechen, wie Eisenbahnunfällen, keine Strafverminderung geduldet werden. In der Praxis hat es sich ergeben, daß die deutsche Untersuchungsbehörde (nach einem anderen Unfall – d.A.) bis jetzt im Laufe von 4 Monaten die Untersuchung nicht beendet hat und die Schuldigen noch nicht bestraft wurden.«

Noch im Jahre 1947 hat Fromberg im Bw Rummelsburg die Kenntnisnahme des § 59 Absatz 3b des russischen Strafgesetzbuches von 1942 mit seiner Unterschrift bestätigen müssen. Danach wurden Verletzungen der Arbeitsdisziplin im Transportwesen mit Unfallfolgen, bei denen Schaden entstand bzw. Personen verletzt oder getötet wurden, mit einer

Urteil

im Namen der Union der SSR
30. November 1945. Das Kriegstribunal in Deutschland

Vorsitzender: Kapitän der Justiz Nikitin
Beisitzer: Techniker Leutnant Belowinsky
Ingenieur Leutnant Shukoff
unter Beteiligung der Sekretärin Chlistunowa,

hat in offener Gerichtssitzung auf dem Bahnhof Kottbus (Deutschland) die Sache der deutschen Eisenbahner Robert R., geboren 1892 im Dorf Baikwitz, Bezirk Großwerda, Provinz Sachsen, deutscher Staatsangehörigkeit, Arbeiter mit achtklassiger Schulausbildung, parteilos, verheiratet, nicht vorbestraft,
Richard Sch., geboren 1899 im Ort Richtenshagen, Bezirk Düben, Provinz Sachsen, Reichsdeutscher, Arbeiter mit achtklassiger Schulbildung, Mitglied der nationalsozialistischen Partei seit 1938, verheiratet, nicht vorbestraft,
aufgrund der Anklage des Verbrechens laut Art. 39 - 3 p »w« des Gesetzbuches der UdSSR verhandelt. Auf Grund der Ergebnisse der Voruntersuchung und der Gerichtsuntersuchung hat es festgestellt:

Am 8. Oktober 1945 um 18 Uhr 30 Minuten hat der Wagenkuppler Robert R. vom Fahrdienstleiter der Station Hohenbockau den Auftrag erhalten, den Zug Nr. 11519 in Empfang zu nehmen und vom Gleis 9 nach dem Gleis 3 umzusetzen. R. hat den Auftrag des Fahrdienstleiters nicht erfüllt, den Zug nicht in Empfang genommen, als er sich auf dem Stellwerk befand. Obwohl er sah, daß der Zug das Haltesignal passierte, verließ er seinen Posten, ohne sich abzumelden, und ging nach Hause.
Der Weichensteller Sch. war auf seinem Posten; obwohl er wußte, daß der Zug zum Rangieren halten sollte, gab er das Signal »Vorziehen«, trotzdem er wußte, daß eine weitere Fahrt für den Zug eine Katastrophe bedeutete.
Der Lokführer, der vom Weichensteller Sch. das Signal »Vorziehen« erhalten hatte, fuhr weiter und beschleunigte, schlug gegen den Prellbock und entgleiste. Das Ergebnis der Nichtbefolgung der Fahrdienstvorschriften der DR haben R. und Sch. den Zug Nr. 11519 fahrlässig zum Entgleisen gebracht, was Menschenopfer von italienischen Untertanen – 4 Tote, 19 Schwerverletzte und 20 Leichtverletzte – zur Folge hatte. Die Lokomotive und 6 Wagen waren nicht mehr betriebsfähig, der Schaden infolge der Entgleisung betrug 100 000 Rubel.
R und Sch. haben ein Verbrechen laut Art. 59-3 p »w« des Gesetzbuches der UdSSR begangen.
Aufgrund dieser Feststellungen und an Hand der Artikel 319 und 320 des Gesetzbuches der UdSSR hat das Kriegstribunal verurteilt:
Robert R. auf Grund des Art. 59-3 p »w« des Gesetzbuches der UdSSR zu 6 Jahren Arbeitslager und Richard Sch. auf Grund des Art. 59-3 p »w« des Gesetzbuches der UdSSR zu 10 Jahren Arbeitslager.
Das Urteil ist endgültig und unterliegt keinem Einspruch.

»Freiheitsstrafe (Gefängnis, Zuchthaus oder Zwangsarbeit) bis zu 10 Jahren« geahndet.

»Bei Verdacht auf Sabotage oder erwiesener Sabotage« konnte die Todesstrafe verhängt werden.

Im Befehl Nr. 18 des Chefs der Transportverwaltung der SMAD vom 31. Januar 1947 wird einleitend vermerkt: »Im November und Dezember 1946 und in der ersten Hälfte des Januar 1947 sind während der Fahrt der Züge in der sowjetischen Besatzungszone Deutschlands und auf den polnischen Eisenbahnen in Begleitung deutscher Zugbrigaden massenhaft grobe Verstöße gegen die Regeln des technischen Betriebes und des Signalwesens auf den Eisenbahnen vorgekommen.«

Diese Verstöße haben »sowohl auf den deutschen wie auch auf den polnischen Eisenbahnen zu einer Reihe schwerer Unglücksfälle geführt«.

Verbesserte Kontrollen und strengste Bestrafungen sollten Abhilfe schaffen.

14 Monate später beschäftigte sich die SMAD, diesmal mit dem Befehl Nr. 22/20133 vom 2. März 1948, erneut mit »Unregelmäßigkeiten im Zugverkehr durch Polen.«

»Die polnische Eisenbahnverwaltung beanstandet, daß die Durchgangszüge aus Deutschland nach der UdSSR durch Polen mit falschen Signalen fahren... Die als Spitzensignal bei den Brigadelokomotiven an der Rauchkammer angebrachte dritte Laterne ist unzulässig und darf auch

52 6265 der Kolonne 12 und 52 4926 der Kolonne 14 fuhren am 29. Januar 1946 aufgrund einer falschen Weichenstellung durch den Kleinlokschuppen des Bf Gröditz und entgleisten. Die erste Maschine stürzte dabei in den anschließenden Bach. Später wurde sie aus dem Kolonnen-Park aussortiert
Foto: Kozid, Slg. M. Reimer

im Bereich der DR nicht verwendet werden. Diese fehlerhaften Zugsignale stellen eine Bedrohung der Sicherheit des Verkehrs auf polnischen Eisenbahnen dar. Die polnischen Eisenbahnen erklären daher, daß sie die Züge nicht annehmen werden, wenn die Signaleinrichtungen nicht den Bestimmungen der polnischen Staatsbahnen entsprechen.«

Tatsächlich wurden zum Beispiel Lokomotiven in den Grenzübergangsbahnhöfen zurückgewiesen, bei denen der Funkenfänger mangelhaft war (Holzapfelfunkenfänger und Prallbleche) und die notwendigen Feuerlöschgeräte (Übergangsstück, Schlauch und Spritze) fehlten.

Oberst Diwgun, stellvertretender Leiter der Eisenbahnabteilung der TV der SMAD, mahnte im Befehl Nr. 188 vom 24. April 1948 die DR zur Einhaltung und Nachrüstung an. Kramer mußte sich dazu erst einen Überblick verschaffen, da Feuerlöschgeräte bisher nicht zur Standardausrüstung gehörten.

General-Direktor Wojewudski reagierte verärgert, als er erfuhr, daß bei 16 Lokomotiven der 12. Kolonne die Lichtmaschinen entfernt waren und diese sich seit vier Monaten zur Reparatur in den Raw Dessau und Berlin-Tempelhof befanden. Die PKP wies die Maschinen mit Petroleumbeleuchtung zurück. Im Befehl Nr. 421 vom 8. Dezember 1948 verlangte er vom Generaldirektor Besener, daß noch im Dezember die Maschinen wieder ordnungsgemäß auszustatten seien. Am 22. Dezember konnten im Raw Dessau 12 Lichtmaschinen abgeholt werden.

Doch das Telegramm Nr. 76 aus Warschau vom 13. Juni 1952 des Bevollmachtigten MPS UdSSR in Polen, Rumjanzew, informierte Kramer erneut über diese und ähnliche Mängel. Die PKP hielt auf verschiedenen Bahnhöfen mehrere Lokomotiven zur Reparatur der Aschkästen fest. Da die Lokomotiven dazu erst »auskühlen« mußten, dauerten die Arbeiten oft zwischen 16 und 32 Stunden. Damit könnten Waldbrände verhindert werden, informierte Rumjanzew, aber gleichzeitig erhöhe sich »die Möglichkeit der Beschädigung der Stehbolzen, das Undichtwerden der Rohre und das Entstehen von Rissen in der Wänden der Feuerung.«

Am 8. Januar 1953 benachrichtigte das Ministerium für Verkehrswesen der UdSSR den Generaldirektor der DR, daß im Jahre 1952 bei den PKP über 125 deutsche Lokomotiven »zwecks Ausbesserung« abgekuppelt worden waren. Allein im Bw Brest standen im Dezember 1952 sieben schadhafte Lokomotiven, deren Reparatur über 150 Stunden dauerte.

»Die Verwaltung für internationalen Verkehr MPS UdSSR bittet Sie (GD Kramer – d.A.) Maßnahmen zu treffen, die die Bespannung von Transitzügen mit schadhaften Lokomotiven ausschließen. Es wird gebeten, für Transitzüge nur solche Lokomotiven zu verwenden, die nach ihrem technischen Zustand Züge auf eine Entfernung von 1 500 km ohne Reparatur fahren können.«

Es sollte nicht die letzte Beschwerde bleiben. Allerdings eine der letzten war vermutlich die von der Verwaltung der Bjelorussischen Eisenbahn aus Minsk vom 23. März 1954. Zur Kenntnis wurde dem Ministerium für Eisenbahnwesen der DDR gebracht, »daß auf den Bahnhöfen des Brester Knotenpunktes Lokomotiven mit verschiedenen technischen Mängeln ankommen, die die Zugverkehrssicherheit gefährden (Flachläufer von Lokradreifen bis zu 2 mm, ausgeschmolzene Drehzapfenlager, undichte Schmelzpfropfen, schadhafte Dampfstrahlpumpen und andere). Allein im Januar und Februar 1954 gingen 32 technisch schadhafte Lokomotiven ein, deren Reparatur eine beträchtliche Standzeit der Fahrzeuge verursachte.«

Dezernent Nelke von der Rbd Berlin konnte im Mai 1954 dem MfE mitteilen, daß ihm nur fünf Fälle bekannt seien. Er legte aber gleich Ereignisse aus Polen vor. Acht davon traten durch Materialfehler, vier Fälle durch Verschulden des Personals und drei durch Werkstattverschulden ein. Nachdem die Schweißnaht in der Feuerbüchse der 52 1466 am 6. Januar weiter riß, wurde mit der sowjetischen Zugleitung ein Vorspannfahren vereinbart. Lokomotiven ohne Aufgaben in Richtung Frankfurt standen in Brest zur Verfügung. Zu weiteren technischen Problemen teilte Nelke mit:

»Nach Untersuchung des Lokfahrmeisters war die Lok 52 7222 für den Transiteinsatz lauffähig. Die Lok fuhr den Zug 71 188 störungsfrei bis Brest. Hier meldete ein Wagenmeister, die Lok hätte flache Stellen. Die Nachmessung ergab 2 mm Tiefe. Das Personal behauptete, daß die Schleifstellen schon vor Antritt der Fahrt gewesen sind. Lok mußte Lz nach Fko fahren. Desgleichen die Lok 52 2885 ebenfalls mit Schleifstellen von 2 mm Tiefe am 25.2.54. Bei der DR ist eine Lok mit Schleifstellen von 2 mm Tiefe noch betriebsfähig, deshalb ließ das Bw die Lokomotive laufen...«

Insgesamt betrug die störungsfreie Laufleistung des Bw Frankfurt (O) Vbf im April 39 100 km.

Hilfslokführer Alfred Müller des Bw Güstrow wurde verdächtigt, mit der 52 5859 einen Wasserkran im Bahnhof Zirow am 21. Oktober 1946 gerammt und umgeworfen zu haben. Müller gab in der Vernehmung an, die von GDR an die SMA D gesandt wurde, »daß es sich um eine Verwechslung handelt. Die von mir während meines Brigade-Einsatzes bei den Kolonnen 22 und 15 geführten Lokomotiven sind die 50 2492, 52 5660, 50 2621, 50 1946, 50 847 und 50 866. Andere Lokomotiven habe ich nicht gefahren.« Doch ohne das sich die DR gegen die pauschale Schuldzuweisung wehren konnte, wurde wiederholt der Schaden bezahlt.

In der unmittelbaren Nachkriegszeit lebten die Kolonneneisenbahner selbst im Heimatland gefährlich. Nicht selten kam es zu Überfällen. Am 17. Februar 1946 wurde z. B. um 3.30 Uhr der Wohnwagen der Lok 52 1115 (Kolonne 5) in Berlin von Russen überfallen und beraubt. Lokführer E. W. Fischer mußte mit Schnittwunden am Kopf bis 28. Februar im Krankenhaus bleiben. Anschließend wurde ihm zur weiteren Genesung bis 11. März Heimaturlaub gewährt.

Oberstleutnant Lyssenko beschwerte sich in einem Telefonogramm vom 12. August 1946 über die deutsche Lokkolonne Nr. 52 6001, die »auf der Fahrt mit dem Zug Nr. 1380 A den polnischen Zugführer der Lokomotive herausgesetzt und sich den Anordnungen der polnischen Administration widersetzt« hat.

»Dadurch ist das russisch-polnische Übereinkommen grob verletzt worden.«

In Wahrheit erlitt der Aushilfsheizer Teodor Cz. von der Kolonne 4 Mißhandlungen.

»Am 4. Juli 46 stellte das Bw Neu-Bentschen zum Zuge 1386a zur Fahrt nach Frankfurt/Oder einen Lotsen. Der Lotse war stark deutschfeindlich eingestellt und suchte mit mir Streit. Auf der Fahrt zwischen Neu-Bentschen und Reppen griff er in meine Dienstobliegenheiten ein... Als ich die Speisewasserpumpe in Gang setzte, öffnete er gleichzeitig das Ventil zum Aschkasten und zur Rauchkammer. Ich nahm die Hand des Lotsen von der Apparatur weg mit dem Hinweis, daß dies meine Aufgabe sei. Nun fühlte er sich beleidigt und schikaniert. Er sagte, so machen es die Deutschen mit den Polen. Beim nächsten Halt vor Reppen rief er dem A.B. (Aufsichtsbeamten – d.A.) zu, daß Polizei kommen müsse, um mich zu verhaften. Mir sagte er, daß ich wohl Schläge bekommen werde. Als wir in Reppen einfuhren, waren Bahnschutzleute und polnische Soldaten bei der Lok, zwei kamen auf die Lok und schubsten mich hinunter. Mein Glück war, daß bald der russische Zugkommandant zur Stelle war, der mich beschützte... Auf der Wache wurde ich von den Polen bedroht und geschlagen, als der Russe den Rücken gekehrt hat. Ich habe Angst, da mein Name dort feststeht, die Strecke Neu-Bentschen–Reppen zu befahren... Der Lotse verweigerte die Weiterfahrt mit unserem Zuge.«

Der Lokführer Rudolf L. vom Bw Gera bestätigte den Vorfall, hörte vom polnischen Lotsen Wörter, wie »Nazischwein« oder »Hitlerschwein«. Nach Fragen erklärte der Lotse, daß er über ausreichende »Bewässerung« wachen müsse. Brigadeführer Walter W., Lokführer aus Erfurt, meinte, »daß der Pole aus schikanösen Gründen Cz. aufs Korn genommen hatte. Cz. ist Sachse, verschlossen und macht immer einen ernsten Eindruck. Es mag sein, daß der Pole dadurch beeindruckt wurde und angenommen hat, daß Cz. gegen den Polen eingestellt ist... Bereits in Neu-Bentschen, als ich noch Dienst auf der Lok hatte, sagte der polnische Lotse zu mir, daß er während des Krieges von einem deutschen Reichsbahn-Inspektor sehr schlecht behandelt worden sei. Ich hatte gleich den Eindruck, daß er seinen Dienst als Lotsen auf unserer Lok äußerst widerwillig übernehmen mußte.«

Kolonnenleiter Husing erklärte der RBD Berlin:

»Unsere Männer haben im allgemeinen keinen Anlaß, sich über polnische Eisenbahnbedienstete zu beklagen. Es sei denn, sie treffen auf polnische Bedienstete, die während der deutschen Besetzung schlecht behandelt worden sind. Im vorliegenden Fall ist dies anscheinend der Fall.«

Mißgunst, Haß gegen die Deutschen oder Willkürlichkeit waren auch später noch oft Gegenstand von Auseinandersetzungen. General-Direktor Wojewudski benachrichtigte in seinem Schreiben Nr. 2394/48 vom 28. April 1948 den DR-Generaldirektor Besener, daß am 13. Dezember 1947 auf dem Hauptgüterbahnhof in Warschau zwei Züge zusammenstießen. Der PKP entstand ein Schaden von 179 000 Zloty. Für Wojewudski war klar, daß »die Schuld am Zusammenstoß die dritte Lokkolonne trägt, und zwar der Lokführer Ernst H. und der Zugführer Paul B; beide haben die Signalvorschriften übertreten, indem sie den Zug anfahren ließen, ohne das Signal »Fahrt frei« sowie den Fahrbefehl vom Fahrdienstleiter erhalten zu haben. Für die willkürliche Handlungsweise und die Verletzung der Fahrdienstvorschriften verpflichte ich Herrn Generaldirektor Besener, den Lokführer und den Zugführer ihrer Ämter in der Lokkolonne zu entheben und sie zu bestrafen.«

Leutnant Scharoun, der örtliche russische Kommandant der Lokkolonne 3, lehnte eine Bestrafung ab und erklärte, daß »der polnische Lotse...nach Fahrtstellung des Ausfahrsignals darauf drängte, sofort abzufahren. Auf die Frage des Lokomotivführers an den Lotsen, ob das Signal für seinen Zug gelte, bejahte dieser die Gültigkeit. Daraufhin setzte der Lokomotivführer seinen Zug in Bewegung und fuhr kurz darauf einem einfahrenden Zug in die Flanke.«

Für den Schutz der Transporte waren die russischen Begleitkommandos zuständig.

Der Kommandantenwagen, wie der Begleiterwagen oft bezeichnet wurde, lief unmittelbar hinter dem Brigadewagen. Ein Offizier und etwa fünf bis sechs Soldaten, die im Güterzugdienst stets in einem G-Wagen untergebracht waren, sorgten für die nötige Sicherheit am Zuge. Bei Mannschaftstransporten hatte er besondere Bedeutung, dann durfte oft auch in der Heimat die Lok nicht gewechselt werden. Es wurde nur restauriert und der gleiche Zug wieder bespannt.

Ein Zeitzeuge erinnert sich, daß seine Brigade auf diese Weise bei der Rücktour von Brest in Erfurt statt in Hoyerswerda ankam.

»Mir ist kein Fall bekannt, wo das russische Begleitkommando fehlte«, schreibt Kühnel.

»Das Verhältnis zwischen dem Kommando und der Brigade möchte ich aus heutiger Sicht als neutral bezeichnen. Allerdings gab es einen bösen Vorfall, den ich selbst erlebte. Bei der Rückfahrt von Jagodin fuhr ein sowjetischer Offizier auf der Lok mit. Nach einem anfänglichen mühsamen Gespräch bedrängte er mich immer heftiger und drohte mir mit Erschießen, weil er in mir einen ehemaligen SS-Mann vermutete. Das war mir alles andere als einerlei und ich war froh, daß wir in Deplin waren und ein Lotse auf die Lok kam.«

Der Referent 51 der HV DR stellte nach einer Bereisung und Befragung von »Kolonnenfahrern« im August 1946 fest, »daß die Verpflegung jetzt allgemein besser geworden sei. Jedoch ist die seelische Beanspruchung während des Einsatzes durch die vielen Bedrängnisse sehr groß. In Polen ist die Betriebsabwicklung äußerst schleppend. Die Aufenthalte auf den einzelnen Bahnhöfen insbesondere bei der Beförderung von Demontagezüge sind sehr lang. Im allgemeinen sind russische Begleitmannschaften nur bei beladenen Zügen anwesend, während viele Leerzüge, wenn sie nicht zu einer Transporteinheit für die Wehrmacht gehören, ohne Begleitung fahren. Im letzteren Fall behandeln die polnischen Eisenbahner das deutsche Personal schlecht.

Die Ausbleibezeiten der Brigadelok vom Grenzübergang Frankfurt/O bis zur Rückkehr sind deshalb so lang, weil die Brigadelok bei Beförderung von Zügen nach Russland im Zubringerdienst zwischen den polnischen und russischen Grenzbahnhöfen eingesetzt werden und dort tagelang nur Züge hin und her befördern. Polnische Lok und Personale werden von den Russen nicht in die russischen Bahnhöfe hineingelassen. Bei Beförderung von beladenen Zügen nach den Übergängen Grodno und Przostowice müssen Brigadelok solange am Zug bleiben, bis alle Wagen entladen sind und dann diesen Leerzug wieder zurücknehmen. Die Entladung dauert oft 2–3 Tage. Bei Fahrten nach Brest sind die Wendezeiten im allgemeinen kurz. In Frankfurt/O müssen die Brigadelok auf der Rückfahrt nach Deutschland oft tagelang auf Leerzüge nach Berlin warten.«

Besonders vorsichtig waren die Sowjets in den ersten Nachkriegsjahren bei Reisezügen. Es gab einen Zugkommandanten und Bewachungspersonal. »Wenn der Zug hielt«, so ein Zeitzeuge »schwärmten die Bewacher sofort aus. Zur Lok kamen dann ein Offizier und zwei bis drei Mann.«

Nicht selten wurden auf polnischem Territorium die deutschen Eisenbahner bestohlen. Während des Langsamfahrens sprangen, meistens bei Dunkelheit, wenn die Mannschaft schlief, polnische Bürger auf den Brigadewagen auf und entwendeten Lebensmittel und Bekleidungsstücke.

Nicht ohne Grund waren im neu aufgestellten Arbeitsverteilungsplan der Gruppe Einsatzbrigaden P 17 im Personalbüro der Reichsbahndirektion Berlin vom August 1949 zur Bearbeitung u.a. festgelegt: »Verhaftungen, Beraubungen, Plünderungen, Mißhandlungen von Brigadepersonal in Polen.«

Begehrt waren auch die Briketts, die sich auf dem Tender der Lok oder in O-Wagen im Zuge befanden. Trotz Bewachung gelang es den Leuten hin und wieder, den Tender oder den Zug zu besteigen und Kohlen herunter zu werfen.

Dazu der Bericht eines Schaffners:

»Bei einem Kohlenzug nach Rawa Russkaja, etwa 60 km vor der Grenze zur Sowjetunion (heute Ukraine), in einem Streckenabschnitt mit starken Steigungen und Kurven, war das Fahrtempo gering. Plötzlich stürmten zirka 100–120 Polen auf der ganzen Zuglänge verteilt den Zug und warfen links und rechts größere Mengen Briketts herab. Das sowjetische Begleitkommando hatte bereits Erfahrungen mit dieser Strecke und vier Posten auf die ganze Zuglänge verteilt. Auch bei mir auf der Schlußbremse war ein Posten. Alle begannen sofort zu schießen, ob gezielt oder in die Luft, konnte ich nicht feststellen. Aber auch von polnischer Seite wurde geschossen. Von den sowjetischen Soldaten wurde niemand verletzt.«

Es gab aber auch Fälle, in denen die Deutschen schuldig wurden. Direktor-Oberst Morossow teilte in seinen Befehl Nr. 22/2313 vom 24. Juni 1946 allen Bevollmächtigten und Chefs der Lok-Kolonnen nachstehendes mit:

»Auf der Station Sdunska-Wolja hat am 5.4.46 die deutsche Lokbrigade der Lok Nr. 52-6694 der 14. Kolonne der RBD Dresden Kohlen von der Lok des Zuges Nr. 5581 geraubt und verkauft. Dabei hat sie den Piloten (Zugführer) aus Lodz – Kalisski-Woitysjak – verprügelt, der sie bei der Ausführung des Diebstahls hindern wollte. Die Lokbrigade der Lok Nr. 52-6694 wird zur gerichtlichen Verantwortung gezogen. Dies wird zur Warnung der Lokbrigaden mitgeteilt, da für eine Veruntreuung von Brennstoffen und anderen materiellen Beförderungsmitteln die Schuldigen streng bestraft und dem Gericht übergeben werden.«

Der Präsident der ZVV in der SBZ informierte mit einem Fernschreiben vom 11. September 1946 alle RBD, daß die »SMAD Karlshorst mitteilt, daß eine Transportbrigade wegen Mitnahme von Photoapparaten nach Polen verhaftet worden ist.« Es folgte noch eins vom 23. September:»Mein Fernschreiben Nr 1 vom 11.9.46 - IV Nr 2399/46 – wird noch dahin ergänzt, daß den Transportbrigaden nicht nur das Mitnehmen von Photoapparaten, sondern auch von Ferngläsern zu verbieten ist. Ich erwarte, daß die Transportbrigaden alles vermeiden, was sie in Gegensatz zu den polnischen Behörden und Polizeiorganen bringen könnte.«

Andere Personale wurden im Depot Skarzysko verhaftet, als sie dort auf einen Notizblock Aufzeichnungen über den Lokomotivbestand vornahmen.

An eine andere Schießerei zwischen Russen und Polen erinnert sich Walter Gaasch:

»Bei einem Militärtransport nach Brest mit einem längeren Aufenthalt auf dem Grenzbahnhof Terespol klopft es bei Anbruch der Dunkelheit an unseren Wagen. Es waren polnische Grenzer. Sie rieten uns in Deckung zu gehen. Nach einer halben Stunde ging eine wilde Schießerei los. Die Polen, die ihr Ziel kannten, hatten begonnen, die Russen erwiderten das Feuer. Das alles dauerte gut 20 Minuten. Unsere Lok und der Brigadewagen hatten nichts abbekommen. Wie es bei den Russen aussah, haben wir nicht erfahren. Kurz darauf ging die Bahnhofsbeleuchtung wieder an und die Fahrt weiter nach Brest. Der Anlaß zu diesem Gefecht war, wie wir auf der Rückfahrt erfuhren, ein gestohlenes Schwein. Russische Soldaten des Transportes hatten einem polnischen Bauern dieses Vieh entwendet, in ihrem Wagen ausgeschlachtet und mit dem Braten und Kochen begonnen. Der Duft und die aufgeregten Bauern hatten den polnischen Grenzern die Zusammenhänge klar gemacht.«

Zwischen Siedlce und der Grenze am Bug (117 km) soll es häufiger Überfälle der Polen auf die Transporte gegeben haben. Die russische Begleitmannschaft konnte wegen der Übermacht nur in Deckung gehen. Den Deutschen geschah nichts. Lebensmittel, vor allem Zucker, waren gefragt.

Für die Beseitigung von Störungen am Zug auf der Strecke war das Zugpersonal zuständig. Die meisten Fahrten liefen normal ab. In Erinnerung bleiben die außergewöhnlichen Begebenheiten. Deshalb soll noch ein Zeitzeuge zu Wort kommen:

»Bei einer Fahrt zwischen Posen und Kutno wurde auf einem Abschnitt von etwa 15 km drei Mal im selben Wagen die Notbremse gezogen. Es stellte sich heraus, daß einige angetrunkene Soldaten und auch Offiziere ihren Spaß daran hatten, daß sie einen Zug anhalten konnten. Nach unserer Meldung beim Zugkommandanten und dessen Strafandrohung an die Urheber hörten diese Späße auf und die Fahrt ging glatt bis Brest Personenbahnhof weiter. Wir konnten dann beobachten, daß alle Soldaten und Offiziere dieses Waggons gesondert antreten mußten und der Bahnhofsmiliz übergeben wurden.«

Weder die »Transitzüge« der SMA noch die deutschen Besatzungen wurden von den polnischen Bürgern »geliebt«, zu tief saßen die Erinnerungen an den Krieg; das mußte u.a. Zugführer Schlotterhose von der Brigade 28 der Kolonne 11 am 7. April 1946 erfahren, als er sich im Bahnhof Osterode zum Stellwerk begab. Er wollte sich nach der Weiterfahrt nach Insterburg erkundigen: »Warum und wie lange halten wir?« Da der Fahrdienstleiter nur polnisch sprach, wurde Schlotterhose nicht verstanden. Darauf erschien ein zweiter polnischer Eisenbahner am Fenster und rief: »Acht Stunden« Schlotterhose entgegnete ihm noch, daß die Maschine (52 2534) Wasser und Kohle hätte. Kurze Zeit darauf kam dieser Eisenbahner vom Stellwerk herab und schlug dem ahnungslosen deutschen Zugführer dermaßen in das Gesicht, daß ein Zahn und das künstliche Gebiß zerbrach. Dabei schrie er: »Ich war vier Jahre bei Euch, Ihr deutschen Schweine, Ihr habt von uns genug erschlagen. Da kommt es auf einen von Euch nicht an!«

Der Präsident der Deutschen Zentralverwaltung in der SBZ mußte Anfang Dezember 1947 Oberst Morossow den Untersuchungsbericht zum »Ausglühen der 52 5212 im Raw Stendal (Brandstifterlok)« vorlegen.

»Die Schuldfrage ist eingehend untersucht worden. Danach ist Hauptschuldiger der Heizer R., der es unterlassen hat, sich pflichtgemäß von dem genauen Wasserstand des Kessels zu überzeugen. Sein Dienstnachfolger, Heizer A., ist als mitschuldig anzusehen. Er hätte vor Arbeitsbeginn ebenfalls einwandfrei prüfen müssen, ob der Kessel mit der erforderlichen Wassermenge gefüllt war. Werkmeister N. ist insofern als mitschuldig anzusehen, da er es versäumt hat, dem Heizer R. in irgendeiner Form den direkten Auftrag zum Füllen des Kessels zu geben. Lokführer Rüprich von der Lokkolonne 28, Bw Güsten, ist nicht schuldig, da seine Verantwortlichkeit für die Lok noch nicht begonnen hat.

Sämtliche Bediensteten sind durch den Oberstaatsanwalt der SMA vernommen worden. Die beiden Heizer sind anschließend durch die SMA verhaftet worden. Für beide Bedienstete ist ab sofort die Lohnzahlung eingestellt worden. Werkführer N. wird bis auf weiteres im Lohnverhältnis als Schlosser beschäftigt.«

Ärztliche Hilfe gab es in Polen nicht

Karlshorst, den 7.6.1946 MELDUNG!

Am 18. Dezember 1945 wurde ich mit der Brigade 32 der Lokkolonne 2 beim Bw Karlshorst (Lok 52 1420) auf Fahrt geschickt. Mein Brigadeführer war der Ober-Lokführer Neitzel.

Bald nach Beginn der Fahrt klagte Neitzel über heftige Durchfallbeschwerden. Infolge der naßkalten Witterung verschlimmerte sich der Zustand des Neitzel von Tag zu Tag. Hinzu traten stärkere Erkältungserscheinungen. Nach unserer Ankunft in Brest-Litowsk am 29.12.45 mußte sich Neitzel legen und konnte keinen Dienst mehr versehen. Ich übernahm von diesem Zeitpunkt an die Führung der Brigade. Da sich der Zustand verschlimmerte, versuchte ich am 1.1.46 in Lukow für Neitzel ärztliche Hilfe zu besorgen. Der Arzt in Lukow war jedoch nicht anwesend und die dortige Rote Kreuz-Stelle hatte keine Medikamente, um N. Linderung zu verschaffen. Am 2.1. bemühte ich mich in Warschau West unter Zuhilfenahme des russischen Kommandanten abermals um einen Arzt. Die Bemühungen führten jedoch nur zu dem Resultat, daß uns die polnische Eisenbahn versprach, unsere Fahrt beschleunigt nach Berlin durchzuführen, damit wir N. dann in ein Krankenhaus einliefern konnten. Durch die sich immer noch verschlimmernde Lage des Neitzel habe ich nochmals und wiederum vergeblich in Kutno und Posen versucht, einen Arzt für Neitzel aufzutreiben. Es blieb mir nun nichts weiter übrig, als auf jeder Betriebsstelle, auf der wir hielten, dafür zu sorgen, daß wir so schnell als möglich unsere Fahrt fortsetzen konnten. Von Fürstenwalde aus habe ich dann die Lokkolonne 2 fernmündlich von der schweren Erkrankung des Neitzel in Kenntnis gesetzt und da auch in Fürstenwalde eine Aufnahme in ein Krankenhaus oder die Zuziehung eines Arztes nicht möglich war, veranlaßt, daß bei unserem Eintreffen in Berlin Neitzel sofort in ein Berliner Krankenhaus überführt werden soll. Am 4.1. trafen wir im Bw Karlshorst ein und Neitzel wurde mit einem Kraftwagen sofort ins Krankenhaus überführt. Am 5.1.46 ist Neitzel dort verstorben.

Ich führe den Tod Neitzel mit darauf zurück, daß wir dem Erkrankten nicht rechtzeitig ärztliche Hilfe konnten zuführen. Auch fehlt es den eingesetzten Brigaden an irgendwelchen einfacheren Arzneimitteln, wie Aspirin usw.

Neumann O.Lokf.

Die Personenzugkolonnen

Neben Kurierzügen sollten für einen planmäßigen Fernverkehr zwischen Berlin und Brest Reisezüge (für Militärangehörige, Demonteure, Spezialisten usw.) zur Verfügung stehen. Der Befehl Nr. 21 (?) vom 18. September 1945 bildete dafür die Grundlage. Im bereits zitierten Befehl Nr. 7 vom November 1945 wurde noch einmal auf die Passagier-Kolonne 2 in Berlin-Karlshorst aufmerksam gemacht.

Für die künftigen D 1/D 2-Züge standen aber weder die richtigen Wagen noch die entsprechenden Zugpferde zur Verfügung. In Karlshorst wurden die besten fünf 52er, dann auch 42er auserwählt. Aus insgesamt 15 Wagen (1 Schlaf, 9 Liege- (oder auch Sitz-), 2 Sitz-, 1 Post-, 1 Pack- und einem Speisewagen) sollte der D 1/D 2 gebildet sein. Der Fahrplan sah für die 784 Kilometer eine Zeit von 30 bzw. 33 Stunden vor. Das war immerhin noch schneller, als mit irgendeinem Lastkraftwagen zu reisen.

Neben dem D 1/D 2, der sein Fahrtziel bis 1951 in Potsdam (Wildpark) hatte, danach dann das SMA-Hauptquartier in Wünsdorf, verkehrte ferner noch ein Flügelzug (D 101/102) von Berlin-Köpenick zum Schlesischen Bahnhof in Berlin. Doch diese Zugpaare sollten nicht genügen, weitere Verbindungen sollten folgen.

»Stellen Sie zwei Personenzüge Berlin–Brest zusammen. Jeder Zug bestehend aus 14 Klassen-Waggons: 1 Waggon eines jeden Zuges für Platzkarten, 12 gewöhnliche, 1 für Dampfheizung. Die Wagen dieser Züge sind zusammenzukuppeln und müssen in Bezug auf Heizung, Beleuchtung und Wasserversorgung der Toiletten in Ordnung sein. Diese Zugfahrten von Berlin nach Brest werden mit den Kolonnenloks durchgeführt. Der erste Zug ist aus Berlin am Freitag, dem 14. Dezember, abzulassen.« Damit ließ Generaldirektor des Verkehrs Trunow dem Präsidenten Dr. Fitz-

42 848 der Kolonne Berlin-Rummelsburg fährt im Herbst 1945 mit einem der ersten Schnellzüge D 1 im Schlesischen Bahnhof von Berlin ein. Ein besonderer Willkommensgruß galt der Partei Lenins
Foto: Slg. Prof. L. Demps

Das einzige bisher bekannte Foto einer 01 vor dem »Blauen Expreß« wurde am 26. April 1951 in Berlin-Lichtenrade aufgenommen. Das Zugpaar D 1/D 2 war etwas besonderes, das ist schon anhand der Beigaben an der Rauchkammertür zu erkennen
Foto: Slg. R. Garn

ner drei Tage Zeit; der Befehl Nr. 107 war vom 11. Dezember 1945, 13 Uhr, datiert.

Diese »kursierenden Ergänzungszüge Nr. 502 und 501« mußten die sich in Brest ansammelnden Truppen abtransportieren. Künftig verkehrten die Züge jeweils dienstags und freitags um 19 Uhr vom Schlesischen Bahnhof in Berlin.

Bereits am 8. Februar 1946 folgte der Befehl Nr. 22. Shaworonkow befahl Dr. Fitzner, den Zustand der D-Züge auf der Strecke Berlin–Brest zu verbessern.

»Jeder D-Zug ist aus 15 vierachsigen Personenwagen zusammenzustellen, und zwar 1 Postwagen, 1 Gepäckwagen, 10 harte Wagen, 2 gepolsterte, 1 internationaler und 1 Speisewagen.«

Für diese »minderen« Züge zeichnete die Kolonne 1 in Frankfurt (Oder) verantwortlich. Als Zugpferde standen auch hier nur 52er zur Verfügung.

Am 26. Februar wurde die Beschwerde über die D-Züge 2/1 an die Rbd Berlin gereicht:

»Die bisher im Betrieb befindlichen 5 Garnituren der D-Züge Berlin–Brest entsprechen noch immer nicht den Anforderungen der Roten Armee. Es ist nochmals angeordnet worden, daß die Personenwagen instandgesetzt und verglast werden, die Heizungseinrichtungen und Wasserversorgungsanlagen zu überprüfen sind...«

Die Wagen sollten einzeln oder besser noch zugweise dem Raw Delitzsch zugeführt werden, da daß Bw Rummelsburg diese Arbeiten nicht ausführen konnte. Ferner wurde das Raw aufgefordert, 100 beschlagnahmte D-Zugwagen aufzuarbeiten. Sie waren für die noch zu gründende »D-Zug-Schlafwagengesellschaft CBIIC« vorzusehen.

Für die »Ausbesserung und Ausstattung der Personenwagen des Musterkurierzuges Berlin–Brest« erließ Direktor-Oberst Masurenko, Chef der Wagenunterabteilung der Eisenbahnabteilung der TV der SMAD, am 27. Februar 1946 entsprechende technische Anweisungen. So waren alle Fensterrahmen »voll zu verglasen«, die Türfenster der Abteile mit Sperrholz zu schließen, in allen Toiletten Spiegel anzubringen, in allen Wagen die Fußböden mit Linoleum auszulegen, in jedem internationalen, gepolsterten und halbgepolsterten Wagen Teemaschinentische mit Abzugsrohren und Schränckchen für Teegeschirr anzubringen. »Die Wagen sind innen und außen zu streichen. Der Außenanstrich ist in Hellblau oder Blau auszuführen. Die Innenwände sind eichenfarben, die Decken weiß zu streichen. An allen Wagen ist ein Schild anzubringen, das in aufgelegten Buchstaben die Bezeichnung »Schlafwagen«, »Harte Wagen« oder »Polsterklasse«, die Wagennummer und das Wappen der UdSSR trägt. Als Auflegebuchstaben sind emaillierte Buchstaben oder aus rostfreiem Stahl gefertigte Buchstaben und äußerstenfalls Alumiumbuchstaben zu verwenden. Auf der Stirnseite der Wagenwände ist folgendes Schild anzubringen: »Für die Strecke Brest der Schlafwagengesellschaft«.« Masurenko forderte weitere Dinge, von Gardinen über beleuchtete Wagennummern bis hin zu je zwei Lautsprechern in jedem Wagen und auf jedem Wagendach. General-Direktor Shaworonkow genehmigte alles. Der »Blaue Expreß« war geboren. Für die Bespannung war zunächst die Kolonne 2 aus Karlshorst zuständig. Schließlich wurde ab März 1946 die neue Passagier-Kolonne, die Kolonne 42 (kurzzeitig auch als »Ru« bezeichnet) aufgebaut. Da anfangs in ihr nur Lokomotiven der BR 42 den Dienst verrichteten, ist nicht auszuschließen, daß sie so zum Namen »Nr. 42« kam. Die numerische Angliederung an bestehende, ausländische Kolonnen ist bis heute mehr als fragwürdig und aufgrund fehlender (wahrheitsgemäßer) Darlegungen auch nicht anzunehmen.

Bereits seit Ende 1945 wiesen drei 42er (42 745, 813, 848) den Eintrag »Lok-Kolonne Rummelsburg« (Nr. 42) vor. Am 7. März 1946 folgten die 42 462, 849, 1017, 1408 und 1793; Monate später die 42 814 und 845. Der Großteil wurde im Herbst wieder abgegeben. Lediglich 42 848 verweilte bis 1947, 42 856 von 1948 bis 1949 in der Kolonne 42.

Im Sommer 1946 forderte General Shaworonkow einen »normalen Verkehr« der Kurierzüge von Berlin nach Brest. Daraufhin gab DR-Generaldirektor Besener am 6. Juli 1946 die Weisung, »die besten Loks der Serie 03 auszuwählen und sie der Personenzug-Kolonne Nr. 42 zu übergeben.« So mußten die Rbd Berlin und die Rbd Greifswald je drei, die Rbd Schwerin zwei, die Rbd Magdeburg eine und die Rbd Halle sechs Maschinen überstellen. Die dadurch freigewordenen Lokomotiven der BR 42 waren in der Rbd Berlin als Reserve abzustellen.

Doch dieser Bahndienstdepesche Beseners kamen die Bw nur bedingt nach. Dr. Fuchs mußte am 27. September feststellen, daß einige 03er sich in einem betriebsuntüchtigen Zustand befanden. Als Ersatz wurden vom Bw Berlin Lehrter Bf am 21. August die 01 116 und 117 der Kolonne 42 überwiesen. Im Monat September folgte 01 023 vom Bw Erfurt P. Außerdem befanden sich noch die 03 128, 042, 143 und 135 im Bestand. Die übrigen bereitgestellten Maschinen der Reihe 03 wurden von den russischen Abnahmeoffizieren zurückgewiesen und befanden sich mit Zustimmung des zuständigen MBV wieder im »freien« Verkehr.

Im Dezember 1946 wandte sich der Leiter der Personenkolonne an die TV der SMA, die Knorr-Vorwärmer gegen einen Friedmann-Injektor von 180 Litern Leistung auszutauschen. Der normale Vorwärmer könne einen ununterbrochenen Betrieb, besonders im Winter, nicht gewährleisten. Besener stimmte dem zu und wies entsprechend die Rbd Berlin zum Umbau an. Am 29. Oktober 1946 wandte sich General-Direktor Shaworonkow an die DR:

»Zur Sicherstellung der Arbeit der Personenkolonne bei den winterlichen Verhältnissen, befehle ich, die Loks Nr 01 116, 140, 152, 005, 025, 144, die sich im RAW Meiningen befinden, mit einem (geschlossenen – d.A.) Führerhäusschen zu versehen.«

Es gab ferner einen weiteren »Umbau«: Statt der Wagner-Windleitbleche waren einige Maschinen mit Witte-Bleche im Einsatz. Bekannt sind nach einem Schreiben der Hauptverwaltung Maschinenwirtschaft der DR die 01 005, 024, 028, 162. Nach dem Technischen Zentralamt war der Einsatz der BR 01 mit Witte-Bleche nicht genehmigt; Versuchsfahrten sollte es nicht geben und das Raw Meiningen sollte sie wieder »zurückbauen«. Allerdings sind zwei der o.g. Nummern anzuzweifeln, da Kolonneneinsätze der 01 024 und 028 (vielleicht 023, 025?) nicht bekannt sind.

Am Abend des 25. Januars 1947 diktierte Genosse Gordijenko den Befehl 258 an den Präsidenten Capelle:

»Ungeachtet des schon früher gegebenen Befehls der SMA wegen einer schnellen Abfertigung der Loks Serie 01 025, 144 und 140, hat noch keine Lok den Betrieb Manenheiers verlassen.

Die Lok, die die Fabrik verlassen hat, 01-023, die nach zweimaliger Rückgabe noch nicht in Ordnung war, muß zum dritten Mal zurückgegeben werden und zwar wegen eines undichten Dampfrohres. Außerdem müssen die Loks 01 Serie 117 und 143 planmäßig zum März zur Reparatur vorgesehen werden.

Zur Sicherstellung des normalen Verkehrs des D-Zuges Berlin–Brest befehle ich: Umgehend mit der Zentralverwaltung um schnelle Erledigung der Reparaturen der 3 obengenannten Loks, in den Reparaturwerkstätten, sich in Verbindung zu setzen.«

Mit der 01 023 hatten die DR und die SMA wenig Glück. Drei Mal wurde sie dem Park der Kolonne 42 zugesetzt und wieder ausgegliedert. Am 14. Juni 1948 beschwerte sich General Wojewudski im Telefonogramm Nr. 77 an Generaldirektor Besener:

»Beim zugelassenen Ausschuß in der Ausbesserung (im Raw Meiningen – d.A.) der Lok 01 023 ist die Lok vom Abnahmebeamten des maschintechnischen Dienstes bei der Abnahme beanstandet worden und kann zu den Arbeiten zum Schnellzug Berlin–Brest, der von den Loks der Kolonne 42 bedient wird, nicht zugelassen werden. Aus diesem Grunde ist es notwendig, Direktiven dem RAW Meiningen zu geben, die Ausbesserung qualitativ besser auszuführen und anstelle der Lok 01 023 die Lok 01 226 der Kolonne 42 abzugeben.«

So kam 01 023 am 1. August 1948 zum Bw Berlin-Gesundbrunnen und die 01 226 vom Bw Arnstadt zum Bw Berlin-Rummelsburg.

Da für die 01 084 im Raw Meiningen kein Ersatzzylinder sofort zur Verfügung stand, ordnete Direktor-Oberst Diwgun im Befehl Nr. 23 am 9. Januar 1948 an, daß die Rbd Erfurt sofort die 01 162 als Ersatz stelle. Ingenieur-Major Baranow, Vertreter der Kolonne 42, sollte die neue Maschine übernehmen. Die Rbd Erfurt mußte auf Ersatz so lange warten, bis endlich die 01 084 wieder einsatzbereit war.

Zur Beförderung von Schnellzügen zwischen Frankfurt und Brest wurden der Kolonne 1 ab dem 10. Dezember

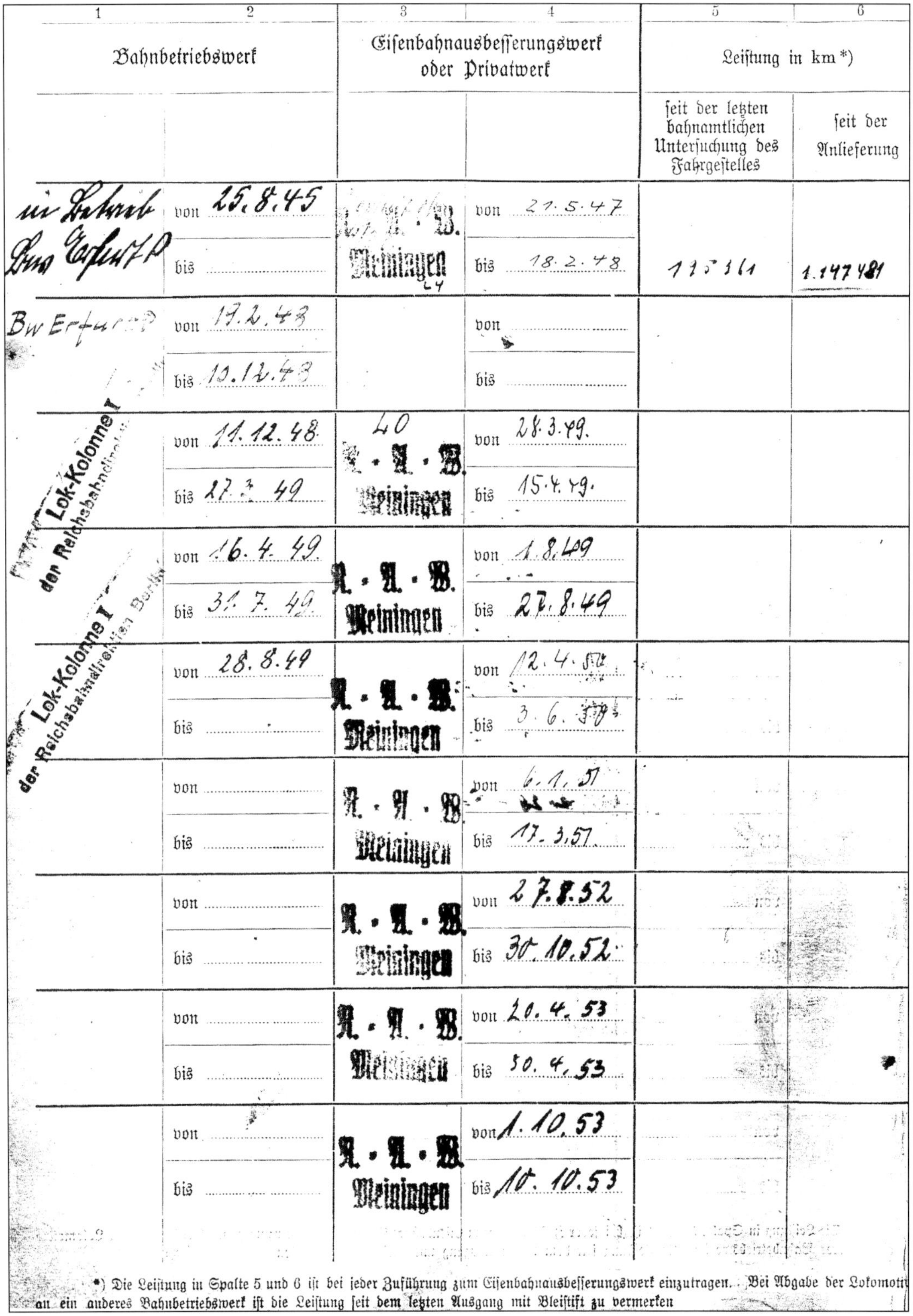

1	2	3	4	5	6
Bahnbetriebswerk		Eisenbahnausbesserungswerk oder Privatwerk		Leistung in km*)	
				seit der letzten bahnamtlichen Untersuchung des Fahrgestelles	seit der Anlieferung
in Betrieb Bw Erfurt P	von 25.8.45 bis	R. A. W. Meiningen	von 21.5.47 bis 18.2.48	115 161	1.147 481
Bw Erfurt P	von 19.2.48 bis 10.12.48		von ...... bis		
Lok-Kolonne I der Reichsbahndirektion Berlin	von 11.12.48 bis 27.3.49	40 R. A. W. Meiningen	von 28.3.49 bis 15.4.49		
Lok-Kolonne I der Reichsbahndirektion Berlin	von 16.4.49 bis 31.7.49	R. A. W. Meiningen	von 1.8.49 bis 27.8.49		
	von 28.8.49 bis	R. A. W. Meiningen	von 12.4.50 bis 3.6.50		
	von ...... bis	R. A. W. Meiningen	von 6.1.51 bis 17.3.51		
	von ...... bis	R. A. W. Meiningen	von 27.8.52 bis 30.10.52		
	von ...... bis	R. A. W. Meiningen	von 20.4.53 bis 30.4.53		
	von ...... bis	R. A. W. Meiningen	von 1.10.53 bis 10.10.53		

*) Die Leistung in Spalte 5 und 6 ist bei jeder Zuführung zum Eisenbahnausbesserungswerk einzutragen. Bei Abgabe der Lokomotive an ein anderes Bahnbetriebswerk ist die Leistung seit dem letzten Ausgang mit Bleistift zu vermerken

Betriebsbuchauszug von der 01 114. Von Erfurt P kam sie zur Kolonne 1 nach Frankfurt, der Wechsel zur Kolonne 42 und zum Bw Brest wurde nicht nachgewiesen

1948 neun Lokomotiven der BR 01 zugewiesen. Zwei weitere folgten später. Mitunter mußten sie aushilfsweise auch den Blauen Expreß bespannen. Wegen des nicht mehr notwendigen Wagenmeisters wurden die Brigaden entsprechend umgebildet.

Paul Fromberg und Kurt Stamm gehörten zum Lokpersonal:

»Als unsere Planlok 01 158 ins Raw Meiningen kam, war die gesamte Brigade mit dem Brigadewagen etwa 3 bis 4 Wochen dort. Wir halfen bei der Reparatur mit oder gammelten ´rum. Auf Weisung des Werkdirektors wurden wir in dieser Zeit sogar zur Kartoffelernte abkommandiert.«

Ab dem 30. April 1949 war dann die Kolonne 1 gattungsrein, denn alle 52er wurden abgegeben. Die Baureihe 42 (insgesamt sechs Exemplare) verweilte in den K 1 nur zwischen März ´47 und September ´47 (Ausnahme 42 814 Oktober bis Dezember 1946).

Insgesamt gehörten folgende Schnellzuglokomotiven zum Bestand der Kolonne 42:

BR 03 (1946–1947): 03 042, 128, 135, 143, 298

BR 01 (1946–1955): 01 005, 023, 025, 036, 069, 084, 114, 116, 117, 144, 152, 153, 157, 162, 165, 175, 184, 185, 186, 191, 208, 219, 224, 226

von der Kolonne 1 Frankfurt (Oder) wurden dabei ab 1950 folgende 01 übernommen: 069, 114, 152 (K 42 - K 1 - K 42), 157, 165, 175, 185, 191, 195 (?), 208, 219, 224.

General Petroff schrieb am 18. Februar 1948 den Befehl Nr. 111 an den Präsidenten der RBD Berlin:

»Aufgrund einer Anweisung des Chefs der TV der SMA D betr. der Inempfangnahme des Sonderzuges aus Potsdam im Bww Rummelsburg befehle ich:

1) als ständigen Abstellort für den Zug das Bww Rummelsburg zu bestimmen;

2) dem Leiter der 42-ten Lokkolonne den Polsterwagen Nr. 11731 und die Personenlok Nr. 01 184 in Empfang zu nehmen und im kalten Zustande als Reserve abzustellen und die technische Betriebsfähigkeit zu überwachen. Die Güterzuglok Nr. 52 1505 ist in den Bestand des deutschen Lokparks aufzunehmen und als Reserve der SMAD im RA 1 abzustellen[1];

3) für die ständige Überwachung des Sonderzuges während der Abstellzeit im Bww Rummelsburg für die erforderliche Anzahl von Polizeibeamten zu sorgen;

4) für die technische Aufsicht und Unterhaltung des Zuges im betriebsfähigen Zustand aus deutschen Mannschaften folgende Werkfachleute für den Zug zu bestimmen:

einen Elektromonteur
zwei Betriebswagenmeister
drei Heizer

Die laufenden Unkosten für die Unterhaltung dieser Mannschaft sind auf Kosten der Deutschen Reichsbahn zu verbuchen.«

Die 01 184, vom Bw Potsdam übernommen, wurde wiederholt als die Sonderlok schlechthin genannt. Sie stand nur für besondere Fahrten zur Verfügung, auch wies sie ein besonderes äußeres Bild vor. Aber auch andere Maschinen hatten weiße bzw. gelbe Radreifen, Handstangen und weitere Verzierungen.

Die Diensteinteilung und damit auch die Freizeit der Personale waren je nach Einsatz im Reise- oder Güterzugdienst unterschiedlich. Bei der Beförderung von Reisezügen durch die Kolonnen 1, 2 und 42[2] hatte das jeweils diensthabende Personal entsprechend der Länge des Bespannungsabschnittes nur für einige Stunden angestrengt zu arbeiten. Dann folgte eine Ruhephase von 24 Stunden. In dieser Zeit wurde die Lok restauriert und anschließend von einem Heizer oder Lokführer bis zur nächsten Leistung besetzt. Paul Fromberg (Jahrgang 1909), der zu einer russischen Lokbrigade in Karlshorst abgeordnet war und dort als zweiter Heizer wirkte, erinnert sich:

»Oftmals gingen die Russen während dieser Zeit in die Stadt und ich betreute die Lok.«

Insgesamt bestand die Mannschaft aus einem Hauptlokführer, einem Lokführer, zwei Heizern und drei bis vier Frauen. Diese kochten das Essen und hielten den Wagen in Ordnung. Fromberg, der in einem Abteil dieses D-Zugwagens untergebracht war, wurde ebenfalls versorgt und blieb stets bei der gleichen Mannschaft. Der erste Heizer war eine Russin. Meistens hat Fromberg geschippt. Damals gab es überwiegend Frauen als Lokheizer in den russischen Brigaden und jeweils einen Deutschen als zweiten Heizer. Befördert wurden Reisezüge auf der Strecke Berlin–Brest in Etappen: Berlin–Posen, Posen–Warschau Ost, Warschau Ost–Brest. Ein Umlauf dauerte sechs Tage. Die Zeitdauer für einen Umlauf ist auch durch den Text eines Schriftstückes vom 16. Mai 1946 belegt. Dort heißt es:

»Am 9.5.46 wurde ich als Lokheizer auf die Militär-Russenlok 42 849 mit dem Zuge D 2 Berlin–Brest und D 1 Brest–Berlin kommandiert. Am 15.5.46 kehrte ich von der Fahrt zurück«.

Der blaue Zug, diese Worte wurden auch in innerdienstlichen Befehlen verwandt, kam stets auch als geschlossene Einheit in das Wagen-Raw Delitzsch. So war es

Bespannungsetappen

Strecken	km	Buch BR 01	P. Fromberg	W. Gaasch	K. E. Möller
Berlin–Frankfurt	81	x		–	–
Frankfurt–Posen West	179	x	x	x	Ohne
Posen West–Kutno	181	x mit Heizung			Umspannen ,
Kutno–Warschau Ost	135	x	x	x	Pers. Wechsl.
Warschau Ost–Brest	206	x	x	x 3 h Brest	in Warschau
km gesamt	782				
Ein Lokumlauf		10 bzw. 8 Tg	6 Tage	5 Tage	2 Tage
Zeitraum			1946/47	1949/1950	1953

Der blaue Expreß – ohne Pomp – war 1994 nur selten zu erblicken. Glück hatte Plandampfveranstalter Robin Garn und ließ ihn am 2. April 1994 standesgemäß mit der 01 2137 von Frankfurt (Foto) nach Berlin verkehren. Der Zugkommandant hatte sogar einige freie Plätze für Enthusiasten. Nun hieß er Militärzug 38946 und hatte einen Laufweg von Moskau nach Magdeburg. Foto: R. Garn

im Dezember 1948, als die Kontrolle und eine Zwischenuntersuchung des aus nunmehr 16 Wagen bestehenden Zuges vorgemeldet wurde.

Ein stafettenartiger Einsatz der Lokomotiven geschah ebenfalls bei den Reisezügen, die 1949/50 von der Frankfurter Kolonne 1 bespannt wurden. Ein Urlauberzug, der täglich etwa 12.00 Uhr vom Verschiebebahnhof abgefahren wurde, kam um etwa 17.00 in Poznan an, wie Zeitzeugen berichten. Die nächste Leistung war 24 Stunden später bis Warschau Ost und am folgenden Tag bis Brest. Da in Brest bis zur Abfahrt des Gegenzuges nur drei Stunden Übergang waren, dauerte der gesamte Umlauf fünf Tage.

Bei der Beförderung der beiden D-Zugpaare, die 1953 vom Bw Vbf zu bespannen waren, gab es keinen Lokwechsel mehr, die Lok lief bis Brest bzw. Frankfurt (Oder) durch. Ein Personalwechsel fand nach dem Restaurieren in Warschau statt.

»Wenn die sowj Personale die ausgebesserte Lok nicht abnehmen wollen, werden berechtigte Gründe dafür vorliegen,« heißt es in einem Protokoll zur Lokausbesserung in Meiningen vom 13. Juni 1950. »Die Personale wollen sich durch Herausnehmen der Kolben und Schieber davon überzeugen, daß keine Riefen vorhanden sind. Herr Oberstleutnant Kalabuschkin bezweifelt, daß dies nur die einzigen Beanstandungen wären. Wahrscheinlich fehlt auch die Verkleidung des Führerstandes (2. Rückwand am Tender), wie mit Herrn Dir. Hetz und Richter kürzlich besprochen…« Diese strengen Kontrollen wurden ausschließlich bei Lokomotiven der BR 01 durchgeführt.

Die Kolonne 42 erreichte in den 50er Jahren als Endpunkt auch Seddin. Dort, wie auch in Frankfurt, wurden spezielle Ersatzteile vorgehalten. Die Sowjets forderten sogar Registrierstreifen. Da aber die Strecken der PKP nicht entsprechend ausgerüstet waren, an den 01ern die Frequenz-Generatoren fehlten, konnte die DR dieses abwiegeln.

1 Beutelok aus Polen, Nachbau BR 52 (DWM 887, Kessel 2814).
2 Kurzzeitig bespannten auch die Kol. 6,16 und die Reserve im Bw Anhalter Bf (»AMi«) Militärreisezüge der Westalliierten.

Die Demontage der DR

Zur gleichen Zeit, als auf dem Schienennetz der DR die Züge der Reparation rollten, war die eingangs erwähnte Demontage der Bahnanlagen in vollem Gange. Diese großangelegte Demontage ist zu unterteilen in

- den Ausbau von Gleisen
- den Abbau des Fahrleitungsnetzes (einschließlich der Kraft- und Unterwerke) und
- den Abbau technischer Ausrüstungen in den Raw sowie sonstiges.

In den Jahren 1945 und 1947, vereinzelt auch noch 1948, wurden insgesamt 7649,07 Kilometer Gleise demontiert und in die UdSSR verbracht. Auch diese Transporte oblagen natürlich den »Kolonnen«, so daß wir der Vollständigkeit halber kurz auf dieses Thema eingehen.

Aus einst mehrgleisigen Strecken, wie u.a. von Berlin aus nach Angermünde–Stralsund, Magdeburg, Stendal–Oebisfelde, Güsten, Wittenberg, Wittenberge–Schwerin oder von Dresden aus nach Görlitz oder Leipzig wurden eingleisige, andere hingegen wurden gänzlich demontiert. Da diese in anderen Schriften bereits genannt wurden, sei hier nur auf einige hingewiesen: Dreilinden–Stahnsdorf, Wittenberge–Dömitz, Plaaz–Lalendorf. Unter den gänzlich abgebauten Linien waren auch zahlreiche Schmalspurbahnen, z.B Taubenheim–Dürrhennersdorf, Anklam–Lassan oder Gernrode–Alexisbad–Stiege.

Bei der folgenden Demontagewelle waren die Lokomotivkolonnen aktiver beteiligt. Neben der Abfuhr der Fahrleitungsmasten, u.a. nach Akmolinsk (bei Moskau), wurden die Dampflokomotiven schließlich auch für einen noch näher zu beschreibenden »Dampf-Ersatzverkehr« benötigt.

Im November 1945 gehörten insgesamt 35 elektrische Lokomotiven zur Rbd Magdeburg, von denen 16 betriebsfähig waren. Zehn davon wurden benötigt, um die 14 Zugpaare auf der Linie Magdeburg Hbf–Halle zu befördern. Ab dem 17. November war auch das Gütergleis nach Magdeburg-Buckau wieder mit Elloks zu befahren. Die Rbd Halle vermeldete den Einsatz von 61 elektrischen Maschinen im Großraum Halle–Leipzig–Bitterfeld–Dessau bzw. nach Weißenfels. Vom Gesamtpark von 105 Maschinen waren 33 nicht betriebsfähig.

Im Rbd-Bezirk Erfurt waren zunächst 14 elektrische Maschinen wieder zwischen Weißenfels und Jena im Einsatz. Weitere acht standen als Reserve, 20 waren nicht betriebsfähig. Im November fuhren dann die Züge auch weiter bis (Rudolstadt) Schwarza.

Mit der Herausgabe des Befehls Nr. 95 vom 29. März 1946 durch den Stellvertreter des Obersten Chefs der SMA und Stellvertreter des Obersten Befehlshabers der sowjetischen Besatzungstruppen in Deutschland, Armee-General Sokolowski, war das »Aus« des elektrischen Zugbetriebes besiegelt. Alle Strecken in Mitteldeutschland waren auf Dampfkraft umzustellen und die Fahrleitung abzuschalten. Als Fristen waren der 31. März bis zum 5. April angewiesen. Ferner teilte er mit, daß ab dem »30. März 1946 mit dem Abbau der Reserveaggregate auf den Unterstationen und der zwei Aggregate im Elektrizitätswerk Muldenstein zu beginnen« sei. »Die ganze abmontierte Ausrüstung muß bis zum 15. April 1946 sachgemäß verpackt sein.«

Bei Berlin entstand dieses Foto vom Gleisrückbau im Auftrage der SMA D
Foto: Keystone

Die ausgebauten Schwellen wurden sofort verladen und in Ganzzügen in die SU gebracht
Foto: Keystone

Bereits am 30. März stellten Vertreter der betroffenen Direktionen fest, daß die bisher zugeführten Dampflokomotiven für den Ersatzverkehr nicht den Anforderungen entsprachen. So sandte der MBV der Rbd Dresden Maschinen der BR 55 und 57, die keine Druckluftbremse hatten und demzufolge für den Zugdienst ungeeignet waren. Oberst Morossow ordnete an, daß Kolonnenlokomotiven in den Rbd-Bezirken Erfurt, Halle und Magdeburg einzusetzen seien, um Schwierigkeiten bei der Aufnahme des Betriebes zu vermeiden. Der Einsatz sei allerdings auf 15 Tage befristet. Während dieser Zeit müßten dann von der DR andere Lokomotiven hergerichtet werden. Ferner sei wieder eine ausreichende Reserve von abgestellten Maschinen zu schaffen.

Für den Ersatz-Dampfbetrieb standen bis zum 8. April folgende Anzahl von Lokomotiven der Reihen 41, 52 sowie G 7, G 8 und G 8 bereit:

bei der Rbd Halle 114 Lokomotiven:
47 Lok. aus eigenem abgestellten Bereitschaftspark
40 Lok. von der Rbd Dresden
27 Lok. aus der Kolonne 27 (Leipzig)

bei der Rbd Magdeburg 32 Lokomotiven:
4 Lok. von der Rbd Schwerin
9 Lok. aus eigenem abgestellten Bereitschaftspark
14 Lok. aus der Kolonne 19 (Falkenberg)
5 Lok. aus den Kolonnen 2 (3) und 7 (2) der Rbd Berlin

bei der Rbd Erfurt 71 Lokomotiven:
12 Lok. von der Rbd Greifswald
15 Lok. von der Rbd Schwerin
4 Lok. von der Rbd Dresden
8 Lok. aus eigenem abgestellten Bereitschaftspark
32 Lok. aus den Kolonnen 30 (Weißenfels)(18) und 11 (Erfurt G)(14)

Damit standen ausreichend Dampflokomotiven bereit. Die Direktionen legten noch den Bedarf von elektrischen Zugpferden vor. So waren es für den Rbd-Bezirk Halle 70, für Magdeburg 32 und für den Erfurter Bezirk 28 elektrische Lokomotiven. Doch da ab dem 16. April die gestellten Kolonnenlokomotiven wieder abgezogen werden, wollte Besener bereits bis zum 10. telegraphisch informiert werden, ob und welche Schwierigkeiten zu erwarten seien. Neben dem Einsatz aufgebauter einstiger Schadlokomotiven wollte die DZVV eventuell auch den Betrieb auf weniger wichtigen Strecken einschränken.

Bereits am 3. April meldete Dr. Fitzner, daß zum Beispiel von der Strecke Saalfeld–Weißenfels 1,5 km Fahrdraht gelöst, 31,85 Fahrdraht ausgebaut, 4, 4 km Fahrdraht aufgetrommelt, 3,7 km Hänger, 9, 3 km Tragseil, 3,1 km Ausleger und 3, 2 km Isolatoren ausgebaut wurden. Eine ähnlich große Geschwindigkeit vollbrachten die Arbeitstrupps in den Bezirken der Rbd Halle. Von einzelnen Streckenabschnitten fehlten zwischen Weißenfels und Leipzig–Bitterfeld bereits 22, 3 km Fahrdraht. Lediglich im Magdeburger Bezirk fehlten erst 7 km Fahrdraht zwischen Güterglück und Zerbst, 3, 2 km im Hbf und 1 km im Vbf Rothensee von Mag-

Mit der Demontage des Fahrleitungsnetzes wurden auch die elektrischen Lokomotiven abgefahren. E 05 001 verblieb in der SU...

...und E 06 11 kehrte 1952 im desolaten Zustand wenigstens zurück
Fotos: Rbd Halle, Slg. M. Reimer

deburg. In den Unterwerken Rothenstein, Marke, Gommern, Köthen und im Kraftwerk Muldenstein liefen die Ausbauvorbereitungen durch das russische Kommando. Im Unterwerk von Großkorbetha hingegen fehlten schon Schalter und Abschalter der Sammelschiene, das Werk von Lützschena war noch im Betrieb.

Eine Tabelle über die Lasten und Fahrzeiten für die »auf Dampfbetrieb umgestellten Strecken« stellte die Deutsche Zentralverwaltung des Verkehrs zum 5. April 1946 zusammen:

Strecken	E-Baureihe	Lok-Belastung Gz/Pz	Dampflok	Belastung Gz/Pz	Höchste Fahrgeschwindigkeit Gz/Pz
RBD–Halle	E 44	1400/600	44	1440/	55/75
			58	1265/	55/
	E 77	1600/	52	1050/	55/75
Leipzig–Halle–Weißenfels–Köthen–Zerbst	E 04	/600			/75
	E 18	/600	38	/350	00/75
RBD–Magdeburg: Magdeburg–Dessau–Köthen	E 04	1000/500	03	600/400	55/75
	E 06	900/400	38	/350	/75
	E 50	1200/500	52	100/500	55/75
			56	800/480	55/75
			57	900/	55/
			58	1000/500	55/75
RBD–Erfurt: Weißenfels–Saalfeld	E 18	/800	38	/400	/60
	E 44	1400/	44	1300/	55/
	E 94	1600/	56	800/	55/
			58	1100/	55/
Saalfeld–Probstzella	E 18	/600	38	/350	60/40
	E 44	900/	44	1000/	55/
	E 94	1300/	56	600/	55/
			58	900/	55/

Der Vertreter Kühne vom Präsidenten der DZVV konnte auch feststellen, daß »die an den auf Dampfbetrieb umgestellten Strecken vorhandenen Lok-Behandlungsanlagen im allgemeinen zur Durchführung des verstärkten Dampfbetriebes ausreichen.« Es fehlen lediglich in einigen Bahnbetriebswerken Greiferkräne oder als Reserve Kohlenladekräne. Für Halle P und G war dringend eine Wasserenthärtungsanlage zu beschaffen. In Dessau mußte der Wasserversorgungszug von Seddin aushelfen, da eine neue Wasserversorgungsanlage nebst Wasserturm fehlte. Im Bw Bitterfeld sollten hingegen der Lokomotivschuppen vier bis fünf Stände mehr erhalten, die sieben bisherigen mußten Rauchabzüge bekommen. Ferner sollte später in Dessau die Drehscheibe gegen eine größere ausgetauscht, eine zweite Schlackengrube in Roßlau gebaut und in beiden Bw Auswaschanlagen installiert werden.

Die Demontage geriet in Verzug. Nun mußten die Arbeitskolonnen während einzelner Zugpausen den Draht,

Fast 100 Maschinen der BR 92 gelangten in die SU, einige wurden auch bei der DR beschlagnahmt. Diese sowie Lokomotiven der BR 56, 58 und auch 52 wurden noch viele Jahre im Stahlwerk »Kommunismus« (Ukraine) eingesetzt
Foto: Slg. O. Sergeev

die Seile und sonstigen Teile abbauen. Sehr häufig wurden dadurch Reisezüge verspätet. Das mißfiel wiederum dem General-Direktor des Verkehrs III. Ranges Trunow, so daß er am 10. April mit dem Telegramm Nr. 099 anordnete, daß der Berufsverkehr im Raum Großkorbetha–Leipzig–Dessau zwischen 5 und 7 bzw. 19 und 21 Uhr ohne Beeinträchtigung durchzuführen sei. Immerhin wurde in den Chemiezentren für sein Land produziert. Dr. Fitzner reagierte mit Sperrpausen zwischen 7.30 und 16.30 Uhr.

Erstaunt teilte Dr. Fitzner am 20. April 1946 dem Generalmajor der technischen Truppen Kwaschnin mit, daß »im Zuge des Ausbaus der elektrischen Bahnbetriebsanlagen wider Erwarten auch das Raw Dessau zur Ausräumung bestimmt wurde. In diesem Werk befinden sich nun zwecks Ausbesserung u.a. folgende 6 Culemeyer-Straßenroller und 9 Zugmaschinen… Diese Straßenroller nebst Zugmaschinen stehen aber mit dem elektrischen Bahnbetrieb in keinerlei Zusammenhang. Ich darf Sie daher darum bitten, die genannten Fahrzeuge uns zu belassen und das Räumkommando des Raw entsprechend anzuweisen.«

Im September 1946 erhielt die DR endlich die Zustimmung, daß die elektrischen Lokomotiven E 77 06, 77 51[1], 92 74 und 92 78 sowie die Triebwagen 41 02, 41 03, 41 04 sowie Beiwagen 41 01 und 41 05 abgeschrieben und verschrottet werden durften. Zuvor bedurfte es der Untersuchung der Rbd Halle, der TV der SMA D und des »Vertreters des Bevollmächtigten für Demontage der elektrischen Bahnen«

»Alle brauchbaren Teile und die Einrichtung der genannten Wagen und elektrischen Lok sind zum Abtransport auf Kosten der Demontage als Ersatzteile abzuliefern.« Mit anderen Worten: gut verpackt ab in die UdSSR!

1 Teile der beiden E 77 doch in die SU abgefahren (siehe Anhang).

Der Wiederaufbau benötigt Lokomotiven

Telegrammbrief!
An die
Lokomotivabteilung
der Transportverwaltung der
Sowjetischen Militär-Administration
in Deutschland
Herr Direktor Oberst Morossow,
Berlin – Wendenschloß

Betr.: Antrag auf Freigabe von Schmalspurlokomotiven für die Grube Werminghoff

Fernspruch TE-Ko vom 31.10.1947

Der Direktion Schwerin wurde von der Firma »Bauhütte Mecklenburg« in Schwerin, die die Demontage der Schmalspurstrecke Neubuckow-Basdorf durchführt, mitgeteilt, daß die beiden Schmalspurlokomotiven 99 301 und 99 303 auf Anordnung des Herrn Oberstleutnant Kogan im Einvernehmen mit Herrn Oberstleutnant Kuliwatsch beschlagnahmt und zur Abfuhr mit dem sonstigen Material bereitzuhalten sind.

Eine der beiden Lok steht betriebsfähig kalt abgestellt in Neubuckow, die andere Lok ist zum Abbau der Schmalspurstrecke Neubuckow-Basdorf eingesetzt. Herr Oberstleutnant verfügt über diese beiden Lok. Die Strecke Neubuckow-Basdorf gehört der Deutschen Reichsbahn.

Ich bitte nochmals, im Hinblick auf die Wichtigkeit des Wiederaufbaus der Kohlenindustrie die Freigabe der beiden Schmalspurlok bei der zuständigen Stelle zu erwirken.

gez. Dr. Fitzner, der Präsident

* Die Strecke Neubuckow Ow - Bastorf (richtige Schreibweise mit »t«) wurde bis 1948 betrieben (nur Güterverkehr); beide Lokomotiven wurden im gleichen Jahr ausgemustert.

Die Neuordnung der Kolonnen

Der Befehl Nr. 831 vom 29. Oktober 1946 regelte die »Abstellung von Kolonnenlok«. Bis zum 20. Dezember stellte die DR 214 Maschinen ab, »wobei in den meisten Fällen die vorgeschriebene Zahl von 5 Lok aus jeder Kolonne überschritten worden ist,« teilte Dr. Fitzner mit. Damit war der Grundstock für eine umfangreiche Abgabe gegeben.

Die »Bereitstellung von Kolonnenlok für die Einsatz-Lokbereitschaft im Bahnbetriebswerk Seddin II« mußte Dr. Fitzner gemäß Befehl Nr. 723 vom 7. Oktober 1946 nur wenige Tage später der Transportverwaltung der SMAD bestätigen. Danach wurden aus der Kolonne 2 (Karlshorst) elf 52er, fünf 44er und aus der Kolonne 3 (Pankow) drei 42er sowie zwanzig 52er übernommen. Bis auf die 44er verließen alle übrigen Maschinen im Februar des Folgejahres den Bereich der DR und blieben in der UdSSR. Offenbar war die TV nicht an dreizylindrigen Lokomotiven (außer an einigen 58er) interessiert.

Im Bahndiensttelegramm vom 4. Januar 1947, 14.00 Uhr (B von Berlin ZVV Nr. 14) wurden die Reichsbahndirektionen über die künftige Aufteilung der Lokkolonnen in Kenntnis gesetzt:

»Betr.: Transportbrigaden – Mit Befehl Nr. 198 vom 30.12.1946 hat die Transportverwaltung der SMAD angeordnet, daß die vorhandenen Lokkolonnen in zwei Gruppen aufzuteilen sind. Und zwar in:

A) Kolonnen (Fernkolonnen), die nur die Transporte nach Polen abfahren sollen;

B) Kolonnen (Nahkolonnen), die nur innerhalb der RBD'en die Transporte zu den Ausgangspunkten heranzubringen haben.

zu A) Als Fernkolonnen sind folgende bestimmt: Nr. 1, 8, 3, 4, 5, 6, 7, 16, 22, 14, 15, 13, 10, 19, 18, 20, 23, 24, 25 und 29. Die RBD Dresden hat die Kolonnen 13 und 15 an die RBD Berlin und die Kolonne 14 an die Rbd Greifswald abzugeben. Soweit von den örtlichen MBV'en nicht anders bestimmt, bleiben die Standorte der übrigen Kolonnen unverändert.

zu B) Zu den Nahkolonnen gehören die Kolonnen: Nr. 2 RBD Berlin, 9 und 12 RBD Dresden, 11 und 30 RBD Erfurt, 26 RBD Greifswald, 17, 27 und 32 (neu) RBD Halle, 28 und 31 (neu) RBD Magdeburg, 21 RBD Schwerin.

Die Stärken der Kolonnen, auch der neu zu bildenden Kolonnen Nr. 31 und 32 werden von den örtlichen MBV'en bestimmt. Nach dem oben genannten Befehl sollen ferner nur die 12 Nahkolonnen aus der sowjetischen Verpflegung ausscheiden und in die Zivilverpflegung übernommen werden.«

Da seit Februar 1947 ständig Kolonnenlokomotiven, meistens im kalten Zustand, in Richtung Osten abrollten, fehlte der HVDR jeglicher Überblick. Diese Lokomotiven mußten im Lokbestand weiter geführt werden. Noch galt die Anordnung der SMA vom Dezember 1945, daß alle Kolonnenlokomotiven ständig im Bestand der Heimatdirektionen zu führen waren, auch wenn sie vorübergehend anderen

Auch ausländische Lokomotiven wurden kurzzeitig in den Kolonnen eingesetzt. Eine einst polnische Ty 23 wurde bei der DR als 58 2638 eingereiht. Vom Bw Görlitz aus kam sie um 1949 zum Einsatz in der Kolonne 10.
Foto: Rbd Dresden, Slg. V. Kubitzki

Wenn der Text auf der Bildrückseite stimmt, handelt es sich um eine besondere Rarität: 52 1495 aus der Kolonne 5 wurde 1947 abgegeben, als Trophäe ist sie 1950 vor einem Transitzug im Einsatz Foto: Slg. L. Meyer

Rbd zum Einsatz zugeführt wurden. Erwin Kramer von der HVDR, Referat 31, der Deutschen Zentralverwaltung des Verkehrs in der SBZ, rief am 28. Juni 1947 alle Reichsbahndirektionen auf, »eine lückenlose Aufstellung« von Kolonnenlokomotiven vorzulegen, um sie »nunmehr vom Lokbestande absetzen zu können. Die RBD'en, bei denen seinerzeit die Kolonnenlokomotiven lahmgelegt und nach dem Osten abgegeben wurden, haben uns umgehend diese Lokomotiven nummernmäßig mit Kolonnenangabe und Abgabedatum zu melden.«

Am 22. Juli 1947 hatte Kramer endlich wieder den Überblick über den Fahrzeugpark. Alle »nach dem Osten abgegebenen Kolonnenlok sind am 30.7.47 abzusetzen und ab 31.7.47 nicht mehr in den täglichen und sonstigen Lokmeldungen zu bringen. Die Lok sind von den Direktionen abzusetzen, bei denen sie bisher geführt wurden und zwar

die Kolonnen 9, 11, 12, 17, 18, 19, 30 von der RBD Berlin

die Kolonne 26 von der RBD Greifswald

die Kolonnen 27, 28 von der RBD Cottbus und

die Kolonne 29 von der RBD Dresden.*

Danach hat die RBD Berlin 275 Lok, Cottbus 88 Lok, Greifswald 49 Lok, Dresden 12 Lok, Schwerin 26 Lok abzusetzen. Vom 31.7.47 ist demnach nur noch der derzeitige Stand an Kolonnenlok zu melden.«

Aus der Anlage 1 zum genannten Schreiben entnehmen wir die »Zusammenstellung der nach dem Osten abgegebenen Kolonnenlok«. Insgesamt waren es 450 Dampflokomotiven aus diesem Bestand. Dazu zählten 429 Exemplare der BR 52, 15 der BR 42 sowie 6 der BR 50. Sie gingen ab dem Monat Februar an die SMA, weiter an die SU (SZD) über. Obwohl sie bereits im Februar (siehe Anhang 3) an die SMA übergestellt wurden, erlebten einige noch die Umstationierung in den Monaten März oder Mai 1947 durch die DR, zum Beispiel aus der Kolonne 13 Chemnitz-Hilbersdorf am 18. März nach Seddin oder aus der Kolonne 29 Stendal am 1. Mai 1947 nach Chemnitz Hbf. So wurden diese Maschinen, die ab Februar den Weg zur SMA gingen, erst zum 30. Juli 1947 offiziell aus dem DR-Park »abgesetzt«.

Nachfolgende Tabelle zeigt für die jeweilige Kolonne die einzelnen Abgänge:

Kolonne	Lok	Kolonne	Lok
1	16	18	15
2	11	19	18
3	27	20	20
4	26	21	15
5	22	22	11
6	13	23	24
8	13	24	19
9	3	25	9
11	20	26	13
12	26	27	8
13	26	28	8
14	26	29	12
16	14	30	10
17	15		

* Anmerkung: Die Standorte bzw. RBD entsprechen nicht den tatsächlichen. Es ist nicht erkennbar, welchen Bezug Kramer bei der Erfassung wählte.

Mit diesem Datum war nahezu die gesamte »Abgabe« von Lokomotiven beendet. Begonnen hatte diese bereits unmittelbar nach Kriegsende. Verstärkt ab Oktober/November 1945 wurden Dampfloks der BR 74, 86, 93 abgefahren. Die Maschinen BR 86 wurden innerhalb des Rbd-Bezirkes Dresden alle im Bw Dresden-Friedrichstadt gesammelt, sogar noch offiziell umstationiert und dann abgegeben. 1946 setzte sich die Abfuhr fort, diesmal waren es vermehrt Lokomotiven der BR 56, 57 (die einzelnen Fahrzeuge sind in den Anhängen genannt).

Nach den gewaltigen Abgaben waren die Lok-Kolonnen der Rbd Berlin, Dresden, Greifswald, Schwerin und Halle schnellstens wieder aufzufüllen. General des technischen Militärs Kwaschnin unterschrieb am 3. März 1947 den Befehl des Oberbefehlshabers der Transportverwaltung der SMAD Nr. 37.

»Zwecks Sicherstellung des Verkehrs in Frankfurt und Küstrin befehle ich:

dem MBV der RBD Berlin, Oberst Malowitzki, ab 1.3.47 die Loks der Kolonnen 30, 9, 11, 17, 18, 19 und 12 in den Kolonnenpark zu übernehmen;

den MBV's der RBD'en Erfurt, Dresden und Halle, im Laufe von 3 Tagen sämtliche Lok der obenangegebenen Kolonnen zusammen mit der Besatzung und den Verpflegungswagen zur RBD Berlin abzukommandieren. In den Lokkolonnen 2 und 7 sind die Lok der Serie 44 durch Lok der Serien 52, 58 und 50 aus dem betriebsfähigen Lokbestand der RBD'en zu ersetzen;

dem MBV der RBD Dresden, Oberst Iltschenko, im Laufe der Monate März und April aus dem Direktionsbestand 6 reparaturbedürftige Lok an die Kolonne Nr. 10 abzugeben;

dem MBV der RBD Schwerin, im Laufe der Monate März und April aus dem Direktionspark 5 reparaturbedürftige Lok an die Kolonne Nr. 21 abzugeben;

dem MBV der RBD Greifswald, Oberst Golik, die Lokkolonnen Nr. 26 mit der Lokkolonne 14 zu vereinigen und im Laufe des Monats März aus dem Direktionspark 5 reparaturbedürftige Lok an die Kolonne 14 abzugeben,

für Monat März 47 in den Lokkolonnen die Brigaden unter folgender Berechnung zu belassen:

in den Kolonnen Nr. 1, 3, 4, 6, 10 für 30 Lok,

in den Kolonnen Nr. 7, 16, 15, 21, 22, 23, 24, 25 für 25 Lok

in den Kolonnen Nr. 2, 5, 8, 14, 29 für 20 Lok,

in den übrigen Kolonnen – für 15 Lok.

Der über der festgesetzten Norm liegende Personalbestand der Lokkolonnen ist an die Direktion zwecks Auffüllung des Personalstabes der beiden neuen gebildeten Lokinstandsetzungszüge (16 und 17) abzukommandieren.

Die Lokkolonnen Nr. 31 und 32 gehören zu den RBD'en Magdeburg und Halle zwecks Einsatz im Innenbahndienst.«

Das Schreiben TT Nr. 443 vom 17. April sah vor, daß die 58 201, 1202, 1691, 1781 und 2097 der Kolonne 32 (Rbd Halle) zur Ergänzung der Kolonne 15 überstellt werden. Direktor-Oberst Diwgun stellte im August 1947 fest, »daß für die normale Sicherung der Durchführung der Transporte nach UdSSR der vorhandene Bestand der Kolonnenloks überhöht ist. Andererseits fehlt es in den RBD'en an Loks zur Sicherung des Binnenverkehrs.« In seinem Befehl Nr. 2 ordnete er demzufolge an, daß 36 betriebsfähige Lokomotiven einschließlich ihrer Personale den Direktionen übergeben werden. Um künftig nur noch zwei Baureihen zu haben, verlangte er, daß die Einzelexemplare der BR 42 aus den Berliner Kolonnen 1 und 3, die BR 41 aus der K 16, die BR 58 aus den Cottbuser Kolonnen 24 und 25 herausgenommen werden.

Nach den Abgaben waren die Kolonnen neu zu bilden. Der Befehl Nr. 143 vom 2. Juli 1947 regelte die »Bestimmung von ständigen Loks und Zugbrigaden für die Lok-Kolonnen« vom 1. Juli an:

Kolonne	**Anzahl Lok**	**Zugbrigaden**
1	27	297 Mann
2	27	297
3	30	330
4	29	319
5	20	209
6	30	330
7	29	319
8	23	253
10	28	308
13	22	242
14	23	253
15	29	319
16	26	286
20	26	286
21	24	264
22	23	253
23	28	308
24	30	330
25	30	330
29	21	231

Am 8. Juli 1947 meldete der Abteilungsdirektor Peter der RBD Erfurt der Hauptverwaltung, daß »sämtliche Lokomotiven der Kolonne 11 und 30, die im RBD-Bezirk Erfurt beheimatet waren, im Februar und März d.J. nach dem Osten abgegeben wurden. Die Lokomotiven wurden bereits am 21.03.1947 auf Anordnung der HV vom Bestand der RBD Erfurt abgesetzt.«

Es betraf aus der Kolonne 11 eine Lokomotive der BR 43, eine der BR 50 und 29 der BR 52, in der Kolonne 30 waren es neun der BR 42 und 21 der BR 52. Einige verblieben noch in Berliner Kolonnen, ehe sie weitergeführt wurden. Tatsächlich wurden die Erfurter Kolonnen erst zum 1. April 1947 aufgelöst. Das Personal wurde zum größten Teil zu den Heimatdienststellen zurückgeschickt. Jedoch auf Anordnung des MBV der Rbd Erfurt wurden einige Lok- und Zugbegleitpersonale zur Berliner Kolonne 2 gesandt.

Als die Kolonne 10 gattungsrein war, fand man nur noch 52er dort. Brigade der »Deutsch-Sowjetischen-Freundschaft« vor ihrer 52 6011
Foto: Slg. L. Meyer

Bereits ein Jahr zuvor entbrannte ein Disput über die Rückführung der Erfurter 52 5337. Obwohl deutsche Lokomotiven, die durch polnische Bedienstete beschädigt wurden, nach einem Übereinkommen zwischen der UdSSR und Polen durch die polnische Staatsbahn wieder herzustellen sind, verblieb die Maschine in Cholm. Später wurde sie durch die SMA in die UdSSR mitgeführt.

Schwierig gestaltete sich die Ausbesserung der Maschinen in den festgelegten Raw. Mit dem Befehl Nr. 40 vom 10. März 1947 wollte die SMAD die »Vordringlichkeit der Ausbringung von Kolonnenloks aus den Raw's« diktieren. Genau drei Monate später stellte Oberstleutnant Lyssenko fest, daß dieser Befehl nicht ausgeführt wurde. Allein am 12. Juni standen in den Raw 51 Kolonnenlokomotiven. Er bezifferte den Stillstand auf 40 bis 70 Tage, »was zur Blockierung von Transportaufgaben führt«.

Problematisch war die Verlegung der Kolonne 6 von Berlin-Gesundbrunnen. Bereits im April 1948 sollte nach dem Befehl Nr. 154 zufolge die Kolonne 6 aus dem westalliierten Sektor herausgeholt werden. Senftenberg war als neuer Standort vorgesehen. Doch der Befehl Nr. 158 (07.04.1948) hob den ersten »bis auf Erteilung einer besonderen Anweisung« wieder auf. Schließlich gelangte die K 6 zum 1. September 1949 nach Pasewalk, nachdem sich auch Eberswalde nicht als günstiger Standort erwies (Forderung Wojewudski's, die K 6 zum 20. Juli nach Eberswalde zu verlegen).

Obwohl für den Fahrdienst ausreichend Personale zur Verfügung standen, fehlten 18 Betriebsarbeiter, 37 Handwerker und zwei Aufsichtskräfte (Werkmeister). Gleichzeitig wurden vermehrt Maschinen aus den Kolonnen abgestellt.

Die Standorte der K 6, 15 (Lehrter Bf) und 16 (Grunewald) führten in den französischen bzw. englischen Sektoren von Berlin immer wieder zu Spannungen zwischen den Siegermächten. Da verschiendenste Güter abzufahren waren, beließ man vorerst die Standorte. Lediglich die K 15 war nur sieben Monate in Berlin.

Auf der Grundlage der Weisung 22/10196 der SMAD vom 9. April 1949 wurden 44 Lokomotiven als »Reserve der Kolonnenlokomotiven der SMA« konserviert und vollkommen aufgearbeitet den Direktionen der DR übergeben. 30 von ihnen wurden erst im Dezember 1948 gemäß des Befehls 138 für den Winterverkehr, einschließlich der Personale, aktiviert.

Bestand der Lok-Kolonnen am 17. November 1949

Kol.	Standort	Rbd	Anzahl Lok/BR
1	Frankfurt	Berlin	11 BR 01
2	Frankfurt	Berlin	30 BR 52
3	Pankow	Berlin	29 BR 50
4	Lichtenberg	Berlin	30 BR 52
5	Schöneweide	Berlin	30 BR 52
6	Pasewalk	Greifswald	29 BR 50
7	Karlshorst	Berlin	29 BR 50
8	Frankfurt	Berlin	30 BR 52
9	Cottbus	Cottbus	28 BR 52
10	Cottbus	Cottbus	30 BR 52
11	Hoyerswerda	Cottbus	30 BR 52
12	Angermünde	Greifswald	30 BR 52
13	Seddin	Berlin	29 BR 52
42	Rummelsburg	Berlin	12 BR 01

Summe: 377 Lokomotiven, davon 23 der BR 01, 87 der BR 50, 267 der BR 52

Die Aufstellung zeigt die Konzentration entlang der östlichen Grenze der SBZ/DDR. Vor allem Mecklenburg war für die SMA uninteressant geworden, das Land war »leergefahren«. Chemische Güter, Baustoffe, Maschinen usw. wurden hingegen aus den südlichen Regionen weiterhin herangefahren.

Eine besondere Aufgabe ereilte die Kolonne 7 im Oktober 1949. General-Direktor Wojewudski erläuterte Kreikemeyer, daß »12 Lok aus der Kolonne Nr. 7 mit den richtig zusammengestellten Brigaden zur Bedienung der Transporte der ehemaligen Kriegsgefangenen, die aus der Sowjet-Union zurückkehren« herauszulösen sind.

Für das zweite Quartal 1949 setzte Wojewudski die Anzahl der Lokomotiven im Kolonnenpark auf 137 fest, davon 103 im arbeitenden Park. Bei einem Lokumlauf von 7,3 Tagen und einer täglichen Übergabe von 14 Transporten mußte das genügen. Zur gleichen Zeit hielten sich ferner 264 Lokomotiven in der (kalten) SMA-Reserve und 73 in den Rbd-Reserven auf.

Künftig wurde gemäß der Verfügung des GDR E III 34 der Kolonnenpark durch Dienststellenleiter, Kesselprüfer, einen Lokführer-Aktivisten der Kolonne und einen Vertreter der Gewerkschaft besichtigt. Das Protokoll mußte aber noch immer an die Transportabteilung der SKK, der sowjetischen Kontrollkommission in der DDR gesandt werden. Zum Stichtag 1. Dezember 1949 gehörten zum Park noch 377 Lokomotiven. 16 davon befanden sich im Raw.

»Je 1 Lok der Kol 7 und 13 sowie 2 Lok der Kol 42 konnten wegen Einsatzes von den Kommissionen nicht untersucht werden. Lok 50 2517 der Kol 7 ist durch einen Betriebsunfall im September 1948 in Brest-Litowsk nicht lauffähig...Der Zustand des Lokparkes kann als noch befriedigend bezeichnet werden. Der verhältnismäßig geringe gute Prozentsatz (60 %) ist auf den schlechten Gesamtzustand der Kessel zurückzuführen. Die Kol. 8, 11 und 12 haben ihren Lokpark im guten Zustand. Unbefriedigend muß dagegen der Lokpark der Kol 9, 7, 42, 13 und 5 angesprochen werden... Bei der Kol 13 sind die Lok Nr. 52 2675, 2691, 7227, 819, 1569, 2886 und 2887 hinsichtlich der Feuerbuchsrisse besonders untersucht worden. Die Ursache der Rißbildung ist darin zu sehen, daß Materialermüdungserscheinungen durch Konstruktionsfehler eintreten und die Materiallegierungen am Ende des Krieges nicht mehr den an sie gestellten Ansprüchen genügten.«

Nachdem sich die Regierungen der UdSSR und der DDR über den Transitverkehr durch Polen einigten, forderte der Generaldirektor der DR Kreikemeyer im Juli 1950, die Lokkolonnen dafür neu einzuteilen. Da er künftig nur noch die Grenzübergänge Frankfurt, Küstrin und Guben vorsah, forderte er die Konzentration der Kolonnen in Frankfurt (Oder). Für den Transitverkehr sollten dort vier Kolonnen zur Verfügung stehen. Neben den Nummern 2, 5 und 8 mußte die 4. Kolonne von Berlin-Lichtenberg nach Frankfurt umziehen. Gleichzeitig forderte er, daß die Wagenausbesserung aus dem Lokomotivschuppen des Bw Vbf sofort verlegt werden müsse, um dort die Lokomotiven aufzustellen. Ferner gab er zu bedenken, ob es nicht zweckmäßiger sei, zwei getrennte Dienststellen für die Zugdienstaufgaben einzurichten. Da vorrangig Frankfurter künftig beschäftigt werden sollten, sei der Bau von weiteren Dienstwohnungen dringend notwendig.

Für den Übergang in Guben sah Kreikemeyer je eine Kolonne in Cottbus (Nr. 10) und eine in Hoyerswerda (Nr. 11) vor. Aufzulösen waren hingegen die Kolonnen 3 in Pankow, 6 in Pasewalk, 7 in Karlshorst, 12 in Angermünde und 13 in Seddin. Die Lokomotiven der Kolonne 9 waren sofort abzustellen. Die Maschinen und die Wohnwagen der fünf Kolonnen waren hingegen auf geeigneten Gleisen kalt abzustellen, »jedoch nicht im Raum Berlin und nicht in unmittelbarer Nähe eines Bw oder Raw.« Für den »Nachbarverkehr« nach Polen über Scheune mußten die Bw Angermünde und Pasewalk künftig auf eigene Lokomotiven, notfalls aus der Rbd-Reserve, zurückgreifen.

Kriegsgefangene kamen aus Rußland mit diesem Lazarettzug im zerstörten Anhalter Bahnhof in Berlin an (1948). Vorgespannt waren auch Kolonnenlokomotiven
Foto: H. Schulz, Slg. Preuß. Kulturbesitz

Frankfurt (Oder) – Grenzstadt und Endstation der Kolonnen

Der Eisenbahnknoten Frankfurt 1945

Bereits ab März 1945 war es den sowjetischen Truppen möglich, ihren Nachschub aus dem Hinterland bis kurz vor Frankfurt (Oder) auf Breitspur durchzuführen. Die Stadt selbst, am 27. Januar noch zur Festung erklärt, wurde am 23. April eingenommen. Während der letzten Kriegstage sprengte die deutsche Wehrmacht am 5. April die Eisenbahnbrücke über die Oder. Dabei wurden sämtliche Pfeiler zerstört und die stählernen Überbauten zum Absturz gebracht. Schon während der Kampfhandlungen begannen russische Pioniere mit dem Bau einer Behelfsbrücke, über die nach Zeitzeugenberichten bereits Ende April die ersten Militär- und Versorgungstransporte bis zum Personenbahnhof fuhren. Die aus Holzpfeilern und Stahlüberbauten bestehende Notbrücke südlich der zerstörten Trasse mußte fast zwei Jahre, bis März 1947, allen Belastungen Stand halten.

Häufig wurden Nacharbeiten notwendig. Ab der zweiten Septemberhälfte 1945 waren es wieder Normalspurfahrzeuge, die über die Oder rollten. Die starken Steigungen von der tief liegenden »Holzbrücke«, wie sie im Volksmund hieß, sind vielen Lokpersonalen lange in Erinnerung geblieben. »Die Oderbrücke wurde im Schrittempo befahren und schwankte dabei etwas. Wir hatten bei der Lok immer die Türen offen, um gegebenenfalls abspringen zu können. Die anschließende Steigung machte Schwierigkeiten«, erinnerte sich Paul Fromberg (Jahrgang 1909). Wenige Stunden nach der Beschädigung der Behelfsbrücke infolge Hochwasser und Eisgang wurde am 17. März 1947 der Betrieb auf die inzwischen eingleisig errichtete Dauerbrücke umgelegt.

Mit der Einnahme der Stadt stand der bedeutendste Eisenbahnknoten an der Oder unter der Kontrolle sowjetischer Militäreisenbahner. Auf Breitspur wurde am 6. Mai der durchgehende Zugverkehr auf dem linken Gleis bis Berlin eröffnet. Teile des Personenbahnhofes einschließlich einer Zufahrt zur Osthalle (dort wurden auf drei Pressen Radsätze auf Breitspur umgepresst) sowie Verbindungen von Frankfurt nach Finkenheerd und von Fürstenwalde bis Ketschendorf sowie auf der Oderbruchbahn bis zum Flughafen waren auf Breitspur umgenagelt.

Auf dem Frankfurter Personenbahnhof warteten die zurückkehrenden »Ostarbeiter« oft tagelang auf ihren Abtransport. Das Leben fand zwischen den Gleisen statt. Vorrang nach der deutschen Kapitulation hatten die Truppentransporte für den Einsatz gegen Japan. Auf einer Rücktour kamen am 5. Juni 1945 die ersten deutschen Kriegsgefangenen und Zivilinternierten in der Oderstadt an. Allerdings sahen nicht alle ihre Heimat wieder, 36 Leichen wurden ausgeladen, an den Bahndamm gelegt und später eingescharrt.

Der Frankfurter Verschiebebahnhof konnte in den ersten Nachkriegsjahren nicht wieder in Betrieb genommen werden, weil die Brücken über die August-Bebel-Straße als Verbindung zum Personenbahnhof nach der Zerstörung nur als Behelfsbrücken existierten. Außerdem wurden im April

1945 für den Bau eines Frontflugplatzes im Rangierbezirk Fgl 12 Gleise entfernt, das Gelände mit Schlacke und Kies aufgefüllt sowie der Wasserturm und zwei Stellwerke gesprengt. Der Lokschuppen und das Verwaltungsgebäude waren durch Bombentreffer stark beschädigt. Auf der nie als Flugplatz benutzten Fläche hatten die Sowjets eine Tribüne errichtet. Dort wurden ihre Truppen in Richtung Heimat verabschiedet. Von diesem Teil des Bahnhofs verkehrten hin und wieder Züge auf Normalspur nach Berlin.

Am 4. September 1945 ereignete sich hier ein Bahnbetriebsunfall, der mit sehr großer Wahrscheinlichkeit der folgenschwerste war, den es in der Frankfurter Eisenbahngeschichte gab. Den Eisenbahnern, selbst den langgedienten, war er nicht bekannt. Die Betriebsführung lag zum Zeitpunkt des Geschehens auf dieser Strecke noch in den Händen sowjetischer Militäreisenbahner. Es gab keine Informationen für die Öffentlichkeit und die wenigen deutschen Zeitzeugen zogen es vor zu schweigen. In einem Leserbrief vom 11. Mai 1993 wurde erstmals über diese Katastrophe berichtet:

»...(als) der Zug nach Berlin... zur Abfahrt bereit (stand), überfuhr ein Güterzug mit Reparationsmaterial das Haltesignal und prallte mit voller Geschwindigkeit auf den stehenden Zug. Die Ladung bestand nur aus Schienen und Weichenzungen ohne Zwischenlagen. Die Zugbesatzung waren stark angetrunkene Russen, der einzig davon Überlebende wurde eine halbe Stunde später erschossen. Die sechs überlebenden Frauen und Mädchen des Personenzuges, die sich später mit schweren Prellungen und Brüchen zusammenfanden und ihre Adressen austauschten, wurden unter Drohungen vom Bahnhof gejagt. Die ganze folgende Nacht hindurch wurden mit Panjewagen unter schwerer Bewachung und Schüssen aus MPi auf neugierige Anwohner die spätere Wilhelm-Pieck-Straße entlang Leichen zum Friedhof gefahren. Die meisten Opfer waren nach Deutschland verschleppte Zivilisten aus der SU, die nach Berlin zur Registrierung mußten. Auch mein älterer Bruder wurde dabei von Schienen zerquetscht, während meine Schwester...von den nachrutschenden Schienen nicht erreicht wurde. Sie ist die einzige noch lebende Zeugin dieses Dramas. Von den Überlebenden ist damals nur eine Schätzung auf mehr als 200 Menschen erfolgt.«

Der Autor des Leserbriefes ist kurze Zeit nach der Veröffentlichung verstorben. Die Schwester, die den Unfall überlebte und damals 15 Jahre alt war, bestätigte den Hergang. Der Personenzug bestand aus G-Wagen und zwei Lokomotiven an der Spitze mit deutschem Personal. Sie und ihr Bruder hatten auf dem Tender der zweiten Lok Platz gefunden, als das Unglück geschah. Die Freigabe der Leiche ihres Bruders machte Schwierigkeiten, weil es angeblich in diesem Zug keine Deutschen gab. Während der Aufräumungsarbeiten wurden schließlich die zerstörten Waggons mit schwerer Technik eine Böschung heruntergezogen.

Zeitzeugen bestätigen, daß Anfang 1950 eine Gruppe von Eisenbahnern Reste zerstörter Güterwagen an der Böschung hinter dem später errichtetem Kulturhaus Völkerfreundschaft geborgen haben. Es ist anzunehmen, daß es sich dabei um die Trümmer des Bahnbetriebsunfalles vom September 1945 handelte. Der endgültige Beweis für einen schweren Unfall, den »Zusammenstoß eines Personenzuges auf der Station Frankfurt/O. – Abstellbahnhof der Deutschen Reichsbahn«, ist im Befehl Nr. 17 des stellvertretenden Oberbefehlshabers der SMAD, Armee-General Sokolowski, vom 20. September 1945 enthalten. Zu den darin enthaltenen Schlußfolgerungen ist einleitend formuliert:

»Am 4.9.45 15.40 Uhr erfolgte auf der Station Frankfurt/O.-Abstellbahnhof ein Zusammenstoß zwischen den Zügen Nr. RU-17 und Nr. 911, welcher Menschenopfer und Materialschäden in Höhe von 98.000 Rubel verursachte.«

Die »Untersuchungskommission« fand heraus, »daß der Zusammenstoß auf grobe Verletzung der Vorschriften des technischen Betriebes der Eisenbahn und der Signalisierung des Maschinisten der 1. Garde-Eisenbahnbrigade, Genosse Michailow A.W., und des diensttuenden Oberkondukteurs Andrüschtschenka A.F. zurückzuführen ist«. Über die Anzahl der Toten gibt der Befehl Nr. 17 keine Auskunft.

Inzwischen hatte sich die Frankfurter Bevölkerung an den Klang der russischen Loksirenen gewöhnt und die meisten kannten auch den Verursacher. Nur die etwas weiter abseits der Strecke wohnten, kamen damit nicht zurecht.

»Als ich im September 1945 als Vierzehnjähriger aus der russischen Gefangenschaft nach Booßen zurückgekehrt war, habe ich verzweifelt versucht herauszufinden, auf welchem Gewässer sich die Schiffe befinden. Erst Jahre später wurden mir die Zusammenhänge klar.«

Die ersten Lokkolonnen und Eisenbahnausbesserungszüge in der Oderstadt

Auf Befehl der SMAD vom 1. November 1945 wurde die Lokkolonne 1 »mit dem Stab russischer und deutscher Bediensteten« im November 1945 in das Bw Frankfurt

(Oder) Personenbahnhof verlegt. Für die Reparaturen und Pflege waren die Gleise 26 bis 30 im Lokschuppen zugeteilt. Das Abstellen der Brigadewagen geschah auf den Strahlengleisen zur Drehscheibe Dresdner Straße bzw. in den Baugleisen. Die durchgehend besetzte Lokleitung befand sich im späteren Gebäude der Bahnmeisterei und als Leiter fungierte Karl Senz und später Gerhard Wreege. Der zuständige Kommandant Sotow bekam sein Büro im oberen Stockwerk des Verwaltungsgebäudes am Lokschuppen. Von dort aus hatte er einen guten Überblick und konnte die Lokomotiven bei der Rückkehr vom Transiteinsatz bewerten. Bei einer seinen Vorstellungen entsprechend gut gepflegten Lok gab es mitunter für die Brigade einen Tag Zusatzurlaub.

Die Unterhaltung der Lokomotiven übernahmen vom Januar bis Oktober 1946 der EAZ 4, Anfang 1947 der EAZ 5 und ab April 1949 der EAZ 2. (siehe Abschnitt EAZ)

Walter Gaasch (Jahrgang 1908) wurde nach einer Ausbildung zum Zugschaffner in die Kolonne 1 übernommen. Sein erster Einsatz nach Brest vom 12. Februar 1946 an war sicher kein guter Auftakt:

»Zwei Wochen, mit einem Zug von 120 Achsen, beladen mit abgebauten Schienen und allem Zubehör, benötigten wir für die Hinfahrt. Lange Stillstandszeiten auf den Überholungsgleisen waren die Regel. Bei der Ankunft in Brest herrschten minus 25 bis 27 Grad Celsius und es lagen etwa 30 bis 40 Zentimeter Schnee. Als Schlußschaffner hatte ich unter diesen Temperaturen besonders zu leiden. Nach der Restaurierung der Lokomotive mußten wir fast zwei Tage auf die Rückleistung warten. Es wurde noch kälter und in der Nacht fror die Heizleitung zum Brigadewagen ein. Eine Lausearbeit, sie bei etwa 30 Grad minus aufzutauen. An Schutzkleidung, Handschuhe und dergleichen war nicht zu denken. Dann mußte mitten in der Nacht der abgeladene und auseinandergezogene Zug wieder zusammengestellt werden. Links und rechts lagen die abgeworfenen Schienen und das Kleineisen im hohen Schnee. Die Luftschläuche waren steinhart gefroren. Nur unter großem Kraftaufwand gelang es, sie wieder zusammenzubringen und den Zug für die Abfahrt vorzubereiten. Eine Woche dauerte die Rücktour.«

Nach diesem Einsatz wollte Gaasch seine Tätigkeit in der Kolonne eigentlich wieder beenden. Das Resultat waren jedoch mehr als sechs Jahre weitere Erfahrungen.

Die Stationierung der ersten Lokkolonne in Frankfurt (Oder) führte sehr bald zu Kontakten der zugereisten Eisenbahner mit der Frankfurter Bevölkerung. Der Tauschhandel in Polen hatte seine Auswirkungen. Viele Familien,

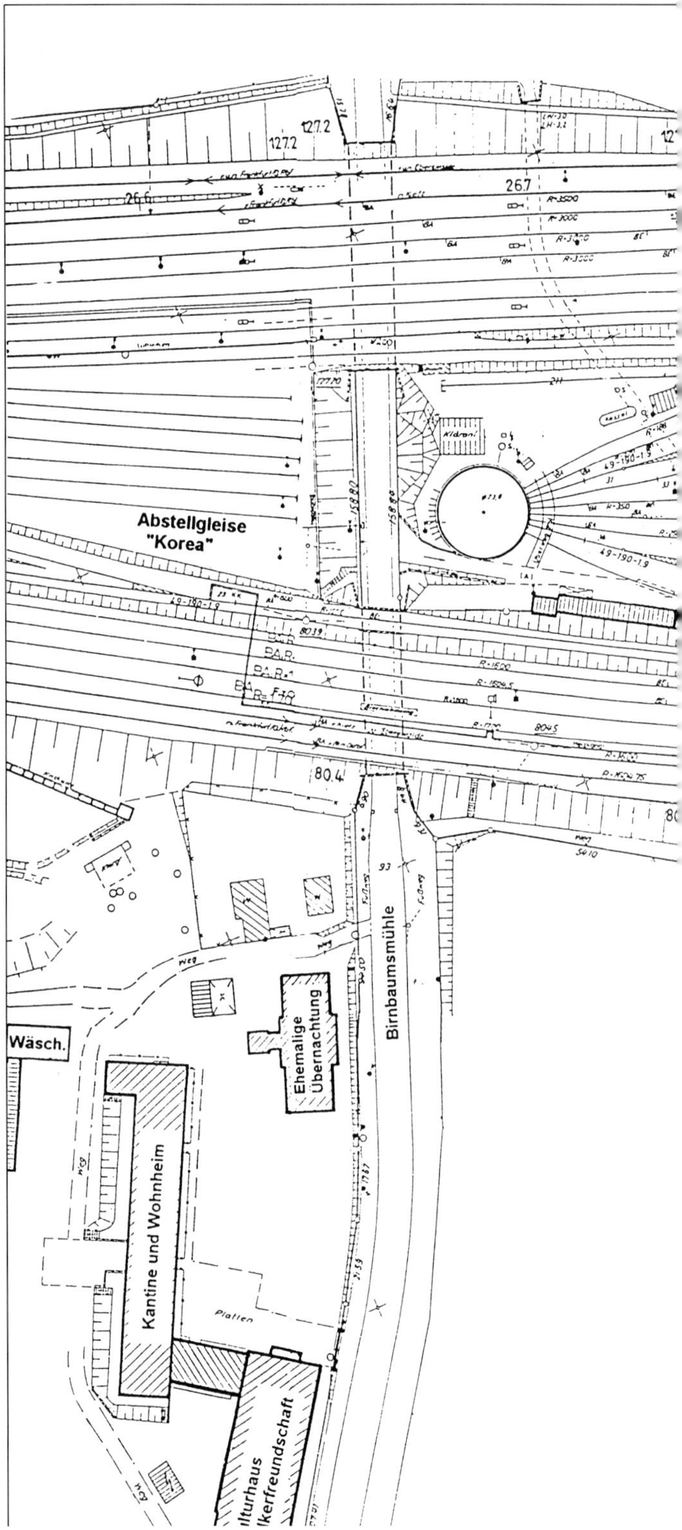

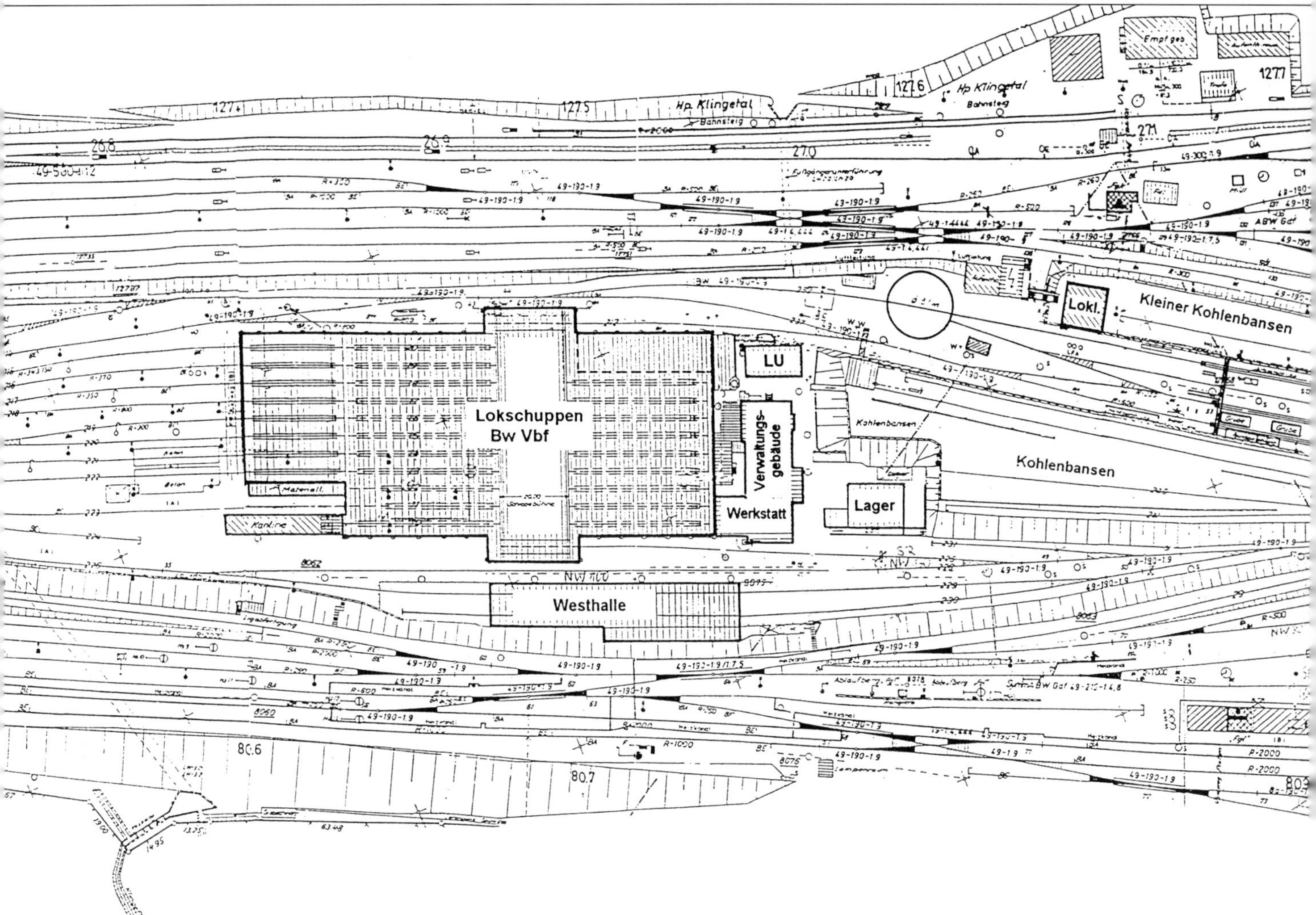

Das Bw Frankfurt (Oder) Vbf mit seiner großen Halle, dem Abstellplatz »Korea« und dem angrenzenden Kulturhaus »Völkerfreundschaft«. Zeichnung: Slg. L. Meyer

vor allem die zahlreichen alleinstehenden Frauen profitierten davon. Der Begriff »Lokkolonne« war in der Bevölkerung und selbst bei den Eisenbahnern weniger bekannt. Die Eisenbahner, die als Brigaden in östlicher Richtung mit Lok und Wohnwagen über die Grenze fuhren, das waren die »Brigadefahrer« und die Zeit, in der das geschah, war die »Brigadezeit«. Beliebter Treffpunkt war die Gaststätte Engelhardt. Einige Zeitzeuginnen schwelgen heute noch in Erinnerung:

»Tanzveranstaltungen fanden mittwochs, sonnabends und sonntags statt. Wir haben damals schöne Feiern mit den Brigadefahrern erlebt.«

Verstärkung kam 1949. Im April setzte die Lokkolonne 8 nur mit Wohnwagen von Wustermark nach Frankfurt (Oder) Pbf um. Hier fand die Neuausstattung mit Lokomotiven statt.

Im Zusammenhang mit diesen Veränderungen reichte der Platz auf dem Personenbahnhof nicht mehr aus und es wurden Lokomotiven der BR 50 und 52 erstmals nach 1945 wieder im Lokschuppen des Verschiebebahnhofes stationiert. Das im März 1948 in Betrieb genommene Bww mußte sich auf den Ostteil des Lokschuppens zurückziehen und 1950 die Halle wieder gänzlich räumen. Die hydraulische Achssenke wurde bis dahin gemeinsam genutzt.

Transit-Bahnbetriebswerk Frankfurt (Oder) Verschiebebahnhof

Konzentration der Lokkolonnen und EAZ

Inzwischen stand fest, daß im Lokschuppen des Vbf ein zentrales Bw für den Kolonnendienst eingerichtet werden sollte. Die Bahnhofsanlagen einschließlich Brücken, der Lokschuppen und die Wasserversorgungseinrichtungen waren soweit hergerichtet, daß ein geordneter Lokbetrieb wieder möglich war.

Von der SMAD wurde am 19. Juli 1949 die schriftliche Weisung erteilt, das ehemalige Bw Verschiebebahnhof auf die Instandsetzung der Kolonnenlokomotiven vorzubereiten. Entsprechend des Auftrages waren dazu 12 Rauchabzüge zu errichten, das Wasserleitungs- und Kanalisationsnetz instandzusetzen sowie Auswaschgeräte, Werkzeugmaschinen, Werkzeug und Arbeitskräfte bereitzustellen. Zur Unterstützung dieser Aufbauphase wurde gleichzeitig der EAZ 3 von Karlshorst nach Frankfurt umverfügt. Es folgten am 9. Oktober die Kolonne 2, am 24. Oktober der EAZ 3, am 23. November 1949 der EAZ 16 sowie einige Lokomotiven der Kolonne 7.

Mit der Abgabe der Lokomotiven der BR 01, z.T. an sowjetische Personale, wurde Ende April 1950 die Kolonne 1 aufgelöst. Der größte Teil des Personals wechselte zur Kolonne 2. Zeitzeugen erinnern sich an recht hohe Anforderungen der russischen Personale bezüglich des Zustandes der Lokomotiven bei der Übernahme. Die Kolonnen 5 und 4 kamen Anfang bzw. Mitte 1950 nach Frankfurt.

Ab Oktober 1950 übernahm Heinrich Möller (Jahrgang 1899), der sich im Bw Falkenberg (Elster) bereits als Vorsteher bewährt hatte, den weiteren Aufbau und die Leitung des Transit-Bw Frankfurt (Oder). Eine wichtige Aufgabe bestand darin, die Kapazität der Anlagen und Einrichtungen den neuen Anforderungen anzupassen. Möller besaß eine große Autorität, nicht nur gegenüber der Belegschaft, sondern auch gegenüber den vorgesetzten Stellen. Er setzte eine Reihe von Baumaßnahmen durch:

Um Abstellmöglichkeiten für die Wohnwagen der EAZ und der Brigadewagen zu schaffen (sie hatten bis dahin auf den Gleisen 14 und später auch 7 des Vbf einen Platz erhalten), wurden zwischen dem Bw und dem Stellwerk Fgw Gleise verlegt, die bis heute von den Eisenbahnern als »Korea« bezeichnet werden. Ein zweigeschossiges Gebäude wurde im Ostteil des Lokschuppens über zwei ehemalige Lokstände mit Wasch- und Umkleideräumen im oberen Stockwerk sowie Werkstatt- und Lagerräumen darunter errichtet. Das Verwaltungsgebäude erhielt im Jahre 1950 ein zusätzliches Stockwerk. Schrittweise war es danach möglich, die Werkstatt- und Versorgungswagen auszuräumen und sie wieder ihrem eigentlichen Verwendungszweck zuzuführen.

Nachdem zum Ende des Jahres 1950 die Kolonne 8 und der EAZ 2 vom Bw Pbf umgesetzt und im Bw Vbf eingegliedert waren, nahm das Transit-Bw mit Wirkung vom 21. Dezember 1950 seine Tätigkeit auf. Im Zusammenhang mit der Übernahme der Betreuung konservierter Lokomotiven auf fünf Abstellplätzen mit je einer Brigade folgte die Unterstellung der Kolonnen 10 in Cottbus und 11 in Hoyerswerda. Letztere wurde mit Anordnung vom 31. Dezember 1951 zum 16. Januar 1952 aufgelöst.

Die Bautätigkeit im 1917 fertiggestellten Rechteckschuppen mit 36 Lokständen, einer Schiebebühne und einer Drehscheibe mit Gleisharfe vor der Halle wurde ständig weitergeführt. Der Platz im Lokschuppen war stets knapp. Häufiges Umsetzen der Lokomotiven war notwendig, um allen technologischen Anforderungen gerecht zu werden. Die Westhalle wurde meistens zum Abstellen von schadhaften Fahrzeugen genutzt.

Verbesserungen ergaben sich 1953 durch die Errichtung eines Gebäudes am Bw-Eingang zur Unterbringung der Betriebsfeuerwehr und der Pförtner sowie eines Fahrradabstellraumes. Die LB-Gruppe (Lokbetrieb) einschließlich Lokleitung zog im Frühjahr 1954 in ein neues Haus auf dem kleinen Kohlenbansen und überließ der LU-Gruppe (Lokunterhaltung) die bis dahin gemeinsam genutzten Räume.

Bedingt durch das starke Anwachsen des Personalbestandes mußte auch außerhalb des eigentlichen Bw-Geländes gebaut werden. In einem ehemaligen Übernachtungsgebäude aus dem Jahre 1914 wurde die Verpflegungsstelle für die Brigaden mit entsprechenden Kühleinrichtungen, eine Lebensmittelverkaufsstelle, das Betriebsambulatorium und ein Friseurgeschäft untergebracht.

Dahinter entstand das Kulturhaus Völkerfreundschaft. Der erste Bauabschnitt mit einem Speisesaal für 300 und einer Küchenkapazität für 600 Personen sowie einer Gaststätte konnte im Mai 1953 fertiggestellt werden. Innerhalb des zweiten Bauabschnittes kam an der Straße Birnbaumsmühle der große Saal mit weiteren Räumen einschließlich einer Bibliothek dazu. Für die Dachaufbauten wurden Stahlkonstruktionen des zerstörten Stettiner Bahnhofes in Berlin verwendet. Der dritte Abschnitt mit Wohnheim, Unterrichtsraum, Sanitäranlagen und Umkleideräumen für das Lok-

Das Kulturhaus »Völkerfreundschaft« kurz vor seiner Fertigstellung (um 1951)
Foto: Slg. L. Meyer

personal sowie einem Raum für die Modeleisenbahnanlage ging im Frühjahr 1954 in Betrieb. Später folgte die Wäscherei mit den angrenzenden Trockenräumen.

Im Zusammenhang mit dem Bau und der Inbetriebnahme des Kulturhauses Völkerfreundschaft entwickelte sich eine rege kulturelle Betätigung.

Das Haus war auch nach dem Ende der Transitzeit über Jahrzehnte Treffpunkt für die Eisenbahner und für die Bürger der Stadt Frankfurt (Oder). 1991 wurden die letzten Veranstaltungen durch die Eisenbahn organisiert.

Personal und Betrieb

Der Personalbestand unterlag infolge der Zuordnungen aus Dienststellen der gesamten DDR und der häufig veränderten Aufgaben starken Schwankungen. Zum Bw Vbf gehörten in der Anfangsphase zeitweilig über 2 500 Beschäftigte. Der »Sollkopfplan« für das Jahr 1951 sah zwar nur 2 116 Arbeitskräfte vor, doch nicht alle der zugeordneten Eisenbahner wurden in den Bestand des Bw Vbf übernommen.

Bis zum Frühjahr 1954 war in dieser Fachwerkbaracke die Lokleitung des Bw Vbf untergebracht
Foto: Slg. L. Meyer

1953/54 wurden sogar mit Neuankömmlingen Fünf-Tagelehrgänge durchgeführt, um »sie mit den Aufgaben und Pflichten, die sie als Repräsentanten der DDR in der Volksrepublik Polen und in der großen Sowjetunion zu leisten haben, vertraut« zu machen.

Die vier in Frankfurt zusammengefaßten Kolonnen (2, 4, 5 und 8) mit 120 Lokomotiven hatten einen Personalbestand für den Fahrdienst von rund 1 440 Eisenbahnern. Dazu kamen etwa 720 Beschäftige der Kolonnen 10 und 11 in Cottbus und Hoyerswerda. Mit der Auflösung der Kolonne 11 im Januar 1952 wurden 10 Brigaden mit Lokomotiven direkt nach Frankfurt übernommen. Anfang 1952 gab es im Fahrdienst etwa 1 650 Arbeitskräfte in 138 Brigaden (Personal), mit denen 130 Transit- und fünf DDR-Lokomotiven besetzt waren. Nicht jeder Brigade war ständig eine Lok zugeordnet. Manche Kollektive bekamen auch vorübergehend Sonderaufgaben, wie z.B. Einsatz auf den Lokabstellplätzen, in der Lokkonservierung im Bw oder beim Bau des Kulturhauses.

Als vom 2. Dezember 1952 bis 10. Januar 1953 weitere 18 Brigaden mit etwa 200 Arbeitskräften für den DDR-Einsatz aufgestellt wurden, erhöhte sich der Personalbestand im Fahrdienst auf 1 885. Mit der Einführung des 12er-Systems bei der Besetzung der Transitlokomotiven (siehe Seiten 53–56) konnte die Anzahl der Brigaden von 138 auf 125 gesenkt werden. Am 30. September 1953 betrug der Personalbestand für die Transitlokomotiven 1 394 Arbeitskräfte. Im Plan für 1954 waren noch 108 Brigaden mit 1 374 Personen Fahrpersonal enthalten.

Ein Beispiel für die Brigaden mit Personalen aus allen Teilen der ehemaligen DDR zeigt die Jugendbrigade, die in Vorbereitung auf das Deutschlandtreffen in der Kolonne 8 Anfang 1950 gebildet wurde:

Name	Alter	Heimatdienststelle	Tätigkeit
Wilhelm Kesselbauer	21	Bw Eisenach	Brigadelokführer
Hugo Hillmann	21	Bw Parchim	Lokführer
August Niedermüller	28	Bw Wittenberge	Lokführer
Herbert Gau	19	Bw Parchim	Lokheizer
Horst Barkow	19	Bw Erkner	Lokheizer
Horst Lichtenheld	21	Bw Saalfeld	Lokheizer
Günter Nolte	22	Bf Wittenberge	Zugführer/-schaffner
Günter Stade	21	Bf Erfurt	Zugführer/-schaffner
Wolfgang Hering	20	Bf Pirna	Zugführer/-schaffner
Herbert Krüger	19	Bf Güstrow	Zugführer/-schaffner
Richard Reeder	23	Bf Wittstock	Wagenmeister

Die Lokomotiven für die Züge nach Brest wurden meistens auf dem Gleis 115 im Bezirk Fgs bereitgestellt. Dort standen mehrere Brigaden auf Reserve, um jederzeit operativ Exportzüge abfahren zu können. Waren keine Leistungen in dieser Richtung vorhanden, konnten die Brigaden auch im innerdeutschen Raum zur Zugförderung eingesetzt werden. Sie mußten aber sofort wieder verfügbar sein.

Zeitweise geschah die Bereitstellung der Lokomotiven auch auf dem »Kleinen Kanal« innerhalb des Bw. In diesem Falle war der Außenlokleiter für eine gerechte Vorsortierung verantwortlich. Er mußte den Bestrebungen der Lokpersonale, möglichst schnell eine wunschgerechte Leistung zu erhalten, gegebenenfalls entgegenwirken. Die Reihenfolge hatte oft erheblichen Einfluß auf die Fahrtdauer und die Kohlenersparnis. Das tägliche Soll lag bei durchschnittlich zehn zu drei, daß hieß zehn Züge Frankfurt–Brest und drei Züge Kietz–Gerdauen.

Einsätze über Feiertage waren nicht besonders begehrt, deshalb wurden besondere Anreize geschaffen. Zum Jahreswechsel 1952/53 gab es z. B. für einen Einsatz während der Feiertage pro Person zusätzlich 100 Mark und eine halbe Ente.

Ab etwa 1952 wurden die Brigaden auf dem Pbf von Mitarbeitern der Politischen Abteilung empfangen, um sie mit der jeweils neusten »politischen Lage« vertraut zu machen.

Im Juli 1953 bekam das Bw Vbf zur Beförderung von Reisezügen zwischen Frankfurt und Brest (zwei D-Zugpaare u.a. Ru 7116) vier Lokomotiven der Baureihe 01, und zwar die 036, 118(?), 152 und 153 zugeteilt. Bei diesen Leistungen bestand die Mannschaft aus zwei Lokpersonalen und einem Zugpersonal. Letzteres hatte nur in Frankfurt und in Brest Aufgaben zu erfüllen.

Dazu Zeitzeuge K. E. Möller (Jahrgang 1932):

»Ich habe vom Oktober bis Dezember 1953 zusätzlich zum Güterzugdienst auf der 01 152 Dienst verrichtet. In Frankfurt mußten wir den Wagenpark nachmittags etwa 17.00 Uhr vom Rangierbezirk Fgf holen und am Bahnsteig Pbf bereitstellen. Ein Personal fuhr bis Warschau und das zweite nach dem Restaurieren bis Brest. Um etwa 7.00 Uhr des nächsten Tages waren wir dort. Auf die gleiche Weise erfolgte die Rückfahrt. Bei diesen Leistungen fuhr auf der ganzen Strecke stets eine polnische Lok im Blockabstand vor uns, um Hindernisse aufzuspüren. Von uns wurde sie deshalb als »Minenräumer« bezeichnet. Bis zum Einsatz im Reisezugdienst hatten wir zwei zweiachsige Brigadewagen. Einen für das Zug- und einen für das Lokpersonal. Mit den neuen Aufgaben haben wir einen D-Zugwagen erhalten. Die Brigadewagen hatten verstärkte Zugvorrichtungen, weil sie auch im Güterverkehr immer hinter der Lok liefen.«

Bereits 1950 nahm auf Gleis 20 im Lokschuppen eine Konservierungskolonne aus sechs bis acht Handwerkern und Putzern die Arbeit auf. Franz Vetter war als Brigadier eingesetzt und zu den Putzern gehörten u.a. Frau Perski und Herr Lubina. Außerdem wurden je nach Bedarf und Möglichkeiten Schlosser aus den anderen Brigaden zugeordnet. Auf den Abstellplätzen kamen nur in der Anfangszeit Lokbrigaden zum Einsatz. Später übernahmen Lokwachen mit

Bei einer Demonstration im Jahre 1952 ging Heinrich Möller (Mitte), Leiter des Transit-Bw, voran zum Zentrum der Oderstadt
Foto: Slg. L. Meyer

Frauen im Transit-Bw Frankfurt (Oder) Vbf - Frau Perski von der Konservierungsbrigade beim Reinigen der Kuppelstangen, Frau Hoffmann, eine der vier Schuppenreinigungskräfte

Frau Binder dreht Gelenkbolzen...

...und Frau Kloppsteg in der Ölausgabe
Fotos: Slg. L. Meyer

drei bis vier Arbeitskräften – zum Teil vor Ort eingestellt – die Aufgaben. Neben der Bewachung führten sie unter fachkundiger Anleitung auch notwendige Nachkonservierungen an den abgestellten Lokomotiven durch. In regelmäßigen Abständen mußte eine Betriebslok zur Erledigung der vorgeschriebenen Bremsproben zugeführt werden.

Als im Juni 1954 die Transitaufgaben plötzlich endeten, wurden die Lokomotiven zum Teil als Lz oder im Vorspann nach Frankfurt zurück beordert. Horst Bergen (Jahrgang 1920) hatte seine letzte Tour mit der Lok 50 005 und einer Ladung Mähdrescher nach Brest gemacht. Die Stimmung war teilweise gereizt, als er wieder in Frankfurt eintraf. Einige abgeordnete Brigadefahrer mußten sich nun entscheiden, ob sie bei der Freundin bleiben oder zur Familie zurückkehren. 413 Lokführer und 418 Lokheizer waren für die Rückkehr in ihre Heimatdienststellen vorgesehen. Manche blieben in Frankfurt und ließen sich versetzen. Der Personalbestand wurde stufenweise bis Ende 1954 reduziert. Als Übergangslösung kamen mehr DDR-Brigaden zum Einsatz. Mit rund 50 Lokomotiven und einer Belegschaftsstärke von etwa 725 Beschäftigten hatte das Bw Frankfurt (Oder) nach der Transitzeit reine Inlandtransporte zu bewältigen. Nach der Inbetriebnahme des neu aufgeschütteten Grenzbahnhofes Oderbrücke am 23. Mai 1954 bestand für das Frankfurter Güterzug-Bw eine wichtige Aufgabe in der Zu- und Abfuhr der Transitzüge.

Zeitweise Leiter der Kolonne 1 war Gerhard Wreege
Foto: Slg. L. Meyer

Die Lokomotiven der Kolonne 8 waren im April 1949 im Bw Frankfurt (Oder) Pbf zuhause
Foto: Slg. L. Meyer

Die Brigade 128 mit ihrer Jugendlok 52 718 »Wir grüßen die Jugend der ganzen Welt«. Mit Brigadeführer Antrack setzte sie im Dezember 1951 von Hoyerswerda nach Frankfurt um. Foto: Slg. L. Meyer

Übersicht über das Bw Guben. Die Ausmaße lassen die einstigen Planungen erahnen
Zeichnung: Slg. L. Meyer

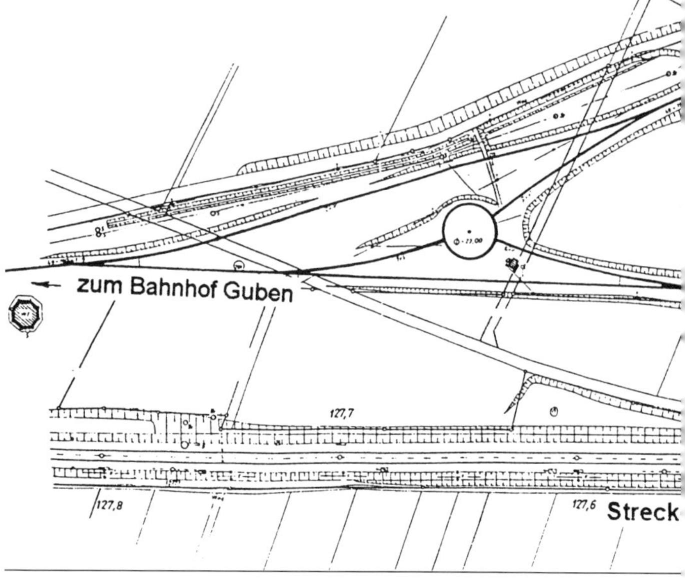

Das Transit-Bahnbetriebswerk Guben

Obwohl das Frankfurter Transit-Bw eingerichtet war und in der Rbd Cottbus nur noch die Kolonne 10 existierte, bestand ein Projekt zum Neubau des Bw Guben zur Stationierung von Lokkolonnen. Ein Gutachten vom August 1952 ging davon aus, daß »für den Handel mit der UdSSR und den Volksdemokratien ein großer Teil des Güterstromes, der jetzt auf Umwegen (z.B. für das Hüttenkombinat Ost Fürstenberg) über Frankfurt/Oder geleitet wird, künftig zur Verkürzung des Fahrweges und Senkung der Frachtkosten über Bahnhof Guben fließen« würde. An Stelle des völlig unzureichenden, teilweise zerstörten und veralteten Bw Guben sollte eine moderne Anlage auf freiem Gelände am Nordwestkopf des Bahnhofs Guben längs der Strecke nach Frankfurt (Oder) für die Stationierung von zwei Kolonnen mit je 30 Lokomotiven und 30 »Heimatlok« (für den Endzustand) errichtet werden.

Hundert täglich ein- und ausgehenden Lokomotiven (einschließlich Wendelok) bildeten die Berechnungsgrundlage für 44 erforderliche Schuppenstände. Eine »zentrale Lok-Behandlungsanlage nach einer von den bisherigen Entwürfen völlig abweichenden Grundrißform« sollte gebaut werden:
6 Einzellokschuppen mit zusammen 48 Ständen,
2 Drehscheiben mit je 26 Metern Durchmesser sowie ein Gleiswendedreieck,
eine Bekohlungs- und Entschlackungsanlage,
ein Wasserturm,
übrige Anlagen des Bw (Werkstatt mit Schiebebühne) usw. und
Räume für Soziales und Kultur usw. nach Größe des Bw.
Eine Belegschaftsstärke von rund 1 000 Beschäftigten war für den Endzustand geplant.
Das alte Bw Guben auf dem Bahnhofsgelände hatte zu dieser Zeit 26 Lokomotiven mit 140 Beschäftigten im Fahrdienst und insgesamt etwa 240 Mitarbeiter.

Die Wilschwitzer Wiesen (spätere Bezeichnung Guben Nord) waren von der SMAD rechtzeitig beschlagnahmt worden. 1952/53 begannen die Planierungsarbeiten. Da der Grundwasserspiegel 1,50 Meter unter dem Gelände lag – bei starken Niederschlägen wurde mit einem weiteren Ansteigen um 0,50 Meter gerechnet – mußten durch-

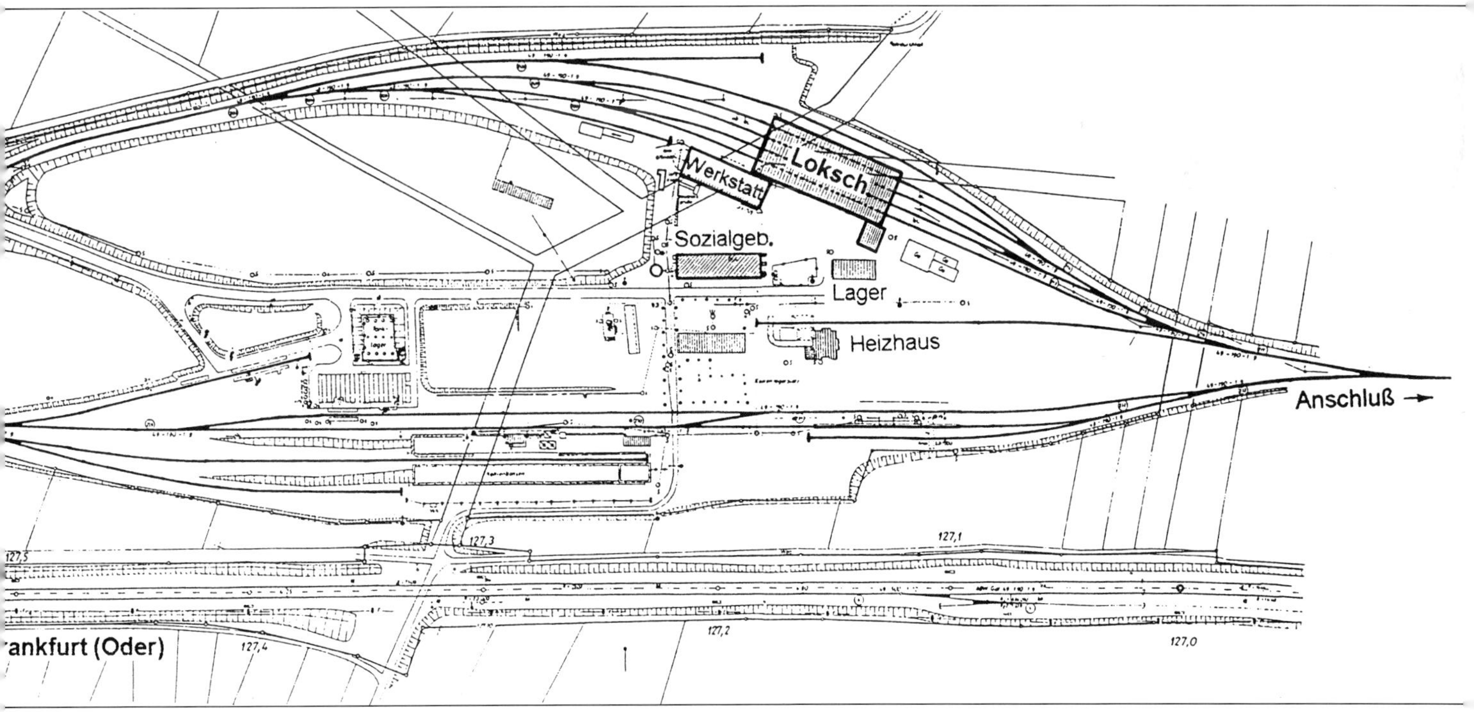

Im Jahre 1995 sind die Anlagen des einstigen Bw Guben verwaist
Foto: L. Meyer

schnittlich zwei Meter aufgefüllt werden. Für den Transport des Erdreiches von dem »Es-Berg« zur Baustelle kam eine Feldeisenbahn zum Einsatz.

Die weitere Entwicklung verlief wesentlich bescheidener. In einer Besprechung am 11. Juli 1952 wurden vom stellvertretendem Generaldirektor Hetz Veränderungen für die Bekohlungsanlagen gegenüber dem Rahmenentwurf vom April 1952 bestätigt. Um die kleinste Kapazität für das Bw Guben zu erreichen, wies er außerdem an, bis Ende 1952 für mindesten fünf Millionen DM folgende Anlagen z.T. behelfsmäßig fertigzustellen und in Betrieb zu nehmen:

Gleiskörper mit allen dazugehörigen Anlagen mit zunächst einem Lokverkehrsgleis zum Bf Guben (etwa 5,5 km Gleise und 38 Weicheneinheiten, zunächst handbedient),
Be- und Entwässerung,
Trafogebäude, behelfsmäßig, einschließlich aller Licht- und Kraftanlagen,
den Einzellokschuppen Nr. VI mit 8 Ständen und Werkstatteinrichtungen sowie einem Aufstellgleis für Werkstattwagen,
Bekohlungsanlage mit Kohlenkran, behelfsmäßig,
Entschlackungsanlage mit 2 Wasserkränen und Schlakkenentladebrücke,
ein Gebäude für bmt-Dienst u. Betriebsstoffe, ein Gebäude für Ausschlacker und Kohlenlader und ein Kohlenquittiergebäude,
eine Drehscheibe 23 Meter Durchmesser,
ein Wasserturm mit einem Behälter von 400 m^3 , 2 Tiefbrunnen und 2 Pumpenhäuser,
ein Draisinenschuppen mit Feuerlöschgeräteschuppen, 4 Handweichenwärterbuden, 1 Schrankenwärterbude, 1 Stellwerksbude.

Ziel dieser damaligen Aufgabenstellung war es, die bereitgestellten Mittel für die Investitionen schnell wirksam werden zu lassen.

Inzwischen gab es neue Erkenntnisse. Verschiedene Vorschläge von 1951/52 zur besseren Ausnutzung der Lokomotiven und Personale sowie zur Auflösung der Lokkolonne 10 in Cottbus ließen die Reserven erkennen. Spätestens Anfang 1953 war klar, daß es kein Transit-Bw Guben geben wird. Die weiträumig angelegten Teilobjekte wurden fertiggestellt und dem jeweiligen technischen Stand angepaßt sowie das Betriebsgebäude und die Werkstatt am Lokschuppen mit vier durchlaufenden Gleisen und acht Ständen errichtet.

Nachdem der Umzug vom Bf Guben in die neuen Gebäude vollzogen war, fand am 30. Dezember 1954 die offizielle Übergabefeier statt. Der Druck war weg und die Weiterführung der Arbeiten ging nur noch schleppend voran. Die Inbetriebnahme der neuen, heute noch vorhandenen Drehscheibe war am 28. Mai 1955. Im Dezember 1955 folgte das Kesselhaus und am 25. Januar 1956 wurde die Rohrverbindung zwischen beiden neuen Wassertürmen (Bw und Bahnhof) fertig.

Die weitere Entwicklung bei der Eisenbahn ging auch am Bw Guben nicht spurlos vorbei. Am 1. Juni 1969 wurde diese Dienststelle, der ursprünglich so große Aufgaben zugedacht waren, in eine Einsatzstelle des Bw Cottbus umgewandelt. Die Auflösung kam in Etappen. Am 1. September 1992 sind die Tfz-Führer zum Bw Cottbus umgezogen und im Frühjahr 1994 folgte das Werkstattpersonal. Jetzt erinnern nur noch leerstehende Gebäude an die einstige Anlage.

Die Eisenbahn-ausbesserungszüge

Mobile Eingreiftruppe für die Reparatur von Kolonnenlokomotiven

Der ungenügende Unterhaltungsstand bei Lokomotiven und Güterwagen sowie die geringe Auslastung des Fahrzeugparks infolge zerstörter und demontierter Anlagen bereitete der sowjetischen Besatzungsmacht erhebliche Sorgen.

Am 7. Dezember 1945 fanden zu diesem Thema gleich zwei Beratungen bei der SMAD statt: Beim Oberstleutnant Lyssenko waren um 13.00 Uhr die Herren König und Ungnade einschließlich eines Dolmetschers zugegen und beim Generalmajor Kwaschnin hatten der Präsident Dr. Fitzner und der Direktionsrat Brill die Aufträge entgegenzunehmen.

Lyssenko ging davon aus, daß »Polen jetzt in größerem Umfange Züge annehmen wird und nunmehr sämtliche Kolonnenlok zur Bewältigung des Verkehrs eingesetzt werden sollen. Vorhanden sind etwa 800 Kolonnen-Lok, während die Bereitstellung von 900 Lok, und zwar 30 Kolonnen zu je 30 Lok gefordert ist. Die Zahl der schadhaften Kolonnen-Lok ist viel zu hoch und hauptsächlich auf die schleppende Arbeitsausführung in den Bw zurückzuführen.«

Da die Transporte hauptsächlich über Berlin in Richtung Küstrin und Frankfurt (Oder) liefen, sollten die Berliner Bahnbetriebswerke zusätzlich mit Arbeitskräften versorgt werden. Eine Handwerkerbrigade mit Werkzeug für das Bw Karlshorst war bereits von der Rbd Erfurt gefordert. Eine weitere mit 30 Mann sollte aus einem anderen Bezirk folgen. Vor allem waren Elektroschweißer und Kesselschmiede gefragt. Bei einem geplanten Einsatz von 250 Kolonnenlok, die durch Polen fuhren, wurde mit 25 Auswaschlok täglich gerechnet. Als Endtermin für alle Aufgaben war der 20. Dezember festgelegt.

In der Konferenz beim Generalmajor Kwaschnin ging es ebenfalls um den Schadlokbestand. Anschließend, um 17.50 Uhr in der Hauptverwaltung, erteilte Oberst Moros-

»Das ist unsere Maschine. Die wurde von uns im freiwilligen Einsatz wiederhergestellt« heißt es auf der Rückseite des Fotos. Die Schlosser des EAZ 3 auf »ihrer« 52 6421 am 12. Oktober 1950. Foto: Slg. L. Meyer

sow (1949 als Leiter der Lokabteilung der SMAD bezeichnet) seine Ratschläge. Danach wurde bis zum nächsten Morgen 6.00 Uhr ein Befehl zur Umsetzung aller Aufgaben ausgearbeitet und anschließend an die Direktionen übermittelt.

Offensichtlich reichten die bis dahin festgelegten Maßnahmen nicht aus oder es gab neue Erkenntnisse, denn am 12. Dezember 1945 wurde ein Befehl zur Bildung von fünf Lok-Ausbesserungszügen erteilt. In einem Lagebericht des Generaldirektors der DR an den Chef der Transportabteilung der SMAD vom 18. Dezember gibt es erste Informationen zu den fünf Zügen:

Bauendes Raw	EAZ Nr.	Heimatstation Bw
Meiningen	1	Schöneweide
Meiningen	2	Gesundbrunnen
Chemnitz	3	Cottbus
Zwickau	4	Tempelhof
Stendal	5	Pasewalk

Zuständig waren die geschäftsführenden Direktionen für das Werkstättenwesen: Berlin für das Raw Stendal, Erfurt für Meiningen und Dresden für Chemnitz und Zwickau. Aus deren Berichterstattung sind die Schwierigkeiten zu erkennen, die es beim kurzfristigen Aufstellen dieser Ausbesserungszüge gab. Recht unterschiedliche Wagen kamen mit Unterstützung der Wagenbüros zum Einsatz. Sie mußten den Erfordernissen entsprechend ausgerüstet werden. Die Werkzeugmaschinen wurden im jeweiligen Raw ausgebaut oder von anderen Raw zur Verfügung gestellt. An zwei aufgeführten Drehbänken des Raw Meiningen stand der Vermerk: »Beide Bänke werden von den Russen zum Umpressen benutzt«. Andere Drehmaschinen wurden noch aufgearbeitet. Werkzeug, Betriebs- und Werkstoffe, Schutzkleidung bis hin zur Bettwäsche und zum Küchenhandtuch mußten in dieser schwierigen Zeit bereitgestellt werden. Die damaligen Angaben zur geplanten Heimatstation sowie zur vorgesehenen Leitung der Züge decken sich in keinem Falle mit der späteren Realität.

Gemeinsam mit den zuständigen Direktionen wurden die Züge besetzt. Von den Raw mußten in erster Linie die notwendigen Fachkräfte gestellt werden. Aussprachen wurden geführt, die in der Regel auch zum Erfolg führten. Es hatte sich herumgesprochen, daß bei den Bauzügen, wie bei den Lokkolonnen, russische Verpflegungssätze zur Anwendung kamen. Hunger und Abenteuerlust waren besonders bei jungen Leuten ein Motiv zur Teilnahme am Bauzugleben. Allerdings sind auch Fälle bekannt, wo bestimmte

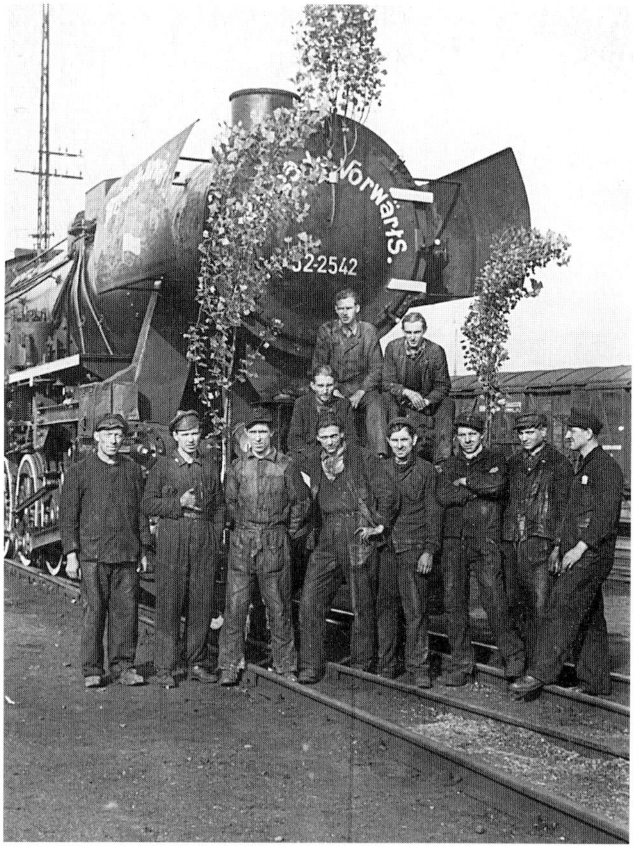

Von der Jugendbrigade Vorwärts wurde die 52 2542 vorzeitig fertiggestellt. Die Schlosser, noch in ihren öligen Arbeitssachen, sind stolz auf ihre Arbeit (1950)
Foto: Slg. L. Meyer

Fachkräfte für den Einsatz verpflichtet wurden. Die Einstellung von zusätzlich benötigten Arbeitskräften geschah oft am Einsatzort oder weniger belastete Direktionen mußten Arbeitskräfte delegieren. Die Dienstzeiten waren unterschiedlich gestaltet und richteten sich nach den Erfordernissen. Vielfach wurden bei Bedarf Schichten verlängert oder Doppelschichten geleistet, um die Heimfahrten zu verlängern.

Mit etwa 20 bis 30 Wagen und etwa 100 Mann Besatzung gingen die Eisenbahnausbesserungszüge für Kolonnenlokomotiven Anfang Januar 1946 auf die Reise. Sie waren überall einsetzbar, wo entsprechende Gleise sowie Strom- und Wasseranschlüsse vorhanden waren. In der Regel wurden die Werkstattwagen in oder neben einem Lokschuppen und die Wohn-, Küchen- und sonstigen Wagen

Die Laufwege der EAZ zwischen 1945 und 1950
Grafik: L. Meyer

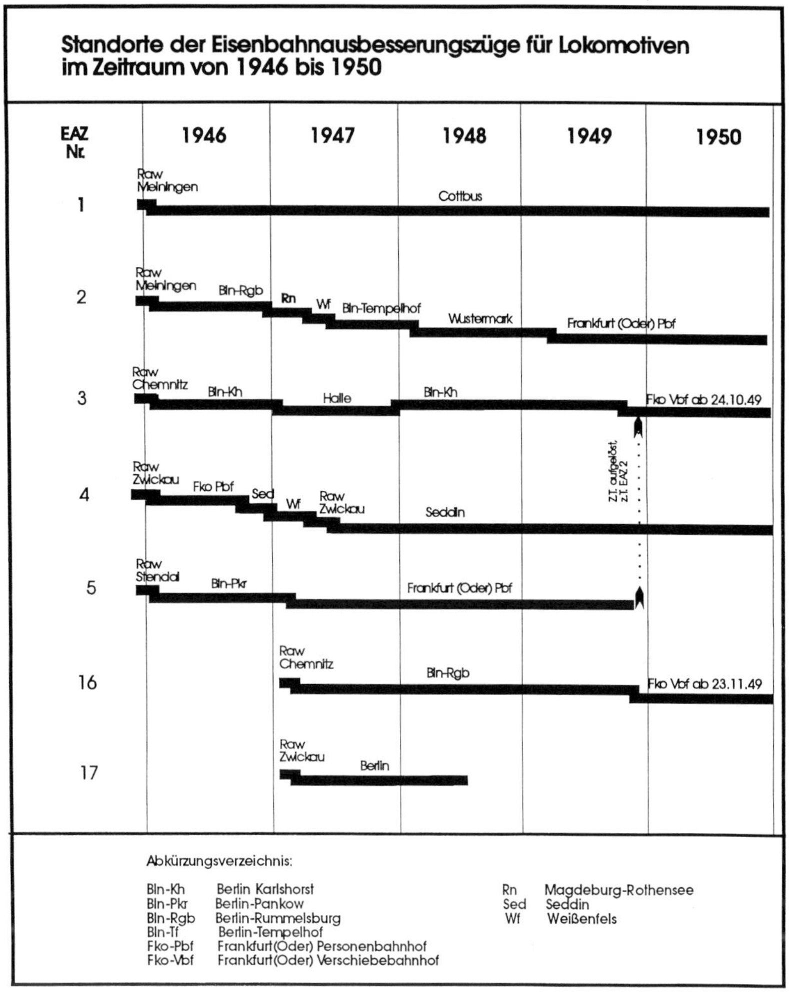

für die Betreuung der Beschäftigten auf dem jeweiligen Bahnhof mit möglichst einem Zugang von außerhalb des Bahngeländes aufgestellt.

Zu den Werkstattwagen gehörten:

- Maschinenwagen ausgerüstet mit Drehmaschinen, Bohrmaschinen, Lagerbohrwerk, Kurzhobler, Schränken mit entsprechenden Schneidwerkzeugen und einer Feilbank,
- Schmiedewagen mit entsprechender Ausrüstung (Gebläse, Schmiedefeuer, Amboß, Zangen, u.a.) Darüber hinaus mit der Möglichkeit Kuppel- und Treibstangenlager sowie Achslager mit Weißmetall auszugießen,
- Schweißerwagen mit Geräten, die nach Möglichkeit am Einsatzort stationär aufgestellt wurden,
- Wagen für Armaturenschlosser und Lokelektriker
- Werkzeugausgabe mit allen notwendigen größeren und Spezialwerkzeugen,
- Ersatzteilwagen für kleinere Ersatzteile und Werkstoffe.

Außerdem gehörten dazu:

- Bürowagen mit Räumen und Einrichtungen für Leiter und Vertreter des Zuges, Obermeister, Arbeitsvorbereitung und Normung sowie für Lohnabrechnung und Wirtschaftspersonal,
- Küchenwagen mit zwei Kochkesseln, Ofen bzw. Herde sowie die erforderliche Ausrüstung,
- Lebensmittelvorratswagen (Kühlwagen)
- Mannschaftswagen mit fest eingebauten Doppelstockbetten und Strohsäcken, Schränken, Tisch und Stühlen bzw. Bänken und einem mit Brikett beheizbaren eisernen Ofen.
- Wagen für Schuhmacherei und Sattlerarbeiten
- Wagen für Arbeitsschutzkleidung
- Wagen für den russischen Kommandanten (gab es nur in der Anfangszeit)
- Kurierwagen, der in einem festen zeitlichen Umlauf (EAZ – Heimat-Raw – andere Versorgungsdienststellen – EAZ) für die Versorgung des Zuges zuständig war.

Die Handwerker waren entsprechend der anfallenden Aufgaben in Gruppen eingeteilt. Vielfach wurde auch hier der Begriff Kolonne (später Brigade) verwendet. So gab es u.a. folgende Einteilung:

Schlosser für Stangen- und Achsarbeiten,
Kesselschmiede,
Armaturenschlosser,
Lokelektriker,
Aschkastenschlosser,
Bremsschlosser,
A- und E- Schweißer,
Dreher,
Auswäscher

Der EAZ 9 der Rbd Dresden war von 1946 bis 1948 in Frankfurt stationiert und war zuständig für die Reparatur beladener Güterwagen. Alfred Borkner (im Fenster rechts) wurde später Leiter des Bw Frankfurt (Oder) Pbf und der Verwaltung Maschinenwirtschaft der Rbd Berlin
Foto: Slg. L. Meyer

Die Mitarbeiter der EAZ hatten die Aufgabe Bedarfsausbesserungen (L0), Betriebsausbesserungen (L1) und Zwischenausbesserungen (L2) an den zugeteilten Lokomotiven durchzuführen.

Mit einem Telefonogramm vom 30. Dezember 1946 wurde die Rbd Dresden von der Zentralverwaltung des Verkehrs angewiesen, »zur Vermehrung von Instandsetzungsstellen und zur Liquidierung der Schwierigkeiten bei der Instandsetzung von Fahrzeugen innerhalb der sowjetischen Besatzungszone Deutschlands« bis zum 10. Januar 1947 zwei weitere Lok-Ausbesserungszüge nach »den Verzeichnissen früher zusammengestellter Züge« zu bilden.

Die »Meister und Brigadeführer« sollten nach dem Telefonogramm von den Ausbesserungswerken und die übrigen Kräfte vom jeweiligen Arbeitsamt bereitgestellt werden. Das Raw Chemnitz, zuständig für den EAZ 16, hatte am 17. Januar 22 Wagen fertiggestellt. Zwei weitere Wohnwagen sollten noch nachgeliefert werden. Statt der erforderlichen 112 Arbeitskräfte waren bis dahin vom Arbeitsamt jedoch nur 35 gesandt. Auch im Raw Zwickau gab es Schwierigkeiten bei der Aufstellung des EAZ 17. Schließlich wurden 24 Waggons des Wagen-EAZ 13 für den neuen Zug verwendet und dazu neun weitere eingerichtet. Beim Personal durfte auf die »Metallarbeiter« des EAZ 13 zurückgegriffen werden.

Trotzdem mußte die Zentrale der DR gegenüber der Transportverwaltung der SMAD zugeben, daß die beiden EAZ ab 20. Januar 1947 nur bedingt einsatzbereit waren. Es dauerte noch länger. Am 15. Februar 1947 wurde schließlich von der SMA kategorisch verlangt, daß die Züge 16 und 17 innerhalb von 48 Stunden zu den Bw Karlshorst und Tempelhof zu überführen sind.

Eisenbahnausbesserungszüge für die Reparatur von Güterwagen

Zur besseren Übersicht sollen hier auch einige Erkenntnisse zu den EAZ für Güterwagen genannt werden, weil es schwerfällt, die wenigen Informationen aus alten Unterlagen richtig einzuordnen. Die Wagenausbesserungszüge waren durchschnittlich personell schwächer besetzt und anders ausgestattet. Sie hatten z. B. in der Regel mehr Kapazitäten für die Holzbearbeitung. Den vielen beschädigten und durch die damaligen Verhältnisse ungenügend gewarteten Güterwagen wollten die sowjetische Transportverwaltung ebenfalls mit mobilen Einheiten zu Leibe rücken. Auf der Grundlage eines Befehls des Generals Shaworonkow anläßlich der Besprechung am 10. Januar 1946 in Karlshorst waren 10 Eisenbahnausbesserungszüge für Güterwagen durch Mitarbeiter der Raw aufzustellen. Die zur Besetzung notwendigen 850 Arbeitskräfte sollten zu 2/3 durch Bw und Bww und zu 1/3 durch Raw bereitgestellt werden.

Außerdem waren auf der Grundlage des Befehls Nr. 5 vom 12. Januar 1946 zur Verringerung des Bestandes leicht beschädigter Wagen 15 fahrbare Wagenausbesserungsgruppen zu bilden:

Rbd Berlin	4
Rbd Cottbus	1
Rbd Dresden	2
Rbd Erfurt	2
Rbd Greifswald	1
Rbd Halle	2
Rbd Magdeburg	2
Rbd Schwerin	1
Summe:	15

Dem Schreiben des Präsidenten Dr. Fitzner vom 28. Januar 1946 an die SMAD ist zu entnehmen, daß die Bevollmächtigten der SMAD in den Rbd Halle, Magdeburg und Erfurt nun sogar acht, drei, und acht solcher Einrichtungen forderten.

»Im Hinblick auf den gefahrdrohenden Mangel an Arbeitskräften, Wagen, Ausrüstungsgegenständen und Werk-

Der EAZ 3 feierte im Frankfurt Vbf die 4000. reparierte Lokomotive im Jahre 1950
Foto: Slg. L. Meyer

zeug« wurde gebeten, die Anzahl bei 15 zu belassen. Es blieb dann auch bei der zentralen Festlegung. In den folgenden Monatsmeldungen an die SMAD, bis einschließlich Mai 1946, wurde stets von der »Überwachung und Betreuung der 5 EAZ für Lok, 10 EAZ für Güterwagen und 25 fahrbaren Wagen-Ausbesserungs-Gruppen« berichtet.

Völlig unverständlich war, daß die 10 Wagen-EAZ Nr. 6 bis 15, laut Befehl 22/2145 der SMAD vom 14. März 1946, bereits wieder aufgelöst werden sollten. Die Ausführung hatte schon begonnen, als die zuständigen Leute in Karlshorst auf die Idee kamen, die Ausbesserungszüge »beim Abbau der Anlagen des elektrischen Zugförderungsdienstes in Mitteldeutschland einzusetzen«. Nur der EAZ 9 durfte in Frankfurt (Oder) verbleiben, um dort weiterhin beladene Güterwagen in den Zügen auszubessern. Die Aufgaben wurden offensichtlich schnell gelöst, denn am 17. Juli 1946 hieß es:

»Auf Anordnung der SMA sind ab sofort alle Eisenbahnausbesserungszüge für Güterwagen nur noch für die beschleunigte Ausbesserung von Güterwagen einzusetzen«.

Zu diesem Zeitpunkt befanden sich in der Rbd Berlin die EAZ 6 und 9, Rbd Magdeburg die EAZ 7 und 8, Rbd Halle die EAZ 10 und 12, Rbd Dresden die EAZ 11 und 13 und in der Rbd Erfurt die EAZ 14 und 15.

Weitere Einzelheiten zu den jeweiligen Aufgaben und Standorten sind kaum nachzuweisen. Einige Hinweise geben die recht unterschiedlich abgefaßten Meldungen der Reichsbahndirektionen über die Zählung der Bahndienstwagen im Februar 1947:

Die Wagen und das Personal des EAZ 13 waren für die Bildung des Lok-EAZ 17 verwendet worden.

Im Februar 1946 kam der EAZ 9 mit 71 Beschäftigten von Berlin-Schöneweide zum Frankfurter Verschiebebahnhof. Er war neben der heutigen Auffahrt zum Lokschuppen stationiert. Alfred Borkner (ab 1955 Vorsteher des Bahnbetriebswerkes Frankfurt (Oder) Personenbahnhof und ab 1960 Verwaltungsleiter Wagen- bzw. Maschinenwirtschaft der Rbd Berlin) gehörte zur Mannschaft. Im März 1948 war im Lokschuppen des Verschiebebahnhofes das Bww eingerichtet und der EAZ 9 wurde wieder abgezogen

Eisenbahnausbesserungszüge bei der DRw

Die Einrichtung von Eisenbahnausbesserungszügen zur schnellen Behebung von leichten Schäden an Lokomotiven und Güterwagen im Osten Deutschlands in der unmittelbaren Nachkriegszeit war keine Erfindung der sowjetischen

Rbd Halle	EAZ 10	21 Wagen	(EAZ 10 wurde noch von der GDW Dresden aufgestellt)
	EAZ 12	26 Wagen	(EAZ 12 gehört der Rbd Dresden)
Rbd Magdeburg	EAZ 7	11 Wagen	(Nr. 728015 bis 728025), 5 Mannschaftswagen, 1 Küchenwagen, 1 Bürowagen, 1 Aggregatewagen, 1 Schmiede- und Schweißerwagen, 1 Tischlereiwagen.
Rbd Berlin	EAZ 6	10 Wagen	
	EAZ 9	9 Wagen	(Entsprechend der Wohnwagenbeschriftung gehörte der EAZ 9 zur Rbd Dresden, d. A.)
Rbd Cottbus	EAZ 5	3 Wagen	(Ausbesserungszug der Rbd Cottbus beim Bww Cs)

52 2542 der Jugendbrigade Vorwärts schiebt einen in freiwilliger instandgesetzten Heizkesselwagen in die richtige Fotostellung (1950). Der EAZ 3 war auch dafür zuständig. Foto: Slg. L. Meyer

Besatzungsmacht, es gab sie auch in den Westzonen. Die ständig steigenden Transportanforderungen führten auch hier bereits 1945 zur Aufstellung von Eisenbahnausbesserungszügen. Zwanzig EAZ kamen zum Einsatz, davon fast die Hälfte für die Güterwagenausbesserung. Neun Ausbesserungszüge führten Bedarfs- und Zwischenausbesserungen an Lokomotiven aus und zwei Züge waren zeitweilig zur Ausbesserung von dringend benötigten Reisezugwagen im Einsatz. Außerdem gab es zur Aufräumung der Bahnhöfe und Strecken und zur Rückgewinnung von Ersatzteilen acht Eisenbahnstofferfassungszüge (ESZ) sowie zwei Arbeitsaufnahmezüge (AAZ) zur Erfassung und Identifizierung von Lokomotiven und Wagen und für Sonderaufgaben.

Standorte, Aufgaben und Episoden

Im Gegensatz zu den Zügen im Westen wurden die Lokausbesserungszüge im Osten ausschließlich für die Unterhaltung von Lokomotiven, die im Dienste der Siegermacht standen, eingesetzt. Dazu gab es die bereits genannten EAZ 1 bis 5 sowie die EAZ 16 und 17. Die teilweise lückenhaften Laufwege der Züge sind im wesentlichen durch Aussagen von Zeitzeugen belegt.

EAZ 1

Der EAZ 1 wurde Ende 1945 im Raw Meinigen aufgestellt und ab Januar 1946 in Cottbus stationiert. Nach einer Zählung der Bahndienstwagen in der Rbd Cottbus am 16. Februar 1947 wurden folgende 22 Wagen als zugehörig zum Eisenbahn-Ausbesserungszug Nr. 1, Rbd Erfurt, erfaßt:

Übersicht der Bahndienstwagen des EAZ 1 (Zählung am 16.2.1947):

Standort	Eigentum	Nr.	Gattung	Verwendungszweck
Lokschuppen 4 Cs	MBV	128980	G	Gerätewagen
	T	385791	Om	Gerätewagen
	T	362749	Gk	Vorratswagen
	Erfurt	743003	G	Waschwagen
	Italia	146081	G	Küchenwagen
	Italia	143610	G	Vorratswagen
	Stettin	948982	G	Wohnwagen
	Italia	149200	G	Wohnwagen
	Berlin	320028	GG	Wohnwagen
	France	114838	G	Schlafwagen
	PKP	118615	G	Schlafwagen
Stellw Nwb	T	383924	O	Gerätewagen
	France	88802	O	Gerätewagen
	France	113678	G	Stoffwagen
	Erfurt	745002	G	Werkzeug- u. Gerätewagen
	DR	765574	G	Werkstattwagen
	France	47816	G	Werkstattwagen
	Italia	171501	G	Werkstattwagen
	France	80176	G	Werkstattwagen
	Erfurt	745005	G	Werkstattwagen
	Erfurt	745004	G	Werkstattwagen
	Frankfurt	31581	O	Gerätewagen

Josef Preuß (Jahrgang 1926) begann am 18. November 1945 seine Tätigkeit im Raw Meiningen und wurde im Januar 1946 zur Arbeit im EAZ 1 nach Cottbus verpflichtet. Ausgerüstet mit einer Bescheinigung der SMAD, die zur Benutzung aller Züge der Eisenbahn berechtigte, dauerte die Tour von Meiningen über Berlin nach Cottbus vom 22. bis 29. Januar 1946.

Der EAZ 1 (Zugleiter Nowitzki) war für die Unterhaltung der Lokomotiven der Kolonne 20 zuständig. Überwiegend wurde an 52er, aber auch an 42er, 44er und 58er im Schuppen 4 auf den Gleisen 15 bis 18 gearbeitet. Die Lokomotiven der Kolonne 25 wurden in der Regel vom Bw Cottbus unterhalten. Nur die Zwischenausbesserungen (L 2) mußte der EAZ, der dazu acht Hebeböcke im Bestand hatte, erledigen. Die Aufgaben wurden in einer Tagesschicht durchgeführt. Erst wenn alle Arbeiten erledigt waren, durfte die Mannschaft Feierabend machen. Treffpunkt in der Freizeit war dann häufig Winklers Ballokal in Ströbitz. Etwa 1949/50 ist ein Umkleidewagen abgebrannt, wobei

Preuß seine Papiere verlor. Eine Petroleumlampe soll den Brand ausgelöst haben.

Ab etwa 1948 gab es in Cottbus die Kolonnen 9 und 10. Nach Aussagen von Erwin Kühnel, dem späteren Leiter der Kolonne 10, wurde seine Maschine vom Bw Cottbus betreut.

Bis 1950 existierte der EAZ 1 in Cottbus. Anschließend waren die Wagen des Zuges bis Ende der 50er Jahre in Finsterwalde abgestellt.

EAZ 2

Die geschäftsführende Direktion für das Werkstättenwesen Erfurt berichtete am 18. Dezember 1945:

»Im Bw Gotha sind im Bau: 1 Bürowagen Nr. 458, 1 Schlafwagen Mitropa Nr. 30 036 (Wagen erhält Betten und Schemel), 1 Speisewagen Mitropa Nr. 1 012 (Wagen erhält Betten und Schemel), 1 Küchenwagen, 1 Vorratswagen. Zwei vierachsige Aufenthaltswagen wurden zum Raw Jena zur Ausrüstung gesandt. Das Wagenbüro Erfurt beschafft z.Z. die für die beiden Züge noch fehlenden Wagen.«

Der EAZ 2 wurde im Dezember 1945 im Raw Meiningen aufgestellt und gemeinsam durch die Rbd Erfurt besetzt. Heinz Blümke (Jahrgang 1926) hat den Anfang miterlebt und erinnert sich an den Laufweg des Zuges:

»Obwohl ich im Raw in meinem Beruf als Tischler arbeiten wollte, erfolgte mein Einsatz als Kranführer. Da wir zu Hause sechs Kinder waren und mir bekannt wurde, daß es im EAZ russische Verpflegungssätze gab, habe ich mich dorthin gemeldet. Am 3. oder 4. Januar fuhren wir mit unserem Zug nach Berlin Rummelsburg und haben dort Lokomotiven der BR 01 und BR 52 der Lokkolonne 8 repariert.«

Karl Adolph (Jahrgang 1927) hatte ebenfalls wegen der besseren Verpflegung Interesse am Einsatz bekundet. Trotzdem erhielt er vom Raw eine Verpflichtung und reiste im Juni 1946 nach Berlin Rummelsburg:

»Als Arbeitsschutzkleidung erhielt ich damals eine Kombination und Schuhe mit einer dicken Holzsohle (sie wurden als Holzschuhe bezeichnet). Die fest eingebauten Bettgestelle mit Bretterböden waren mit Strohsäcken und Decken ausgerüstet.«

Im Dezember 1946 kam der EAZ 2 nach Magdeburg-Rothensee. Die Kälte im Januar 1947 und der defekte Lokschuppen hatten zur Folge, daß die Lokomotiven und Anlagen einfroren. Eine Unterhaltung war nicht mehr möglich. Er kam deshalb ab etwa Mai 1947 zum Einsatz in Weißenfels. Aber auch dort, im kleinen Lokschuppen für Ellok, gab es Schwierigkeiten. Das neue Ziel war Tempelhof. Obwohl es nun gute Arbeitsbedingungen gab, mußte im Januar oder Februar 1948 zum Bw Wustermark umgesetzt werden. (Möglicherweise resultierte diese Maßnahme bereits aus den Spannungen zwischen den Besatzungsmächten in Berlin). Im September 1948 brannte ein Wohnwagen aus und einige Mitarbeiter verloren ihre Habseligkeiten.

Wohnwagen des EAZ 3 nach ihrer Umsetzung von Berlin-Karlshorst nach Frankfurt (Oder). Nur wenige Fenster sind wieder mit Glas versehen. Fotos: Slg. L. Meyer

Im April 1949 traf der EAZ 2 (Zugleiter Fähr) in Frankfurt (Oder) Pbf ein. Gegen Endes des Jahres wurde der dort stationierte EAZ 5 mit übernommen. Die Wohnwagen standen auf dem Küchengleis. Eine Episode, die sich am dortigen Standort ereignete, hatte Karl Adolph noch in Erinnerung:

»Durch Zufall – als ich Geräusche hörte und nachsehen wollte, ob sich jemand an unseren Wagen zu schaffen machte – habe ich unterhalb des Wagenbodens Speck entdeckt, der von außen dort abgelegt worden war. Ich stellte ihn für den Eigenbedarf sicher. Später habe ich beobachtet, wie einige Russen vergeblich ihren Speck suchten.«

1950 wurden die Jugendlichen des EAZ 2 in der Frankfurter Presse gewürdigt. Die FDJ-Gruppe des Zuges hatte in rund 750 freiwilligen Arbeitsstunden eine L2 an der 52 3107 in Vorbereitung auf das Deutschlandtreffen der FDJ durchgeführt. Jugendliche der Kolonne 8 fuhren damit zu Pfingsten einen Sonderzug nach Berlin.

Ende 1950 wurden die Eisenbahnausbesserungszüge aufgelöst und das Personal vom Bw Vbf übernommen. Einige Mitarbeiter sind in Frankfurt seßhaft geworden, andere kehrten in ihre Heimatdienststellen zurück.

Die Instandhaltung von Dampfrössern, wie hier im Bw Berlin-Schöneweide (1949), war stets mühsam, doch in der Nachkriegszeit fehlten oft Teile und Werkzeuge, Kolonnenlokomotiven hatten absoluten Vorrang vor Binnenmaschinen. Foto: H. Hensky, Slg. Preuß. Kulturbesitz

EAZ 3

Werner Schneider (Jahrgang 1926) mußte sich am zweiten Weihnachtsfeiertag 1945 im Raw Chemnitz zur Ausrüstung des EAZ 3 einfinden. Anfang Januar 1946 kam er zum Einsatz, zur Unterhaltung der Lokomotiven BR 50 der Kolonne 7 im Bw Berlin-Karlshorst. 1947 mußte der EAZ 3 vorübergehend Aufgaben in der Rbd Halle übernehmen. Nach einer Zählung der Bahndienstwagen durch die Rbd Halle am 16. Februar 1947 wurden für den EAZ 3 mit dem Vermerk »Von der Rbd Berlin zur Rbd Halle abgeordnet« 30 Wagen erfaßt.

Wolfgang Bernstein (Jahrgang 1929) wurde im September 1948 auf eigenem Wunsch (wegen der besseren Verpflegung) zum EAZ 3, der wieder in Karlshorst stationiert war, versetzt und arbeitete dort als Armaturenschlosser. Die Werkstattwagen standen zu dieser Zeit vor bzw. im Lokschuppen und die Wohnwagen auf einem Abstellgleis, unmittelbar neben den S-Bahngleisen:

»Wir bekamen täglich einmal warmes Essen und ansonsten alle 10 Tage Kaltverpflegung laut Verpflegungssatz. Für besondere Leistungen bzw. Erfüllung von Sonderwünschen erhielten wir von den Lokbrigaden mitunter in Polen eingetauschte Lebensmittel. So wurden wir besonders belohnt, wenn wir Handräder aus Messing oder Messingglocken für Dampfpfeifen beschafften und anbauten.«

In freiwilliger Arbeit reparierten die jungen Kollegen des EAZ 2 die 52 3107 (L 2). Pfingsten 1950 beförderte sie einen Sonderzug nach Berlin zum Deutschlandtreffen der FDJ. Foto: Slg. L. Meyer

Manchmal gab es unverhofft zusätzlich Verpflegung. Ein beliebtes Versteck war die hohle Umsteuerstange. Sogar Ölflaschen paßten dort hinein. Sie wurden mit einer Schnur festgebunden und konnten so wieder herausgezogen werden.

»In einem Fall sollten wir die Funktionsfähigkeit der Tenderventile überprüfen. Dabei stellten wir fest, daß die Durchlaßfähigkeit vermindert war, weil Speck auf dem Ventil lag. Der Speck war offensichtlich aus einem Paket, das sich im Tender befand, herausgerutscht.«

Spätestens ab 1949 mußten auch Lokführeranwärter drei Monate während ihrer Ausbildung in einem EAZ Erfahrungen sammeln, wie der Festzeitung zur 3. Jahresfeier des EAZ 3 zu entnehmen ist und Zeitzeugen aus anderen EAZ berichten.

Mit Schreiben der SMA D vom 14. Juli 1949 wurde der Generaldirektor der Reichsbahn u.a. angewiesen:

»Das Bw Frankfurt (Bw Vbf - d.A.) ist zur Instandsetzung der Kolonnenloks vorzubereiten... Die Kolonne 2 ist bis zum 15. September aus dem Bw Karlshorst gemeinsam mit dem EAZ 3 in das Bw Frankfurt (Oder) zu verlagern.«

Wie das umgesetzt wurde, schildert ein Zeitzeuge:

»Vorher mußten wir noch die Ofenrohre, die weit über das Wohnwagendach herausragten, abnehmen. Die eigentliche Fahrt nach Frankfurt erfolgte abends. Es gab ein Gerücht, daß wir nach Brest sollten. Deshalb nutzten wir jede Gelegenheit, um zu erkunden, wo wir uns befanden. Wir wollten auf keinen Fall über die Oder.«

Am 24. Oktober 1949 traf der EAZ 3 in Frankfurt (Oder) Vbf ein und setzte in den folgenden Tagen im Westteil des Lokschuppens seine Arbeit fort. (Die Kolonne 2 war bereits am 9. Oktober eingetroffen.) Während die Werkstattwagen ebenfalls im westlichen Schuppenteil aufgestellt waren, mußten die übrigen Wagen auf dem Rbf (Fgk, später Fgl) verbleiben. Im Ostteil befand sich noch das Bww.

Die Feier zum vierjährigen Bestehen des EAZ 3 fand im Februar 1950 im Haus am Berg statt. Der Zugleiter Walter Rockstroh und der BGL-Vorsitzende Alfred Förster schätzten u.a. ein:

»Vom Januar 1946 bis Dezember 1949 haben wir 3 363 Loks ausgebessert.«

Damit war das Soll bei L1-Ausbesserungen mit 121 % und bei LOG mit 175 % erfüllt. Außerdem wurden 54 Heizkesselwagen instandgesetzt.

Der Rest des EAZ 16, der am 23.11.1949 von Berlin-Rummelsburg nach Frankfurt kam, wurde dem EAZ 3 bis zur Auflösung aller noch vorhandenen Ausbesserungszüge Ende 1950 unterstellt.

EAZ 4

Nach dem Lagebericht vom 18. Dezember 1945 wurde durch die geschäftsführende Direktion für das Werkstättenwesen Dresden eingeschätzt:

»Es sind 20 Wagen in Arbeit, 10 im Anrollen. Fertigstellung der beiden Züge (EAZ 3 und 4 – d. A.) voraussichtlich Weihnachten. Es fehlen noch für den Zug in Zwikkau drei vierachsige P-Wagen.«

Der Schlosser Manfred Schreier (Jahrgang 1922) hatte im Oktober 1945 seinen Dienst bei der DR im Raw Zwikkau aufgenommen und sich zum E- und A- Schweißer weitergebildet. Er erinnert sich, daß Aussprachen zur Besetzung eines Ausbesserungszuges für die Reparatur von Lokomotiven bis Ende Dezember stattfanden. Über Standorte und Dauer des Einsatzes gab es keine Informationen. »In einigen Fällen traten ehemalige Flüchtlinge, die nun im Raw tätig waren, von ihrer Verpflichtung zurück, weil Familienmitglieder gefunden wurden. Auch ich übernahm die Stelle eines älteren Kollegen aus Schlesien, der nach jahrelanger Kriegstrennung endlich wieder seine Familie hatte.

Am 6. Januar 1946 war es dann soweit und der Zug mit etwa 16 Güter- und Personenwagen setzte sich von Zwickau aus in Bewegung. Die Reise ging über Chemnitz und Leipzig, wo die Besatzung des Zuges durch Beschäftigte dieser Raw vervollständigt wurde, weiter nach Berlin-Karlshorst. Hier erfuhren wir unseren ersten Einsatzort und die Aufgaben, die zu lösen waren. Nach gut einer Woche, Mitte Januar 1946, setzten wir unsere Fahrt in östlicher Richtung nach Frankfurt (Oder) fort.«

Viele Zugmitglieder hatten als Soldat den Krieg überlebt und waren froh, in der Heimat zu sein. Keiner wollte die sowjetische Besatzungszone in der nun vorgegebenen Richtung verlassen und über die Oder fahren. Man war sich einig, vorher abzuspringen, falls es nach Polen weitergehe. Doch die Befürchtungen waren unbegründet. In Frankfurt (Oder) Personenbahnhof wurden die Mannschafts-, Büro- und Küchenwagen auf den Abstellgleisen, oberhalb des Straßentunnels Dresdner Straße, abgestellt. Die Werkstattwagen fanden im nördlichen Teil des Halbrundschuppens einen Platz.

»Bereits zwei Tage nach unserer Ankunft begannen wir mit den Reparaturarbeiten. Verantwortlich waren wir für die Reparatur der nach Brest im Transitverkehr eingesetzten Lokomotiven BR 52. Der Zug war gut ausgerüstet und das Personal in der Lage, alle anfallenden Reparaturen an Lokomotiven durchzuführen. Unser Chef und Zugleiter hieß Müsiggang. Als Vertreter der Gewerkschaft war von uns Kollege Spranger benannt. Für eine ordnungsgemäße

Arbeitsvorbereitung und -durchführung trugen die Meister Wendler und Wolff die Verantwortung. Über allem jedoch stand der sowjetische Kommandant des Bahnhofes bzw. des Bahnbetriebswerkes, der nebenbei auch für die Verpflegung der Mannschaft sorgen mußte. Unser Küchenpersonal verstand es ausgezeichnet, aus dem was vorhanden war, ein gutes und schmackhaftes Essen zu bereiten.

Ganz wichtig war natürlich die Ausgabe von Krimtabak. Stand der nicht zur Verfügung, waren wir auch mit Machorka zufrieden, der am besten schmeckte, wenn er als Zigarette aus dem Papier der »Prawda« gedreht wurde. Brot war immer knapp und so wurde mancher Koffer voll Brikett gegen Brot und Kartoffeln eingetauscht.

Wir waren im durchgängigen Schichtdienst – 12 Stunden Dienst und 24 Stunden frei, im Bedarfsfall operativ – eingesetzt und hatten sehr viel Arbeit. Jede Lok sollte schnell wieder in Einsatz gehen, darauf achtete besonders der Kommandant. So kam es nicht selten vor, daß unser Zugleiter zum Rapport mußte und auch schnell einmal für 24 Stunden einsaß.

Während wir in den ersten Monaten noch mit eigenem Material auskamen, wurde es ab März/April schon schlechter. Schweißdraht und Elektroden wurden immer knapper. Nun wurden die Güterzüge auf Draht untersucht und mit Bolzenschneider, Kneifzange oder Seitenschneider Draht für Schweißarbeiten besorgt. Guter weicher Draht wurde gerichtet, zugeschnitten, in Karbidschlamm getaucht und als Elektrode verwendet.

Ich erinnere mich an eine Lok der BR 01, die kalt nach Polen gehen sollte und auf dem Gleis an der Lokleitung des Bw Pbf abgestellt war. Natürlich wurde die Lok auf brauchbares Gut untersucht. Wir wurden fündig, in der Feuerbüchse, auf den Rosten lagerten hunderte von Drehmeißeln, Bohrer aller Größen und andere Kleinteile. Wer konnte es uns verübeln, daß wir für unsere Arbeit auch einiges dringend benötigten.

Es war nicht immer leicht, alle Forderungen, die an uns gestellt wurden, so ohne weiteres zu erfüllen. Aber eines muß gesagt werden: Die Belegschaft des Zuges – ältere und jüngere Kollegen – war eine fest verschworene Gemeinschaft und da half jeder dem anderen, nicht ausgeschlossen davon auch die Verantwortlichen der Zugleitung, der es ja auch nicht immer gelang, den Wünschen und Anordnungen der sowjetischen Kommandanten gerecht zu werden.

Da wir mitten auf dem Bahnhof standen und auf beiden Seiten neben uns Transporte unter Bewachung sowjetischer Soldaten fuhren, wurde manche Flasche Wodka gegen Eßbares eingetauscht. So konnten wir einmal für Wodka zwei Säcke mit Erbsen eintauschen, die sich bei genauem Hinschauen als Rohbohnenkaffee, also ungebrannt, herausstellten.

In einer Nacht war der halbe Bahnhof total betrunken, denn auf einem Gleis stand ein undichter Behälterwagen abgestellt – gefüllt mit reinem Sprit. Mit Eimern, Töpfen und allen möglichen Gefäßen wurde abgefüllt und verteilt.

Ein gutes Verhältnis bestand mit den Beschäftigten des Bahnbetriebswerkes Personenbahnhof. Wir halfen uns gegenseitig bei schwierigen Arbeiten oder auch mit Ersatzteilen.«

Zur Verbesserung der eigenen Versorgung haben auch die Mitarbeiter der EAZ unmittelbar zum Schmuggel von Lebensmittel beigetragen. Eine besondere Rolle kam dabei den Schweißern zu. Sie waren sehr erfinderisch und richteten an Lok und Tender immer wieder neue Verstecke ein, die der Zoll noch nicht kannte. Aus einer Kartusche entstand ein Behälter, der in das Schürgeräterohr paßte. Er wurde ganz nach hinten geschoben und mit Spezialwerkzeug wieder vorgeholt.

»Anfang Oktober 1946 wurden wir dann nach Seddin umgesetzt . Bei dieser Fahrt mußten wir alles verriegeln und sichern, weil unterwegs von umherziehenden Personen versucht wurde, in die Wagen einzudringen.

In Seddin standen unsere Mannschaftswagen am Rande des Bw-Geländes, am Waldrand, und die Gerätewagen im Lokschuppen. Es gab neue Aufgaben, denn neben der BR 52 mußten wir nun auch Lokomotiven der BR 01 und 03 reparieren. Im allgemeinen war es dort jedoch für uns nicht besonders attraktiv, weil es im Ort keine Abwechslung gab, kein Kino, keine größere Gaststätte, kein Tanz usw. So waren wir eigentlich froh, als es weiterging.«

Am 14. Dezember 1946 folgte mit der Lok 50 1831 die Umsetzung in die Rbd Erfurt, zum Bw Weißenfels.

Die Mannschaftswagen kamen in den Rundschuppen und gearbeitet wurde im Rechteckschuppen. Im April 1947 wurde der Zug zur Ausbesserung zum Raw Zwickau zurückgeführt. Nach Aussagen weiterer Zeitzeugen war er anschließend bis Ende 1950 in Seddin stationiert.

EAZ 5

Im Lagebericht vom 18. Dezember 1945 wurde mitgeteilt, daß fünf vierachsige Personenwagen, und zwar:

ein französischer Packwagen 24 535, ein Packwagen Dd 25 889, ein C 14 633 (Ostbahn), ein 3. Klasse Schlafwagen bezeichnet mit »Nr 2« und ein 3. Klasse Schlafwagen Berlin 320 955, am 15. Dezember 1945 vom Raw Potsdam dem Raw Magdeburg zugesandt wurden. Am 18. Dezember 1945 hatte das Raw Magdeburg zwei französische vierachsige Wagen 34 878 und 380 307 an das Raw Stendal zur Verwendung als mechanische Werkstattwagen geliefert.

Der im Raw Stendal ausgerüstete EAZ 5 war überwiegend mit Personal aus dem Raw Kirchmöser besetzt. Ab Januar 1946 im Bw Berlin-Pankow stationiert, gelangte er etwa Anfang 1947 nach Frankfurt (Oder) Pbf. Die Werkstattwagen erhielten, wie die des EAZ 4 bis Ende September 1946, im nördlichen Teil des Halbrundschuppens (Lokstände 26 bis 30) einen Platz. Die übrigen Wagen wurden auf dem Küchengleis (Bezeichnung aus der Zeit der Hauptwerkstatt) an der Briesener Straße aufgestellt. Für die Angehörigen des Zuges, einschließlich der aus Frankfurt eingestellten, war es ein ungünstiger Zugang quer über den Bahnhof oder den vorschriftsmäßigen Weg vom Wohn- oder Umkleidewagen zum Arbeitsplatz im Lokschuppen. Zum Küchenwagen oder zum Tauschen der Arbeitsschutzkleidung mußte der gleiche Weg zurückgelegt werden. Da die Lokschlosser in der Regel zwei Garnituren trugen, wurde immer der zuletzt empfangene Arbeitsschutzanzug nach unten genommen. Neben einer Tagesschicht gab es abwechselnd Dienstzeiten von 7.00 Uhr bis 16.00 Uhr und von 16.00 Uhr bis 1.00 Uhr. Jeweils nach 4 Stunden wurde eine Stunde Pause eingelegt. In der Nacht von 1.00 Uhr bis 6.00 Uhr gab es keine Besetzung durch Handwerker. Das Wochenende wurde mit einer Arbeitszeit von 12 Stunden durch die Spätschicht überbrückt. Bei Bedarf konnten Handwerker, die im Zug schliefen, herangezogen werden. Die technischen Einrichtungen der Werkstattwagen waren für die Arbeitsausführung wertvoll. Nur bei Achssenkarbeiten, beim Auspressen der Lager und speziellen Dreharbeiten wurden die Werkstätten des Bw Fko Pbf gemeinsam genutzt. Unterhalten wurden Lokomotiven der BR 52 und 01 der Kolonnen 1 und 8.

Richard Dohne (Jahrgang 1912) kam als Frankfurter im Oktober 1947 zum EAZ 5 und war später als Meister eingesetzt:

»Für den Lokeinsatz und die Instandhaltung in der Oderstadt war der russische Kommandant Sotow mit seinen Revisoren und Dolmetschern zu dieser Zeit zuständig. Die Zusammenarbeit mit den Revisoren war sehr gut, fast kameradschaftlich. Eine Episode aus der Anfangszeit werde ich nicht vergessen. Als für eine Lok der BR 52 keine Sicherheitsventile zum Wechseln vorhanden waren, mußten wir auf Anordnung des Kommandanten die Untersätze am Kessel blind verflanschen. Nach etwa 3 Wochen kam die Lok unversehrt vom Einsatz zurück.«

Für Neulinge bei der Eisenbahn, die vorher in einem Privatbetrieb das Schlosserhandwerk erlernt hatten, war es schwierig, alle Zusammenhänge sofort zu begreifen. Wenn eine Lok von großer Fahrt zurück und in den Schuppen zur Reparatur kam, wurde das Personal zuerst mit solchen Sprüchen, wie: »Was spricht man in Raucherkreisen?« oder ähnlichem empfangen. Da mußten dann auch die Nichtraucher die Hand aufhalten. Gegen Feierabend kam die Frage auf: »Habt Ihr Eure Kohlen?« Was für Kohlen? Erst dann wurde klar, jeder der zu Hause einen Ofen zum Heizen hatte, nahm sich vom Tender einer Lok besonders ausgesuchte Briketts, die in einer Tasche fein säuberlich aufgestapelt wurden, mit nach Hause. Nur auf »Kuckuck«, einem Bahnpolizisten, mußte man auf dem Heimweg besonders achten.

»Nach drei Tagen Arbeit als Lokschlosser war ich nahe daran, meine Tätigkeit wieder zu beenden. Am ersten Tag, am 15. Februar 1949, wurden Treib- und Kuppelstangen abgebaut und die Lager ausgepreßt. Der nächste Einsatz fand bei grimmiger Kälte unterhalb der Lok statt. Dort lernte ich, um Zeit zu sparen, wie man Unterkästen mit dünnen Holzkeilen befestigt. Mehr körperliche Bewegung in dieser Situation wäre mir lieber gewesen. Am dritten Tag meines Eisenbahnerlebens hatte ich in einer schlecht gesäuberten Rauchkammer Überhitzereinheiten auszubauen. Nach Feierabend mußte ich dann nicht nur die Hände, sondern auch den Hals mit der Bürste waschen.«

Nicht immer waren solche unangenehmen Aufgaben zu erfüllen. Manchmal machte das Leben in einem Kollektiv mit vielen jungen Leuten Spaß. Selbst wenn man die Ereignisse aus heutiger Sicht kritischer betrachtet. »Es ist vorgekommen, daß wir nach fleißiger Arbeit die Spätschicht mit der Pause um 20.00 Uhr beendeten und gemeinsam mit einem noch jungen Meister die Gaststätte Engelhardt aufsuchten, um ein frohes Jugendleben zu veranstalten.«

Ende 1949 wurde der EAZ 5 aufgelöst und in den EAZ 2 integriert. Einige Mitarbeiter wurden entlassen. Ernst Haake (Jahrgang 1906), der ab Dezember 1947 nach Grunert mit der Leitung des EAZ 5 beauftragt war, übernahm nun bis Ende August 1950 den EAZ 2.

EAZ 16

Vom Raw Chemnitz aufgestellt, kam der EAZ 16 im Februar 1947 nach Berlin und übernahm im Bw Rummelsburg die Aufgaben, die bis Dezember des vorangegangenen Jahres der EAZ 2 zu lösen hatte. Das Personal, das anfangs aus-

Der EAZ 16 war vom Februar 1946 bis zum November 1949 in Berlin-Rummelsburg, anschließend in Frankfurt (Oder) Vbf im Einsatz. Foto: Slg. L. Meyer

schließlich aus der Rbd Dresden kam, wurde im Laufe des Jahres 1947 abgelöst. Bis auf einige Mitarbeiter, die selbst den Wunsch hatten dort zu bleiben, kamen nun Beschäftigte aus den Rbd Greifswald, Schwerin und Berlin .

Heinz Mierke (Jahrgang 1928) war dort von 1948–1949 als Lokschlosser beschäftigt.

Der Leiter zu dieser Zeit hieß Dolzinsky, der aber nicht im Zug, sondern in Berlin wohnte. Meister waren Hugo Raddak und Erich Marokke vom Bw Güstrow. Bei der Reparatur von Lokomotiven der Baureihe 01 mußten auch viele Lokführeranwärter eine Pflichtzeit absolvieren. Es wurde im Zweischichtsystem gearbeitet, in Früh- und Spätschicht von 6.00 Uhr–14.00 Uhr und 14.00 Uhr–22.00 Uhr. Die Wagen, die für die Reparatur der Lokomotiven notwendig waren, standen im Gelände des Bahnbetriebswerkes. Das übrige Personal mit allen Einrichtungen, Küche, Schlafräume, Arbeitsschutzkleiderlager und Büros waren in Eisenbahnwaggons auf dem Betriebsbahnhof Berlin-Rummelsburg untergebracht. 1948 brannte einer dieser Waggons vollkommen aus, weil ein Angehöriger des Zuges im Bett geraucht hatte und dabei eingeschlafen war. Fritz Hämicke, der Gewerkschaftsvorsitzende und Verantwortliche für Verpflegung, schlug Alarm. Nur durch den glücklichen Umstand, daß sofort eine Lok zum Trennen des Zuges zur Verfügung stand, konnte größerer Schaden vermieden werden. Die Bewohner des Wagens retteten sich mit dem, was sie auf dem Leibe trugen. Verletzt wurde niemand.

Horst Dallmann (Jahrgang 1928) war seit dem 24. Mai 1947 Wagenschlosser im Bw Greifswald. Durch Aushänge mit dem Hinweis auf gute Verpflegung und Zahlung einer Auslösung erfuhr er, daß Arbeitskräfte für Bauzüge gesucht wurden. Er bewarb sich und kam ab dem 10. Januar 1949 zum EAZ 16. Er wohnte in einem zweiachsigen Wagen. Andere Kollegen hatten ihr Quartier in einem Vierachser, das war recht unterschiedlich. Sein Bett bestand aus einem Holzgestell mit Strohsack und Decken, die mit karierter Bettwäsche bezogen wurden.

Um entsprechende Heimfahrzeiten zu bekommen und weil oft dazu die Notwendigkeit bestand, wurde recht lange, mitunter sogar von 6.00 Uhr bis 22.00 Uhr, einschließlich der Pausen, gearbeitet.

»Wir waren allein zuständig für die Reparatur der von Russen besetzten Lokomotiven der BR 01. Meines Wissens waren das Lok der Kolonne 42, genau weiß ich das nicht, weil wir uns damals dafür nicht interessierten. Die Reparatur erfolgte normalerweise in einem Rundschuppen, der heute nicht mehr vorhanden ist. Nur Achssenkarbeiten wurden bei entkuppelten Tender im noch vorhandenen Rundschuppen durchgeführt. Eine Lok hatte einen emaillierten Tender, wenn ich mich recht erinnere, war es die 01 152.

Die russischen Lokpersonale haben häufig die Reparaturarbeiten überwacht. Die Arbeiten an der 250-Literpumpe und an den Wasserständen wurden teilweise von ihnen selbst ausgeführt. Ein Lokführer, ein zweifacher Held der Arbeit der SU, oder so ähnlich, fiel besonders auf. Seine Heizer mußten mit Mauersteinen die Treib- und Kuppelstangen blank machen. Die Pufferteller und -hülsen wurden abgedreht und die Kupplung blank poliert. Eine viel zu große Schiffssirene, die er sich aus der SU mitgebracht hatte, mußten wir auf dem Lokkessel montieren. Der Flansch paßte zwar, aber er war dauernd undicht. Das Gewicht der Sirene war für die vier 1/2-Zollschrauben zu groß. Dieser hochdekorierte Lokführer verlangte von uns bestimmte Veränderungen am Regler vorzunehmen, um das Wasserüberreißen zu verringern. Wir machten das nicht, weil es technisch nicht möglich war und eine Bauartänderung bedeutet hätte. Als der Lokführer unsere Arbeitsausführung kontrollieren wollte, hatten wir den Dom bereits geschlossen. Es gab

Gut bepackt begeben sich Eisenbahner eines EAZ auf Heimfahrt. Mindestens einer mußte als »Stallwache« jedoch bleiben. Foto: Slg. L. Meyer

großen Krach und er forderte von uns, daß wir den Domdeckel wieder abnehmen sollten. Das machten wir nicht. Erst als der Kommandant der Lokkolonne herangeholt wurde, ließ er von seinem Vorhaben ab.

Zu einem anderen Zeitpunkt haben wir an seiner Lok, der 01 005, drei Tage an den Überhitzerelementen gearbeitet. Er hat uns dabei ständig kontrolliert.«

Am 23. November 1949 begann der Umzug mit einem Teil des Zuges nach Frankfurt (Oder). Einige Wagen folgten am nächsten Tag. Der Rest wurde in Berlin aufgelöst.

»Auch von den Lokomotiven sind einige nach Frankfurt umgesetzt worden, denn wir haben eine Zeitlang weiter an solchen der BR 01 gearbeitet.«

Die Wohnwagen, der Küchenwagen usw. wurden im Bereich der Gleise 13 oder 14 auf dem Verschiebebahnhof und die Werkstattwagen auf den Stralengleisen vor dem Lokschuppen aufgestellt. Der Bürowagen mit Kasse hatte seinen Standort am heutigen Bw-Eingang, auf dem damals noch nicht an die Drehscheibe angeschwenkten Gleis.

EAZ 17

Der EAZ 17 wurde vom Raw Zwickau aufgestellt und war für das Bw Tempelhof vorgesehen. Noch am 19. Februar 1947 wurde durch die Hauptverwaltung von der Reichsbahndirektion Dresden verlangt, den EAZ 17 sofort zum Bw Tempelhof abzufahren. Nach dem weiter geführten Schriftwechsel befand er sich am 2. April 1947 in der Nähe seines Aufstellungsortes, im Bw Werdau, und spätestens ab 21. April 1947 »im Bezirk Berlin«. Sein weiterer Laufweg ist nicht bekannt.

Der Trophäenpark

Ein eigener Park für die Beute, die Trophäe, entwickelte sich ab dem Jahreswechsel 1945/46. Speziell für Beutezwecke mußten Fahrzeuge zur Verfügung stehen. Parallel zu den Kolonnenfahrten wurden »Trophäen« abgefahren. Diese jedoch nur innerhalb der SBZ, dann folgte ein gesonderter Transport. Für spezielle Demonteure, auch die eingangs genannten »Operettenoffiziere«, wurden Trophäenfahrzeuge herangezogen. Genauso wurden aus diesem Park heraus Lokomotiven für SAG-Betriebe geordert, um dort den innerbetrieblichen Werksverkehr zu garantieren. Die Nutzer wollten Zwischenstationen und damit mögliche Unterbrechungen ausschalten.

»Alle Trophäengüterwagen sind für den Güterverkehr nur innerhalb der SBZ Deutschlands zu verwenden. Für die Züge nach UdSSR sind Wagen deutscher Herkunft zu nehmen, welche den Bestimmungen des RIV entsprechen. Chef der Eisenbahnabteilung der TV SMAD, Direktor-Oberst Paschtschenko.«

Dieses Schreiben wurde am 1. April 1949 Herrn Kreikemeyer, Generaldirektor der DR, unter dem Zeichen 22/10153 der Stadt Berlin übermittelt.

General-Direktor Wojewudski wies Kreikemeyer am 6. April 1949 unter dem Aktenzeichen 22/10184 an, einen entsprechenden Nummernplan für die »Instandsetzung der UdSSR-Trophäenlok des Betriebsparkes« zu entwerfen. In ihm sollten sich jene wiederfinden, die »zum 1. April 1949 für die Ausbesserung bereitgestellt sind, sowie einen Instandsetzungsplan für die Trophäenlok des nicht betriebsfähigen Parkes, mit Ausnahme der fremden Lok mit dem Kennzeichen »T«, welche im Jahre 1949 nicht ausgebessert werden können, da keine Ersatzteile vorrätig sind.«

In einem Telegrammbrief an die Reichsbahndirektionen informierte der Generaldirektor über den Befehl 25/2531. Zahlreiche »russische Trophäenfahrzeuge früherer Westeuropäischer Bahnverwaltungen aus dem südöstlichen Raum« wurden in den Monaten Januar und Februar 1950 in die DDR gebracht. Um ein »Einsickern in den Fahrzeugpark der DDR« zu verhindern, waren sie zuvor zu kennzeichnen und als geschlossene Einheiten in der Eingangsdirektion Dresden abzustellen.

Nach der Rückführung dreier ungarischer Lokomotiven gehörten im Februar 1950 noch 707 Lokomotiven, davon 480 betriebsfähig, zum Trophäenpark.[1]

Nach der Verfügung GD 42/43 M 24 Blwa vom 11. Juli 1950 vom Generaldirektor Kramer durften alle Dienststellen die »T-Anschriften« an den Trophäen-Lokomotiven, Personen- und Gepäckwagen löschen. Kramer erklärte dazu am 20. Oktober 1950:

»Fahrzeuge deutscher Herkunft sind folglich in das Eigentum der DR übergegangen. Fahrzeuge fremder Herkunft sind, sofern sie nicht zur Abgabe gelangen, wie die bereits im Bestande der DR befindlichen Fahrzeuge fremder Bahnverwaltungen zu behandeln.«

»Trophäen« wurden aber auch in anderen Zusammenhängen genannt, so z.B. am 16. Januar 1946: Als ein Lokpersonal eine ausgebesserte 52er bei der Firma Schwarzkopff (BMAG, vorm. L. Schwarzkopff) in Wildau abholen wollte, wurde dieses durch das russische Trophäen-Kommando verweigert. Selbst die Vorlage des übersetzten Befehls Nr. 21/349 nützte nichts. In diesem Befehl vom 16. November 1945 war fest geschrieben, daß die Fabrik sechs neu zu bauende und eine instandgesetzte 52er der DR zur Verfügung stellt.

1) Die Auflistung aller Trophäen-Lokomotiven ist dem Anhang zu entnehmen

Das Ende der Lok-Kolonnen

»Von den im Juni 1950 noch einsatzbereiten 376 Lokomotiven des Kolonnenparkes werden 100 kalt abgestellt.« Davon wußte Direktor Richter der DR in einer Besprechung am 27. Juni 1950 bei der SKK zu berichten. Oberstleutnant Kalabuschkin erkundigte sich nach einer Vorschrift für die Kolonnenleiter. »Diese Vorschrift ist unbedingt erforderlich, weil die sowjetischen Offiziere von den Kolonnen weggehen. Die Kolonnen verlieren aber noch nicht ihre Selbständigkeit. Die Praxis zeigte, daß die Kolonnenleiter bisher sorglos gearbeitet haben. Sie verließen sich auf die sowjetischen Offiziere. Es muß nun jemand für die Kolonnen verantwortlich sein.«

Bereits seit dem 1. April 1949 war die »Vorläufige Dienstanweisung für die Lokomotiv-Kolonnenleiter (DV 003)« gültig. Diese regelte die Befugnisse und Unterstellungsordnung des Kolonnenleiters. Als Dienstvorsteher sollte er »für den ordnungsgemäßen und betriebstüchtigen Zustand der ihm zur Betreuung zugewiesenen Lok und Brigade-Wohnwagen persönlich verantwortlich« sein. Doch er hatte noch viele Vorgesetzte und mußte »den Anordnungen der Offiziere der Transportverwaltung der SMAD im Rahmen seines Aufgabenkreises unverzüglich nachkommen.« Ferner, neben dem gesamten Personal, zeichnete er vor allem für den Ausbesserungsstand verantwortlich. Damit hatten die Kolonnenleiter bekannterweise oft Probleme.

Schließlich teilte der Generaldirektor der DR am 17. August 1950 mit, daß die Kolonnen 3, 6, 7, 9, 12 und 13 aufgelöst und die Lokomotiven und Wohnwagen abgestellt sind. Als Abstellorte waren für die Kolonne 3 (Berlin-Pankow) der Bahnhof Rüdnitz (b Bernau),
für die 6 (Pasewalk) Ducherow,
für die 7 (Berlin-Karlshorst) Beeskow,
für die 9 (Cottbus) Uckro,
für die 12 (Angermünde) und
für die 13 (Seddin) Tantow vorgesehen.

Einige Standorte wurden noch ausgetauscht. Die entsprechende Verfügung zur Auflösung war vom 12. Juli 1950 datiert. Die Personale wurden zu den Heimatdienststellen zurückbeordert. Für wenigstens zwei Kolonnen sollten sich jedoch 660 Eisenbahner für »einen plötzlichen Einsatz« in Bereitschaft befinden. Die benachbarten Dienststellen waren als Kontroll-Bw, also zur Unterhaltung vorgesehen. Die DR schob die Hauptverantwortung wiederholt dem Bw Frankfurt (O) Vbf zu. So waren auch alle Ausrüstungsgegenstände (vor allem aus den Waggons) dem Vbf zu übersenden. »Buchmäßig« wurden auch alle Lokomotiven diesem Bw zugeordnet. So gehörten zum Bestand der MfE-Reserven, wie die abgestellten Kolonnenlokomotiven nun hießen, 86 Maschinen der BR 50 und 209 der BR 52. Direkt 120, davon 81 im Einsatz, waren noch im Transitverkehr (Kolonnen 2, 4, 5, 8) tätig. Die übrigen 39 waren im Raw oder warteten auf Aufnahme. Daher halfen 72 Maschinen der Reserven im Inlandverkehr, also in Zubringerdiensten, aus.

Im Juli 1951 verzeichnete die DR einen Gesamtlokbestand von 7 202 Maschinen. Im Betriebspark befanden sich 5 420, 2 640 waren für den Betrieb erforderlich, 376 gehörten zum Kolonnenpark und weitere 210 standen »zeitweise in kalter Bereitschaft«.

Die formelle Übergabe der Kolonnen 10 (Cottbus) und 11 (Hoyerswerda) an das Bw Frankfurt (Oder) stand im Dezember 1951 noch bevor. Das Bw Vbf befand sich nach eigenen Aussagen noch immer im Aufbau bzw. war ständigen Veränderungen unterworfen. Im Finanzplan des Bw Vbf waren 2 116 »Köpfe« für 120 Kolonnenlok eingestellt; hinzu kamen die Summen für die Kolonnen 10 und 11. Aus vielen Fakten heraus und der Tatsache, daß zum Beispiel Kolonnenlokomotiven aus Hoyerswerda sich verbotenerweise im freien Verkehr befanden, schlug das Bw Frankfurt (Oder) Vbf am 1. Dezember 1951 vor, daß für die geplanten 390 Züge pro Monat 160 Lokomotiven ausreichen würden. Die Kolonne 11 könnte zum 1. Januar 1952 aufgelöst werden. Das geschah letztlich auch. Bemerkenswerterweise »lebte« die Kolonne 11 bis 1953 weiter: Da im

Hüttenkombinat »J.W. Stalin« Lokomotiven fehlten und die DR selbst nicht aushelfen konnte, wurden die »nicht transitfähigen« 52 409 (Kol. 4) und 52 719 (Kol. 11) vom Juni bis September 1953 dem Werk zugeführt. Sicherlich war das ein »Formulierungsfehler«, zeigt aber, daß die einstigen Kolonnenlokomotiven noch nicht gänzlich frei verfügbar waren.

Als nachteilig schätzte die Rbd Cottbus die Situation ein, daß die Kolonne 10 ihre Aufgaben vom Bw Frankfurt erhielte. Da vorrangig der Grenzübergang Guben genutzt wurde (Februar 1952: Übergang Guben 38 Fahrten der Kol. 10, Frankfurt 8 der Kol. 10) und der vom Generaldirektor geforderte Neubau des Bw Guben als Transit-Bw anstand, riet die Rbd von einer Zentralisierung in Frankfurt ab. Hinzu käme ferner der Einsatz einer Pendellokomotive aus dem Kolonnenpark, die die Züge bis Fürstenberg bringen müßte. Das ergebe zahlreiche Lokleerfahrten. Schließlich entschied das Reichsbahnamt Berlin 7, die Kolonne 10 wirtschaftlich vom Bw Frankfurt zu trennen. Die »betrieblichen Betriebsarten« des Bw Frankfurt (Oder) Vbf schätzte das Amt »als Eingangs- und Ausgangstor des Transitverkehrs mit der UdSSR und den Volksdemokratien« ein, »die nur dem Auslandsverkehr dient und mit 130 Betriebslok und 165 Lok der GD-Reserve nur diesen Hauptzweck erfüllt.« Für den innerdeutschen Betrieb sei das Bw Frankfurt Pbf zuständig.

Inzwischen wurde der Kolonnen-Park um eine Lokomotive aufgestockt: Die 89 6034, die einstige »89 0001«, war zunächst als Werklokomotive am Hafen DSU in Frankfurt (Oder) tätig, dann für Verschiebedienste im Bw Vbf. Das Betriebsbuch nennt als Beheimatungszeitraum: 27.03.1949 - 24.08.1953. Mit Sicherheit diente sie 1953/54 ausschließlich im Kolonnen-Park.

Im Oktober 1951 drang selbst die Generaldirektion der DR darauf, einen entsprechend bezahlten Mitarbeiter im Bw Frankfurt Vbf einzusetzen, der die 173 abgestellten Kolonnenlokomotiven betreuen sollte. Umfangreiche technische Probleme erkannte die Rbd Berlin, als sie die zu den Weltfestspielen der Jugend genutzten Kolonnenlokomotiven im November 1951 wieder konservieren und abstellen wollte. Besonders »während ihrer Einsatzzeit bei der Rbd Dresden, sind z.T. durch schlechte Behandlung und Unterhaltung« erhebliche Schäden entstanden. »Besonders die Lok, welche zum Bw Chemnitz-Hilbersdorf verliehen waren, sind in einem sehr schlechten Zustand zurückgekommen. Bei der Lok 50 881 z.B. heulte der rechte Kolben so stark durch, daß nicht einmal die Probefahrt durchgeführt werden konnte.« Die Kosten in Höhe von 7 700,10 M für die Schadensbeseitigung an den 50 655, 881, 1336, 1499, 2309 und 50 2492 sollte das betreffende Bw Hilbersdorf begleichen. Für die zu erbringenden Leistungen während der Weltfestspiele 1953 und des Deutschlandtreffens Pfingsten 1954 legte das MfE einen umfangreichen Lokausgleich als »Vertraulich« vor. 47 Lokomotiven wurden den Direktionen aus dem Kolonnenpark heraus allein im Mai 1954 überstellt. Nach dem Ende der Veranstaltungen wuchs der Schadpark immer an. So beklagte die Rbd Berlin, daß von ihren 28 gestellten Kolonnenlokomotiven (K 12) 12 defekt waren. Ferner fehlten zahlreiche Ausrüstungsteile auf den Maschinen.

Ende Januar mußte in Beeskow noch für zehn Lokomotiven der gerade aufgelösten Kolonne 11 (Hoyerswerda) Platz gefunden werden. Die Brigadewagen gelangten auf Nebengleise. Weitere zehn Maschinen der K 11 kamen nach Rüdnitz; die übrigen zehn für »Nahbrigaden im Bw Fko Vbf«. Das Bw Frankfurt (Oder) Vbf meldete am 29. April 1952, daß von den »203 Lokomotiven 52 Prozent betriebsfähig abgestellt, 36 Prozent im Einsatz und in Konservierung und 12 Prozent im Raw und Warten Raw« sind. Die abgestellten Maschinen wurden ständig durch eine kleine Mannschaft überwacht. Oft wurden Beschädigungen, wie durch vorbeifahrende Züge herumgewirbelte Kohlen, oder Verschmutzungen durch Dünger, festgestellt. Dann mußten sie erneut überholt werden. In regelmäßigen Ab-

Aufstellung der Kolonnen-Lokreserven (Stand 04.01.1952)

			im Einsatz	in Konservierung	Vorbereitung im Bw	warten Raw	konserviert abgestellt	Kontroll-Bw
Kol. 3	Rüdnitz	29 Lok.	4	2	15	3	5	Berlin-Pankow
Kol. 6	Strasburg	29 Lok.	10	–	–	4	15	Pasewalk
Kol. 7	Beeskow	28 Lok.	6	1	–	2	19	Frankfurt (O) Vbf
Kol. 9	Klinge	28 Lok.	1	10	1	5	11	Cottbus
Kol. 12	Blumenhagen	30 Lok.	6	6	–	4	14	Pasewalk
Kol. 13	Ducherow	29 Lok.	2	5	–	1	21	Pasewalk

Auszug aus dem monatlichen Umwälzplan – Mai 1953:

			abgestellt:	zum Umwälzen
Kol. III	Rüdnitz	Lok 50 2350	11.5.52	und konservieren
		Lok 50 2889	31.5.52	und konservieren
Kol. VI	Strasburg	Lok 50 2149	30.5.52	15.2.54 L 4 Raw
		Lok 50 2901	11.5.52	und konservieren
		Lok 50 2901	11.5.52	und konservieren
		Lok 50 3008	17.5.52	und konservieren
		Lok 50 3145	4.5.52	und konservieren
Kol. XII	Blumenhagen	Lok 52 5091	17.5.52	und konservieren
Kol. XIII	Ducherow	Lok 52 2362	23.6.52	23.6.53L 4 Raw

ständen wurden einige Lokomotiven »umgewälzt« - Anheizen, Probefahrt, ggf. kurzer Einsatz für eine Rbd, dann wieder konserviert abgestellt.

»Für das Jahr 1953 sind 85 Lok zum Umwälzen fällig, davon sind 53 Lok zum Konservieren vorgesehen, 32 Lok verbleiben im Einsatz bis auf Abruf Raw.

Fko Vbf, den 5.II.53 gez. Lindenbach«

Im April 1953 wies die Generaldirektion an, daß die Kolonne 12 nach Löcknitz (17 km von Pasewalk) umgesetzt wird, da in Blumenhagen die Gleise für Zugkreuzungen benötigt werden. Trotz der Proteste der Rbd Berlin und des Bw Frankfurt (O) Vbf zogen einige Lokomotiven dorthin um. In Löcknitz war das vorgesehene Gleis zu kurz, daher standen sie auf anderen abgestellt. In unregelmäßigen Abständen folgten die restlichen Maschinen. Wiederholt wurde bei den Standortbesichtigungen durch den Lokfahrmeister Haase des Bw Vbf bemängelt, daß die Abstellplätze noch immer unbeleuchtet sind.

Nach den »Moskauer (und auch Warschauer) Verhandlungen«[1] von 1953/54 ergaben sich auch für die Eisenbahn Änderungen im Transitverkehr. Das zum 1. Juli 1954 freiwerdende Brigadepersonal war sofort den Heimatdienststellen zurückzugeben. Das betraf 792 Zugbegleiter und 831 Lokomotivpersonale. Im Fahrzeugpark des Bw Frankfurt (Oder) Vbf befanden sich 86 Exemplare der BR 50, 209 der BR 52; in Cottbus waren es 58 Maschinen der BR 52. Für besondere Aufgaben verblieben künftig im Bw Vbf 28 Lokomotiven der BR 52, 72 weitere gingen leihweise für ein Jahr zur PKP, damit dort alle Züge bespannt werden konnten. Die übrigen 253 Fahrzeuge wurden den Direktionen der DR übergeben. Ein besonderer Verhandlungspunkt waren die Transit-Militärzüge. Für diese waren auf DR-Strecken unverzüglich Lokomotiven und Zugbegleitpersonal bereitzustellen. Die Fahrzeuge der Kolonne 42 wurden mit Protokollen »an die Bahn der UdSSR« übergeben. Künftiges Heimat-Bw war nun Brest.

52 2195 in hervorragendem Zustand 1954 in Frankfurt. Foto: Slg. L. Meyer

Die Lokomotiven der Kolonnen bzw. MfE-Reserven wurden wie folgt aufgeteilt:

Rbd Berlin:	40 Lok. der BR 52 (und zusätzlich)
Bw Frankfurt (O) Vbf:	28 Lok. der BR 52
Rbd Cottbus:	37 Lok. der BR 52
Rbd Greifswald:	20 Lok. der BR 52, 10 der BR 50
Rbd Magdeburg:	36 Lok. der BR 50
Rbd Schwerin:	40 Lok. der BR 50
Rbd Halle:	70 Lok. der BR 52
PKP (leihweise):	72 Lok. der BR 52

Die Hauptverwaltung wies die Direktionen an, daß die Maschinen in die kalte Reserve übernommen und auf verschiedenen Bahnhöfen abgestellt werden.

Beginnend am 15. Juni 1954 übernahm die PKP jeweils sechs Lokomotiven vom Bw Frankfurt (Oder). Als Leerfahrt erreichten sie Rzepin. Jeweils drei Tage später mußte die PKP die Ausrüstungsgegenstände der Lokomotiven die DR zurückgeben. Vorrangig eingesetzt wurden die 72 Exemplare der BR 52 im Depot Poznan-Franowo.

Mit dem Schreiben vom 11. März 1955 meldete die Hv M (M-I-5) daß »alle 20 Lok der BR 01 von der ehem. Kol. 42 mit Übernahmeprotokoll (vom 14. bis 23. Februar) in Frankfurt/O. übernommen« wurden. Die Hv M verteilte wie folgt: Rbd Magdeburg: 01 005, 01 014, 01 023, 01 025, 01 036, 01 069, 01 114, 01 191, 01 224, 01 226; Rbd Schwerin: 01 157, 01 162, 01 186, 01 208
Rbd Erfurt: 01 116, 01 144, 01 175, 01 184, 01 185, 01 219. Das Kapitel »Kolonne« war damit beendet.

1) Mit der Einstellung der Reparationsleistungen zum 1. Januar 1954 verband sich auch die Übertragung von SAG-Betrieben in Volkseigene Betriebe (VEB) der DDR. Lediglich einige in SDAG umgewandelte Betriebe (u.a. Uran-Abbau/Wismut) bestanden weiter. Aus der Reparation wurden vertragliche Wareanaustausche mit der UdSSR; besondere »Brigadekolonnen« zur Abfuhr waren nicht mehr erforderlich.

Anhang

Die Lokomotiven der Kolonnen

Stichtage anhand offizieller Zählungen bzw. im Abstand nach Umsetzungen, daher nicht immer einheitliche Tage

Kolonne 1 Frankfurt (Oder) (30.04.1946)
52 006 375 378 467 468 874 1274 1480 1625 1698 2612 2626 2884 3185 3194 3204 3205 3210 3218 3720 4518 4788 4994 5046 5079 5098 5135 5666 5678 6834 6855 7232
Kolonne 2 Berlin-Karlshorst (30.04.1946)
38 1874
42 2327
44 117 380 408 468 653 1104 1224 1378 1485 1760
52 216 511 719 1199 1420 1487 2542 2615 2743 3302 3594 3837 5004 5110 5145 5154 5156 5950 6056 6314 6415 7242
Kolonne 3 Berlin-Pankow (30.04.1946)
52 186 224 281 380 1175 1622 1617 1713 2226 2281 2486 2515 2622 2628 2720 2818 2839 3207 3228 3473 3545 3581 3742 5082 5177 5466 5592 6864 7109 7557 7584
56 166 168 172 387 590 703 830 2814
Kolonne 4 Berlin-Lichtenberg (30.04.1946)
52 149 653 1112 1179 1447 1452 1497 2129 2354 2417 2419 2735 2825 3137 3287 3294 3395 3584 4562 4565 4924 4955 5022 5024 5239 5344 5382 5463 6001 6675 7589 7748 7789
Kolonne 5 Berlin-Schöneweide Vbf (30.04.1946)
42 819 851 1409 1794 1797 1799
52 061 568 814 816 1115 1491 1495 1515 2446 2864 3219 3259 3605 3633 3726 3841 4927 4956 5066 5540 5572 5670 5874 6402 6405 7613
Kolonne 6 Berlin-Gesundbrunnen (Ring) (30.04.1946)
50 490 906 967 1020 1448 1626 2145 2149 2641 2875 2893 2962 3008 3014 3145
50 265 1614 2585 2876 verliehen nach Magdeburg
52 469 547 578 724 1445 2481 2526 2715 3872 4878 4938 5313 5374 6374 7438
Kolonne 7 Berlin-Karlshorst (30.04.1946)
41 154 155 288 311
43 012
44 105 195 221 227 509 634 1251 1281 1568 1570
50 575 769 793 860 996 1190 1275 1488 1992 2660
58 231 263 1189 1682 1912 1918
Kolonne 8 Berlin-Rummelsburg (30.04.1946)
41 013 143 171
52 671 1454 1572 2111 2295 2477 2613 2662 2663 2695 2737 2783 2858 3544 3693 3905 4512 4897 5465 5932 6164 6304 6431 6662 7104 7256 7525 7717
Kolonne 9 Reichenbach (Vogtl) (10.04.1946)
58 214 258 434 445 446 448 452 458 1110 1201 1279 1325 1330 1427 1429 1455 1457 1532 1596 1623 1674 1675 1724 1970 1992 2035 2098 2101 2104 2138
Kolonne 10 Dresden-Friedrichstadt (10.04.1946)
58 294 403 404 405 417 418 437 438 442 444 1035 1041 1159 1187 1206 1225 1263 1530 1586 1601 1648 1679 1719 1778 1812 1821 1933 1984 2044 2111 2112
Kolonne 11 Erfurt Gbf (01.11.1945)
52 098 1335 1539 1615 1631 1635 1636 1646 1647 1648 1664 2237 2455 2585 2608 2621 2765 3134 3269 3318 3539 3689 4876 5337 5415 7224 7709
Kolonne 12 Chemnitz-Hilbersdorf (10.04.1946)
52 438 824 1194 1326 1444 1801 2195 2411 2849 3270 4373 4501 4542 4544 4546 4828 4845 5007 5207 5314 5715 5916 6162 6194 6669 6676 6681 6826 7325 7338 7436
Kolonne 13 Chemnitz Hbf (10.04.1946)
52 315 513 636 706 819 1520 1569 2180 2433 3192 3400 3547 3680 3956 4535 4847 4892 4903 5073 5265 5896 5994 5996 6173 6683 6838 7443 7543 7546 7775 7777
Kolonne 14 Zwickau (Sachs) (10.04.1946)
52 058 622 624 627 1223 1570 1581 1633 1738 1799 2377 2819 2822 3759 4844 4907 5026 5181 5221 5434 5927 5966 6144 6239 6285 6410 6677 6694 6737 6746 6924
Kolonne 15 Zwickau (Sachs) (10.04.1946)
58 201 253 401 411 423 427 428 430 451 454 456 457 459 1068 1105 1109 1179 1202 1283 1362 1602 1639 1681 1691 1712 1714 1781 1856 2006 2095 2096
Kolonne 16 Berlin-Grunewald (30.04.1946)
41 035 053 123 125 126 225 227 299 326 329 332
52 600 723 1244 1401 1414 1416 1417 1456 2165 2878 3161 3630 3835 5017 5018 5019 6421 6639 6868 7172
Kolonne 17 Bitterfeld (20.06.1946)
41 148 256 260 285
52 344 444 450 696 760 1410 1421 1471 2675 2690 2882 2883 2885 2886 2887 4908 4989 5049 5070 5174 5452 5464 5941 6054 6058 6287 6824
Kolonne 18 Wittenberg (20.06.1946)
41 004 061 303
50 307 453 1103 1644 1785 1879 2115 2233 2725
52 710 1249 1453 1455 1518 1519 2363 2452 2706 3574 3761 4918 5201 6026 7199 7221 7511
Kolonne 19 Falkenberg (Elster)(20.06.1946)
52 318 382 409 694 629 657 712 720 1407 1428 1461 1479 1607 1701 2333 2751 3214 3231 3443 4825 5355 5597 6057 6353 6642 6644 6774 6901 7342
58 408
Kolonne 20 Senftenberg (20.06.1946)
44 989 996 1090 1591 1799
50 2148 3127 3138
52 043 305 1217 1420 1509 1707 2390 2590 2785 3213 3857 3860 3861 4502 5012 5921 6352 6357 6820 7505
Kolonne 21 Schwerin (Meckl)(20.06.1946)
50 323 823 824 956 1071 1274 1279 1571 1951 2350 2568 2655
52 643 793 807 831 1283 1331 1345 1347 1611 2182 2859 3296 3871 3916 3923 5027 5761 6142 6423 6922
Kolonne 22 Wittenberge[1] (20.06.1946)
41 200
50 624 655 849 866 1062 1240 1499 1527 1946 2152 2492 2523 2621
52 072 169 198 230 1263 2355 2407 3403 3705 4875 4916 5006 5033 5108 5660 5859
Kolonne 23 Hoyerswerda (20.06.1946)
52 454 605 718 722 1137 1240 1294 1330 1402 1708 1714 2845 2879 3146 3215 3220 3754 3809 3876 4521 4919 5037 5931 6684 7006 7540 7736 7751
Kolonne 24 Cottbus (20.06.1946)
50 1606
52 023 323 717 1406 2366 2368 2466 3313 3393 3397 3767 3784 3794 4522 4533 4534 4545 4820 5078 5150 6678 6909 6962 7136 7312 7441 7512 7747 7778
Kolonne 25 Cottbus (20.06.1946)
44 094 113 114 116 220 359 451 503 515 784 1039 1081 1182 1215 1296 1342 16081623 1637 1638
52 056 1148 1451 1452[II] 3494 4824 6199 7133 7462 7480

Kolonne 26 Pasewalk (20.06.1946)
50 1083 1488 2347
52 032 317 640 1281 1282 1288 2147 2655 2734 2740 2742 2790 3249 3297 3884 4503 4504 5028 5038 5048 5085 5091 5525 5638 5714 5776 5837 6036 6419 6695
Kolonne 27 Leipzig (West) (20.06.1946)
41 136 257 264
52 630 1233 1301 1404 2678 2698 3177 4798 5074 5144 5191 7223 7233 7734
58 1042 1046 1073 1228 1311 1509 1554 1626 1666 1766 1811 1813 1815
Kolonne 28 Staßfurt (20.06.1946)
44 236 268 324 354 387 500 538 660 661 1291 1390 1411 1413 1692
52 703 1144 1178 1490 2317 2414 2677 3261 4780 5212 6269 6777 7127 7188
Kolonne 29 Stendal (20.06.1946)
44 398
50 881 1298 1339 1368 1595 2147 2312 2378 2388 2562 2654 2901 3109
52 021 1248 2096 2738 3637 3679 3789 4564 4996 5067 5072 5083 5232 5682 6146 6730 7782
Kolonne 30 Weißenfels (01.11.1945)
42 563 570 742 1016 1791
52 015 177 286 380 407 510 1537 1645 1650 1651 1653 2630 2634 3107 3382 35355142 5192 5306 5458 5663 6260 6306 7581 7605
Kolonne 31 Magdeburg Hbf (10.03.1947)
58 294 442 445 454 1110 1201 1429 1724 1856 1934 1970 2006 2096 2097 2098 2138
Kolonne 32 Halle P (20.02.1947)
43 004
44 140 227 454 1281
58 201 417 444 454 1201 1202
Kolonne 42 Berlin-Rummelsburg (01.12.1946)
01 005 023 116 117 153 186
03 128 143 298
42 848
Nahkolonne Berlin-Schöneweide (30.04.1946)
55 1604 1664 1715 2192 2548 2607 3091 4154 4520 5551
57 1276 1547 1697 1712 2254 2356 2992
58 409 1038 1438 1453 1454 1564 2048

Kolonne 1 Frankfurt (Oder) (01.01.1949)
01 069 114 157 158 165 175 185 191 208 219 224
52 006 015 177 378 407 438 467 468 1274 1331
Kolonne 2 Frankfurt (Oder) Vbf (20.12.1951)
52 382w 470D 547T 1168w 1180T 1181w 1463k 1609T 2151T 2177T 2195T 2542T 2743k 2818k 2850T 2883k 3186T 3217T 3302k 3594T 4825T 4952R 4954T 5014T 5098D 5509T 5696T 6415T 6901T 6902T
Kolonne 3 Berlin-Pankow (31.12.1950)[2]
50 323 425 624 655 849 881 956 1152 1249 1279 1368 1499 1660 1671 1780 1946 1952 2152 2308 2309 2350 2637 2725 2753 2889
Kolonne 4 Frankfurt (Oder) Vbf (20.12.1951)
52 149T 409a 604 T 629 T 712w 1254T 1325T 1452k 1466R 2129T 2333D 2706T 2825k 3231T 3287R 3742k 3761T 4955T 4998T 5239T 5355a 5374k 5382R 6001a 6199T 6390w 6404T 7221T 7223R 7734T
Kolonne 5 Frankfurt (Oder) Vbf (20.12.1951)
52 371k 539w 568T 1491k 1574k 1636k 1648T 2708R 3259T 3318T 3633k 3726k 2871w 4507T 4817w 4876k 4996k 5024T 5207D 5232k 5916w 6194k 6206T 6398T 6421T 6639T 7104w 7222k 7613T
Kolonne 6 Pasewalk (30.06.1950)
50 255 824 866 1103 1448 1483 1614 1637 1660 1672 1879 2145 2149 2233 2312 2385 2523 2585 2641 2725 2875 2876 2901 2962 3008 3014 3127 3138 3145
Kolonne 7 Berlin-Karlshorst (30.06.1950)
50 005 096 181 265 575 769 793 996 1064 1083 1092 1190 1275 1298 1339 1367 1433 1488 1497 1606 1890 1992 2388 2538 2660 2937
Kolonne 7 Frankfurt (Oder) Vbf (30.06.1950)
50 860 1347
52 438
(vermutlich auch Karlshorst, aber evtl. durch Schreibfehler in den Betriebsbüchern wurde das Datum »rückdatiert«)
Kolonne 8 Frankfurt (Oder) Vbf (20.12.1951)
52 006T 015T 177w 378T 407k 438k 467T 468T 1274R 1331T 1480R 1699T 2295R 2355R 2523R 2613k 2758T 3107k 3205w 3464a 3919a 4875T 4994T 5046T 5098D 5142R 5678T 6306T 6420R 7605E
Kolonne 9 Cottbus (30.06.1950)
52 075 379 541 626 716 1212 1425 1426 1429 1431 1603 1711 2387 2683 2763 2785 3257 3839 4901 4921 5012 6225 6313 6357 6359 6836 7309
Kolonne 10 Cottbus (30.06.1950)
52 323 397 630 705 1404 1415 1451 1602 2575 2628 2678 2692 2711 2745 3312 3784 3794 4533 4534 4798 4901 5140 5191 5199 5793 6011 6049 7136 7631 7747 7749
Kolonne 11 Hoyerswerda (30.06.1950)
52 454 627 703 718 719 1144 1252 1402 1449 1490 1615 1714 2409 2410 2412 2677 2686 2690 2845 3209 3220 3226 4780 5212 5905 5931 6269 6684 7003 7172
Kolonne 12 Angermünde (30.06.1950)
52 032 616 760 1282 1633 2351 2453 2491 2539 2561 2720 2774 3249 3403 3630 3717 3734 4503 4908 5018 5091 5111 5234 5434 5660 5761 6144 6336 6631 6922
Kolonne 13 Seddin (30.06.1950)
52 344 444 600 819 1569 2161 2165 2180 2281 2362 2416 2477 2675 2691 2885 2886 2887 3192 4501 4892 5007 5118 5154 5663 5932 7227
Kolonne 15 Wustermark (01.12.1947)
58 253 401 411 423 427 428 445 451 456 1105 1109 1179 1362 1602 1681 1691 1712 1714 1724 1781 1388 1602 1681 1691 1712 1714 1724 1781 2006 2042 2095 2097
Kolonne 15 Wustermark (01.04.1949)
58 411 434 459 1388 1457 1532 2095 2097
Kolonne 42 »Berlin-Rummelsburg« (31.12.1950)
01 005 025 036 069 114 116 117 144 152 153 165 175 184 185 191 208 219 224 226

Lokomotiven aus dem Kolonnenpark für die PKP (1954–1955)

52 006 032 149 344 407 444 468 470 547 600 703 1144 1274 1452 1463 1466 1491 1574 1609 1615 1636 1648 1714 2165 2177 2180 2195 2281 2333[3] 2355 2410 2453 2477 2491 2539 2677 2686 2690 2758 2885 3107 3192 3205 3209 3217 3220 3226 3318 3761 4780 4817 4926 4955 5024 5098 5118 5142 5154 5234 5916 5931 5932 6194 6206 6390 6404 6415 6421 6902 7221 7222 7223

Legende (nur Bw Frankfurt):
w – warm im Bw, D – im freien DDR-Verkehr, T – im Transitverkehr, k – im Bw kalt, R – im Raw, warten Raw, a – kalt abgestellt, E – im Bw-Einsatz

1) Wittenberge, ab 1946 vereint mit Rostock und Hagenow Land
2) Kolonne 3 bestand schon nicht mehr, aber die Lokomotiven wurden »gezählt«
3) 52 2333 nach Unfall am 4. August 1954 gegen 52 3734 ausgetauscht

Trophäenlokomotiven (Stand 01.11.1949)

Abkürzungen:
Bln RBD Berlin Cs Cottbus Dre Dresden Erf Erfurt Gwd Greifswald Hl Halle Mg Magdeburg Sch Schwerin K Kolonnenpark

Lfd.Nr.:	Lok-Nr. und Heimat-Rbd:
Betriebspark	
1– 3	01 016 Erf, 018 Erf, 184 Bln K
4– 14	03 002 Sch, 023 Hl, 058 Hl, 176 Hl, 186 Hl, 195 Hl, 236 Sch, 237 Hl, 239 Hl, 243 Hl, 278 Hl
15– 16	03 1019 Hl, 1020 Hl
17	17 1027 Bln
18– 19	24 002 Bln, 004 Bln
20	36 201 Bln
21– 23	38 201 Cs, 220 Dre, 318 Dre
24–109	38 1014 Cs, 1057 Sch, 1197 Hl, 1217 Hl, 1221 Cs, 1225 Hl, 1303 Cs, 1334 Gwd, 1335 Hl, 1360 Cs, 1428 Hl, 1465 Gwd, 1488 Hl, 1498 Sch, 1520 Hl, 1557 Hl, 1615 Hl, 1619 Hl, 1703 Gwd, 1710 Hl, 1725 Hl, 1745 Cs, 1757 Hl, 1786 Gwd, 1827 Sch, 1830 Cs, 1831 Hl, 1841 Sch, 1883 Bln, 1920 Cs, 1921 Hl, 1922 Hl, 1939 Cs, 1964 Hl, 1976 Hl, 2002 Cs, 2032 Sch, 2051 Hl, 2074 Cs, 2103 Cs, 2107 Cs, 2157 Cs, 2162 Hl, 2166 Hl, 2168 Hl, 2171 Cs, 2290 Hl, 2349 Gwd, 2350 Gwd, 2412 Cs, 2414 Hl, 2455 Cs, Sch, 2476 Hl, 2480 Hl, 2526 Sch, 2566 Hl, 2606 Sch, 2675 Hl, 2706 Hl, 2726 Gwd, 2809 Hl, 2814 Gwd, 2833 Hl, 2892 Hl, 3034 Hl, 3090 Hl, 3148 Cs, 3203 Gwd, 3229 Hl, 3297 Hl, 3461 Sch, 3472 Gwd, 3478 Dre, 3485 Gwd, 3490 Gwd, 3298 Hl, 3491 Gwd, 3609 Hl, 3652 Cs, 3657 Gwd, 3737 Hl, 3788 Sch, 3790 Sch, 3969 Sch, 4020 Hl
110–111	39 037 Dre, 172 Erf
112–129	41 003 Mg, 004 Mg, 008 Mg, 064 Mg, 075 Mg, 102 Sch, 115 Mg, 128 Mg, 130 Mg, 143 Mg, 161 Mg, 261 Mg, 288 Sch, 298 Sch, 303 Sch, 325 Sch, 335 Mg, 357 Sch
130–149	44 140 Hl, 277 Mg, 282 Erf, 359 Dre, 468 Hl, 540 Hl, 515 Erf, 674 Erf, 689 Erf, 1018 Dre, 1039 Hl, 1105 Hl, 108 Hl, 1215 Hl, 1278 Erf, 1342 Erf, 1608 Erf, 1616 Hl, 1623 Hl, 1638 Erf
150–189	50 252 Sch, 330 Mg, 339 Mg, 398 Mg, 613 Mg, 694 Mg, 728 Mg, 734 Mg, 903 Mg, 1002 Mg, 1071 Mg, 1083 Bln K, 1094 Mg, 1106 Mg, 1152 Bln K, 1190 Bln K, 1282 Sch, 1284 Mg, 1335 Sch, 1336 Bln K, 1347 Bln K, 1385 Mg, 1432 Mg, 1465 Mg, 1483 Gwd, 1486 Mg, 1504 Mg, 1626 Mg, 1839 Mg, 1876 Mg, 1959 Mg, 2046 Mg, 2313 Mg, 2378 Mg, 2378 Mg, 2347 Mg, 2725 Gwd K, 2893 Mg, 3116 Mg, 3138 Gwd K, 3145 Gwd K
190–362	52 032 Gwd K, 042 Bln, 072 Bln, 105 Hl, 151 Cs, 182 Cs, 183 Bln, 192 Cs, 275 Hl, 302 Bln, 344 Bln K, 346 Hl, 362 Hl, 375 Bln, 397 Cs K, 436 Bln, 472 Bln, 533 Bln, 564 Bln, 614 Hl, 626 Cs K, 653 Bln, 711 Hl, 712 Bln K, 714 Hl, 770 Sch, 1108 Hl, 1129 Cs, 1142 Cs, 1146 Hl, 1154 Bln K, 1159 Bln, 1195 Bln, 1254 Bln, 1282 Gwd K, 1288 Cs, 1292 Bln, 1332 Hl, 1354 Bln, 1412 Hl, 1413 Hl, 1433 Bln, 1425 Cs K, 1429 Cs K, 1431 Cs K, 1436 Hl, 1446 Hl, 1451 Cs K, 1458 Hl, 1468 Hl, 1472 Hl, 1487 Bln, 1498 Bln, 1503 Bln, 1505 Bln, 1514 Bln, 1562 Hl, 1583 Cs, 1602 Cs K, 1615 Cs K, 1623 Bln, 1649 Cs, 1710 Hl, 1712 Cs, 1865 Cs, 1871 Cs, 1884 Cs, 1896 Cs, 1929 Cs, 1932 Cs, 1952 Cs, 1961 Cs, 1971 Cs, 1978 Cs, 1984 Cs, 2008 Cs, 2011 Cs, 2129 Bln K, 2163 Bln, 2270 Bln, 2281 Bln K, 2312 Bln, 2404 Hl, 2430 Cs, 2431 Cs, 2465 Cs, 2469 Cs, 2472 Bln, 2473 Bln, 2501 Bln, 2544 Bln, 2545 Bln 2582 Bln, 2630 Bln, 2636 Bln, 2646 Cs, 2656 Bln, 2675 Bln, 2693 Hl, 2696 Hl, 2709 Cs, 2711 Cs K, 2723 Bln, 2741 Bln, 3169 Sch, 3187 Hl, 3204 Bln, 3222 Cs, 3252 Bln, 3249 Gwd K, 3287 Bln K, 3312 Cs K, 3353 Hl, 3410 Hl, 3449 Bln, 3473 Bln, 3501 Cs, 3722 Bln, 3726 Bln K, 3804 Bln, 3834 Bln, 4787 Hl, 4827 Cs, 4869 Bln, 4896 Cs, 4911 Hl, 5004 Bln, 5008 Hl, 5260 Bln, 5332 Bln K, 5315 Cs, 5448 Hl, 5475 Hl, 5502 Bln, 5578 Hl, 5658 Bln, 5659 Hl, 5742 Bln, 5775 Hl, 5799 Cs, 5817 Bln, 5885 Cs, 5960 Bln, 6022 Cs, 6159 Hl, 6199 Bln K, 6217 Bln, 6226 Cs +, 6265 Cs, 6336 Gwd K, 6358 Bln, 6379 Cs K, 6658 Bln, 6660 Cs, 6700 Cs, 6708 Cs, 6721 Cs, 6860 Bln, 6901 Bln K, 6903 Cs, 6922 Gwd K, 6932 Hl, 6996 Hl, 7009 Cs, 7131 Hl, 7132 Cs, 7136 Cs K, 7221 Bln K, 7223 Bln K, 7329 Hl, 7616 Gwd, 7734 Bln K, 7778 Cs
363–364	54 887 Bln, 1172 Hl
365–385	55 642 Erf, 745 Erf, 1715 Cs, 2205 Cs, 2574 Hl, 2634 Mg, 2689 Mg, 2829 Mg, 3000 Mg, 3112 Mg, 3184 Mg, 3443 Mg, 3593 Hl, 3645 Mg, 3772 Mg, 4029 Hl, 4064 Mg, 4154 Mg, 5438 Hl, 5652 Hl, 5660 Hl
386–442	56 106, 108, 112, 119, 129, 130 135, 138, 145, 149, 151, 153, 161, 162, 163, 165, 172, 173, 178, 183 alle Dresden, 243 Gwd, 260 Gwd +, 318 Bln, 354 Bln, 407 Gwd, 429 Bln, 438 Bln, 443 Bln, 489 Gwd, 515 Bln, 609 Bln, 632 Bln, 669 Bln, 670 Bln, 710 +, 719, 734, 759 +, 787, 818, 2001, 2009, 2057, 2176, 2198, 2222, 2254, 2281, 2356, 2473, 2480, 2592, 2606, 2645, 2677, 2719, 2792, 2865 alle Greifswald
443–448	57 1078, 1593, 1724, 2403, 2335, 2706 alle Schwerin
449–483	58 207 Dre, 209 Dre, 259 Dre, 261 Dre, 312 Hl, 407 Dre, 415 Hl, 436 Dre, 445 Hl, 461 Hl, 516 Hl, 1040 Dre, 1066 Hl, 1084 Hl, 1094 Dre, 1184 Hl, 1246 Hl, 1412 Hl, 1429 Erf, 1431 Hl, 1496 Dre, 1562 Dre, 1570 Hl, 1571 Dre, 1591 Hl, 1616 Hl, 1708 Hl, 1729 Dre, 1784 Hl, 1797 Hl, 1863 Hl, 1952 Erf, 1981 Hl, 2020 Hl
484–494	64 052 Sch, 071 Bln, 209 Bln, 210 Bln, 225 Bln, 264 Sch, 308 Bln, 354 Bln, 454 Bln, 482 Bln, 490 Bln
495–507	74 089 Mg, 450 Cs, 571 Bln, 692 Hl, 760 Hl, 851 Gwd, 895 Hl, 958 Hl, 978 Hl, 1047 Mg, 1079 Gwd, 1135 Cs, 1266 Gwd
508–514	75 109, 1122, 414, 415, 461, 1010, 1119 alle Dresden
515–517	78 109, 447, 448 alle Erfurt
518	80 012 Bln
519–538	86 061 Hl, 086 Dre, 193 Hl, 309 Hl, 330 Hl, 331 Dre, 332 Hl, 333, 336, 460, 461, 462, 463, 491, 606, 608 alle Dresden, 722 Hl, 759 Hl, 773 Dre, 1000 Dre
539–545	89 005 Hl, 621 Hl, 901 Hl, 1004 Hl, 7407 Dre, 7448 Hl, 7472 Hl
546–586	91 133 Gwd, 232 Sch, 375 Sch, 405 Gwd, 410 Sch, 460 Sch, 488 Sch, 519 Gwd, 575 Dre, 624 Sch, 697 Dre, 721 Gwd, 771 Gwd, 791 Dre, 866 Dre, 867 Gwd, 893 Gwd, 920 Dre, 944 Sch, 971 Sch, 1087 Sch, 1201 Dre, 1229 Gwd, 1262 Sch, 1281 Gwd, 1389 Sch, 1618 Dre, 1627 Dre, 1684 Sch, 1734 Sch, 1759 Gwd, 1800 Dre, 1801, 1919, 1924, 1925, 1929, 1935, 1941, 1943, 1950 alle Schwerin
587	92 758 Cs
588–608	93 004 Bln, 017 Mg, 023 Gwd, 045 Gwd, 047 Gwd, 056 Mg, 141 Bln, 144 Gwd, 150 Bln, 157 Mg, 159 Gwd, 218 Bln, 234 Mg, 364 Mg, 399 Bln, 435 Mg, 983 Bln, 686 Bln, 858 Sch, 860 Bln, 1212 Bln
609–634	94 521, 523, 524, 546, 552, 579, 643, 711, 758, 765, 811, 917, 922, 1009, 1031, 1049, 1102, 1147, 1178, 1609, 1655, 1664 alle Halle, 2007, 2008, 2053, 2132 alle Dresden
635	98 011 Dre

Fremdlokomotiven (im Schadpark)

636–637	37 112, 185 Bln (Polen, Gattung 37)

638	Pd 4 Gwd (Polen, Gattung 13)
639–641	324.210, .449, .1521 alle Schwerin (Ungarn, Gattung 35)
642	130 B 269 Dre (Frankreich)
643	230 E 2 Hl (Frankreich)
644	38 4582 Sch (Polen)
645–650	53 7206, 7207, 7208, 7209, 7211 alle Dresden, 7547 Sch (Polen)
651–653	54 158, 654, 1155 alle Schwerin (Polen)
654–655	55 352 Gwd (Polen), 5108 Sch (Frankreich)
656–657	040 A 143 Sch, B 726 Dre (Frankreich)
658–659	140 B 140 Gwd, G 465 Sch (Frankreich)
660	56 3167 Gwd (Polen)
661–662	57 398 Gwd (Polen), 5 B 51 Sch (Frankreich)
663–670	58 2369 Gwd, 2373 Gwd, 2428 Dre, 2465 Bln, 2326 Sch, 2616 Gwd, 2684 Hl, 2905 Gwd (Polen)
671	Tk 234 Dre (Estland)
672–673	75 1211, 1317 Gwd (Polen)
674	32 914 Dre (Frankreich, Gattung 75)
675–677	375.392, .435, .633 Sch (Ungarn, Gattung 75)
678–679	835.038 Dre (betriebsfähig), .339 Gwd (Italien, Gattung 89)
680–685 alle Schwerin	91 602 Gwd (Polen, Gattung 91), 5318, 5412, 5439, 5446, 5642 (Belgien, Gattung 92)

Ehemalige Privatbahnlokomotiven

686	1–61 Bln
687	181 OKB Cs
688	124 BLB Cs
689	14 Gwd
690	171 BLB Gwd
691	07 N 2212 Gwd
692–694	187, 188, 189 Hl
695	143 Mg
696	185 Hl
697	195 Mg
698–699	1, 2 Mg
700	181 Mg

Werklokomotiven

701	28	Mg	Krupp Grisonwerk Magdeburg
702	1	Mg	Fahlberg-List Magdeburg
703	3	Mg	Speditions- und Elbschiffahrtkon. Schönebeck
704	1	Mg	Lignose Sprengstoffwerke
705	5851	Mg	Solvay-Werke Osternienburg
706	ILSE	Mg	Transport u. Lagerhaus G. Barby
707	2680	Hl	Seelingstädter Steinindustrie
708	3199	Hl	Meier & Weichelt Leipzig
709	6660	Hl	Zuckerfabrik Lützen
710	7171	Hl	Landkraftswerk Kulkwitz

Beschlagnahmte Triebwagen für Dienstfahrten der SMAD und DR (Auswahl 1945)

VT 137 013	Halle	Wagen des Rbd-Präsidenten Halle
VT 137 092	Dresden-Pieschen	SMAD Dresden
VT 137 063	Berlin-Lichtenberg	»Dienstreisewagen« der SMAD
VT 137 099	Berlin	Dienstwagen des stv. Leiter (Verkehr) Kühne
VT 137 100	Berlin	Dienstwagen für »Herrn Leiter Reingruber«
VT 137 103	Berlin	Generaldirektor DR
VT 137 101	Berlin	General Kwaschnin (in Ausbesserung)
VT 137 106	Berlin	General Kwaschnin (1945 defekt, daher VT 137 185)
VT 137 144	Berlin	Dienstwagen für die Bahnpolizei
VT 137 185	Berlin-Lichtenberg	General Kwaschnin
VT 137 166	Dresden	MBV Dresden
VT 137 366	Magdeburg	Wagen des Rbd-Präsidenten Magdeburg
VT 135 039	Greifswald	MBV Greifswald
VT 135 040	Sonderwagen der Rbd Schwerin	
VT 135 054	Sonderwagen der Rbd Berlin	
VT 135 131	Sonderwagen der Rbd Erfurt	
VT 9	Rbd Erfurt	MBV Erfurt
VT 38	SMAD	
VT 804	Rbd Schwerin	MBV Schwerin
VT 856	Sonderwagen der Rbd Halle	

Abgabe von Fahrzeugen an die UdSSR
Dampflokomotiven

Lok-Nr	Kolonne	letztes DR-Bw	Abgefahren
03 147		*Rbd Pasewalk (Stett.)*	*1945**
03 190		*Rückführlok Osten*	*1945 (?)**
03 238		*Rbd Berlin*	*1945**
42 462	K 3	Bln-Pankow	30.07.1947*
42 572	K 30	Weißenfels	04.03.1947
	K 4	Bln-Lichtenberg	09.04.1947
42 743	K 30	Weißenfels	04.03.1947
		Rbd Berlin	09.04.1947
42 744	K 25	Cottbus	30.07.1947
42 810	K 24	Cottbus	30.07.1947
42 813	K 3	Bln-Pankow	30.07.1947
42 846	K 8	Bln-Tempelhof	30.07.1947
42 849	K 3	Bln-Pankow	30.07.1947
42 851	K 5	Bln-Schöneweide	06.04.1947
42 1017	K 3	Bln-Pankow	15.04.1947
42 1408	K 3	Bln-Pankow	24.02.1947
42 1793	K 3	Bln-Pankow	24.02.1947
42 1794	K 5	Bln-Schöneweide	07.02.1947
42 1799	K 5	Bln-Schöneweide	06.04.1947
42 1887	K 30	Weißenfels	04.03.1947
	K 4	Bln-Lichtenberg	30.07.1947
42 2327	K 2	Bln-Karlshorst	26.02.1947
50 356		Neubrandenburg	28.09.1945*
50 1526	K 18	Wittenberg	30.07.1947
50 1527	K 18	Wittenberg	.03.1947
	K 4	Bln-Lichtenberg	30.07.1947
50 1644	K 18	Wittenberg	30.07.1947
50 1785	K 18	Wittenberg	30.07.1947
50 2148	K 20	Senftenberg	30.07.1947
50 2655	K 21	Schwerin	01.04.1947
52 007		Neubrandenburg	13.08.1946
52 021	K 29	Stendal	24.02.1947
52 023	K 24	Cottbus	08.02.1947
52 043	K 20	Senftenberg	30.07.1947
52 058	K 14	Angermünde	30.07.1947
52 061	K 5	Bln-Schöneweide	09.04.1947
52 098	K 11	Erfurt Gbf	21.02.1947
52 169	K 22	Rostock	04.04.1947
52 224	K 3	Bln-Pankow	13.02.1947
52 230	K 22	Rostock	07.02.1947
52 281	K 3	Bln-Pankow	09.04.1947
52 286	K 30	Weißenfels	21.02.1947
52 305	K 20	Senftenberg	25.02.1947
52 315	K 13	Seddin	20.02.1947
52 317	K 26	Pasewalk	07.02.1947
52 318	K 19	Falkenberg	13.02.1947
52 351		Schwerin	05.08.1946
52 380	K 3	Bln-Pankow	11.02.1947
52 450	K 17	Bitterfeld	16.02.1947
52 469	K 6	Bln-Gesundbrunnen	08.02.1946
52 510	K 30	Weißenfels	04.03.1947
	K 4	Bln-Lichtenberg	09.04.1947
52 511	K 2	Seddin	10.02.1947
52 513	K 13	Seddin	30.07.1947
52 567		Pasewalk	09.09.1946

Lok-Nr	Kolonne	letztes DR-Bw	Abgefahren
52 605	K 23	Hoyerswerda	11.02.1947
52 620		Dre-Friedrichstadt	02.08.1946
52 622	K 14	Angermünde	24.02.1947
52 624	K 14	Angermünde	24.02.1947
52 636	K 4	Bln-Lichtenberg	20.02.1947
52 639		Eberswalde	19.08.1946
52 640	K 26	Pasewalk	09.04.1947
52 643	K 21	Schwerin	05.02.1947
52 657	K 19	Falkenberg	13.02.1947
52 696	K 17	Bitterfeld	16.02.1947
52 706	K 13	Seddin	08.02.1947
52 710	K 18	Wittenberg	16.02.1947
52 717	K 24	Cottbus	19.02.1947
52 720	K 19	Falkenberg	13.02.1947
52 721		Wittenberg	.08.1945*
52 722	K 23	Hoyerswerda	06.02.1947
52 723	K 16	Bln-Grunewald	08.02.1947
52 724	K 6	Bln-Gesundbrunnen	17.02.1947
52 745		Schwerin (Meckl)	05.08.1946
52 749		Schwerin (Meckl)	05.08.1946
52 774		Pasewalk	08.02.1946
52 793	K 21	Schwerin	01.04.1947
52 807	K 21	Schwerin	02.04.1947
52 814	K 5	Bln-Schöneweide	06.04.1947
52 816	K 5	Bln-Schöneweide	09.02.1947
52 822		Angermünde	13.08.1946
52 824	K 12	Seddin	07.02.1947
52 831	K 21	Schwerin	05.02.1947
52 874	K 1	Frankfurt Vbf	15.02.1947
52 1112	K 4	Bln-Lichtenberg	22.02.1947
52 1115	K 5	Bln-Schöneweide	04.04.1947
52 1137	K 23	Hoyerswerda	23.02.1947
52 1148	K 25	Cottbus	09.02.1947
52 1149		Neustrelitz	19.08.1946
52 1150		Schwerin	05.08.1946
52 1178	K 28	Aschersleben	24.02.1947
52 1179	K 4	Bln-Lichtenberg	08.02.1947
52 1194	K 12	Seddin	23.02.1947
52 1204		Chemnitz-Hilbersdf.	.05.1947
52 1216		Potsdam	.09.1946
52 1217	K 20	Senftenberg	11.02.1947*
52 1222		Wustermark	.09.1946
52 1223	K 14	Angermünde	30.07.1947
52 1233	K 27	Leipzig West	24.02.1947
52 1240	K 23	Hoyerswerda	25.02.1947
52 1244	K 16	Bln-Grunewald	07.04.1947
52 1249	K 18	Wittenberg	07.02.1947
52 1263	K 22	Wittenberge	07.02.1947
52 1277		Angermünde	31.08.1946
52 1281	K 26	Pasewalk	07.02.1947
52 1283	K 21	Schwerin	17.02.1947
52 1294	K 23	Hoyerswerda	07.02.1947
52 1301	K 27	Leipzig West	11.02.1947
52 1326	K 12	Seddin	07.02.1947
52 1330	K 23	Hoyerswerda	05.02.1947
52 1345	K 21	Schwerin	17.02.1947
52 1347	K 21	Schwerin	02.04.1947
52 1349		Stralsund	13.08.1946
52 1405	K 24	Cottbus	30.07.1947
52 1406	K 24	Cottbus	11.02.1947
52 1407	K 19	Falkenberg	21.02.1947
52 1409	K 3	Bln-Pankow	06.02.1947

Lok-Nr	Kolonne	letztes DR-Bw	Abgefahren	Lok-Nr	Kolonne	letztes DR-Bw	Abgefahren
52 1410	K 17	Wittenberg	24.02.1947	52 2390	K 20	Senftenberg	07.02.1947
52 1414	K 16	Bln-Grunewald	08.02.1947*	52 2402	K 28	Güsten	.09.1946*
52 1416	K 16	Bln-Grunewald	08.02.1947	52 2406		Pasewalk	19.09.1946
52 1417	K 16	Bln-Grunewald	08.02.1947	52 2407	K 22	Rostock	07.02.1947
52 1427		Dre-Friedrichstadt	03.09.1946	52 2411	K 12	Seddin	13.02.1947
52 1428	K 19	Falkenberg	21.02.1947	52 2414	K 28	Güsten	16.02.1947
52 1444	K 12	Seddin	06.02.1947	52 2417	K 4	Bln-Lichtenberg	15.02.1947
52 1445	K 6	Bln-Gesundbrunnen	17.02.1947	52 2419	K 4	Bln-Lichtenberg	30.07.1947
52 1447[II]	K 4	Bln-Lichtenberg	09.02.1947*	52 2433	K 13	Seddin	20.02.1947
52 1453	K 18	Wittenberg	07.02.1947	52 2446	K 5	Bln-Schöneweide	05.02.1947
52 1455	K 18	Wittenberg	16.02.1947	52 2447		Rostock	04.08.1946
52 1456	K 16	Bln-Grunewald	09.04.1947	52 2452	K 18	Wittenberg	07.02.1947
52 1461	K 19	Falkenberg	08.02.1947	52 2466	K 24	Cottbus	25.02.1947
52 1469	K 20	Senftenberg	25.02.1947	52 2481	K 6	Bln-Gesundbrunnen	30.07.1947
52 1471	K 17	Bitterfeld	09.02.1947	52 2486	K 3	Bln-Pankow	21.02.1947
52 1479	K 4	Bln-Lichtenberg	21.02.1947	52 2515	K 3	Bln-Pankow	21.02.1947
52 1488		Dre-Friedrichstadt	03.09.1946	52 2526	K 6	Bln-Gesundbrunnen	08.02.1947
52 1492		Neustrelitz	31.08.1946	52 2534	K 11	Erfurt Gbf	09.02.1947
52 1495	K 5	Bln-Schöneweide	05.04.1947	52 2534	K 23	Hoyerswerda	12.02.1947
52 1497	K 4	Bln-Lichtenberg	23.02.1947	52 2547		Engelsdorf	13.08.1946
52 1509	K 20	Senftenberg	30.07.1947	52 2581		Schwerin (Meckl)	22.09.1946
52 1518	K 18	Wittenberg	07.02.1947	52 2585	K 11	Erfurt Gbf	21.03.1947
52 1519	K 19	Wittenberg	16.02.1947	52 2590	K 20	Senftenberg	07.02.1947
52 1520	K 13	Seddin	02.02.1947	52 2612	K 1	Frankfurt Vbf	16.02.1947
52 1537	K 30	Weißenfels	04.03.1947	52 2615	K 2	Bln-Karlshorst	09.02.1947
		Rbd Berlin	09.04.1947	52 2621	K 11	Erfurt Gbf	23.02.1947
52 1568		Pasewalk	27.10.1945			Rbd Berlin	06.04.1947*
52 1570	K 14	Angermünde	12.02.1947	52 2622	K 3	Bln-Pankow	21.02.1947
52 1581	K 14	Angermünde	30.07.1947	52 2625	K 11	Erfurt Gbf	17.02.1947
52 1607	K 19	Falkenberg	13.02.1947	52 2634	K 30	Weißenfels	22.02.1947
52 1611	K 20	Senftenberg	11.02.1947	52 2655	K 26	Pasewalk	13.02.1947
52 1622	K 3	Bln-Pankow	13.02.1947	52 2660		Dre-Friedrichstadt	03.09.1946
52 1625	K 1	Frankfurt Vbf	26.02.1947	52 2663	K 8	Bln-Rummelsburg	19.02.1947
52 1631	K 11	Erfurt Gbf	21.03.1947	52 2684		Dre-Friedrichstadt	08.08.1946
52 1645	K 30	Weißenfels	21.02.1947	52 2695	K 8	Bln-Rummelsburg	09.02.1947
52 1647	K 11	Erfurt Gbf	21.03.1947	52 2698	K 27	Leipzig West	11.02.1947
52 1650	K 30	Weißenfels	21.02.1947	52 2715	K 6	Bln-Gesundbrunnen	17.02.1947
52 1653	K 30	Weißenfels	14.02.1947	52 2734	K 26	Pasewalk	30.07.1947
52 1664	K 11	Erfurt Gbf	21.02.1947	52 2735	K 4	Bln-Lichtenberg	30.07.1947*
52 1697	K 11	Erfurt Gbf	12.02.1947	52 2737	K 8	Bln-Rummelsburg	09.02.1947
52 1698	K 14	Angermünde	08.02.1947	52 2738	K 29	Chemnitz Hbf	24.02.1947
52 1700	K 11	Erfurt Gbf	12.02.1947	52 2740		Pasewalk	28.10.1945*
52 1701	K 19	Falkenberg	13.02.1947		K 26	Pasewalk	24.02.1947
52 1707	K 20	Senftenberg	11.02.1947	52 2742	K 26	Pasewalk	21.02.1947
52 1708	K 23	Hoyerswerda	23.02.1947	52 2751	K 19	Falkenberg	30.07.1947*
52 1713	K 3	Bln-Pankow	24.02.1947	52 2760	K 3	Bln-Pankow	.03.1947*
52 1738	K 14	Angermünde	24.02.1947	52 2765	K 11	Erfurt Gbf	21.03.1947
52 1799	K 14	Angermünde	26.02.1947			Rbd Berlin	06.04.1947
52 1801	K 12	Seddin	13.02.1947	52 2790	K 26	Pasewalk	07.02.1947
52 2096	K 29	Chemnitz Hbf	12.02.1947	52 2816		Dre-Friedrichstadt	.11.1945*
52 2111	K 8	Bln-Rummelsburg	09.02.1947	52 2819	K 14	Angermünde	24.02.1947
52 2117		Güstrow	27.09.1946	52 2822	K 14	Angermünde	08.02.1947
52 2147	K 26	Pasewalk	21.02.1947	52 2835		Pasewalk	31.10.1945*
52 2182	K 21	Schwerin	16.02.1947	52 2836		Neubrandenburg	19.08.1946
52 2237	K 11	Erfurt Gbf	21.02.1947	52 2839	K 3	Bln-Pankow	13.02.1947
52 2317	K 28	Güsten	16.02.1947	52 2840		Rostock	23.11.1945*
52 2354	K 4	Bln-Lichtenberg	22.02.1947	52 2841		Pasewalk	04.03.1946
52 2363	K 18	Wittenberg	30.07.1947	52 2849	K 12	Seddin	30.07.1947
52 2366	K 24	Cottbus	19.02.1947	52 2857	K 6	Bln-Gesundbrunnen	30.07.1947
52 2368	K 24	Cottbus	19.02.1947	52 2859	K 21	Schwerin	16.02.1947
52 2377	K 14	Angermünde	12.02.1947	52 2864	K 5	Bln-Schöneweide	25.02.1947
52 2385	K 18	Wittenberg	.09.1946*	52 2878	K 16	Bln-Grunewald	07.04.1947

Lok-Nr	Kolonne	letztes DR-Bw	Abgefahren
52 2879	K 23	Hoyerswerda	25.02.1947
52 2882	K 17	Bitterfeld	16.02.1947
52 2884	K 1	Frankfurt Vbf	26.02.1947
52 3134	K 11	Erfurt Gbf	23.03.1947
		Rbd Berlin	09.04.1947
52 3137	K 4	Bln-Lichtenberg	15.02.1947
52 3161	K 16	Bln-Grunewald	16.02.1947
52 3177	K 27	Leipzig West	11.02.1947
52 3185	K 1	Frankfurt Vbf	26.02.1947
52 3207	K 3	Bln-Pankow	10.04.1947
52 3210	K 1	Frankfurt (O) Vbf	26.02.1947
52 3212		Falkenberg	12.09.1946
52 3213	K 20	Senftenberg	07.02.1947
52 3214	K 19	Falkenberg	30.07.1947
52 3215	K 23	Hoyerswerda	07.02.1947
52 3228	K 3	Bln-Pankow	13.02.1947
52 3251	K 4	Bln-Lichtenberg	15.02.1947
52 3264		Dre-Friedrichstadt	.11.1945
52 3269	K 11	Erfurt Gbf	23.02.1947
		Rbd Berlin	06.04.1947
52 3270	K 12	Seddin	07.02.1947*
52 3296	K 21	Schwerin	02.04.1947
52 3297	K 26	Pasewalk	13.02.1947
52 3382	K 30	Weißenfels	14.02.1947
52 3393	K 24	Cottbus	25.02.1947
52 3397	K 24	Cottbus	08.02.1947
52 3400	K 13	Seddin	08.02.1947
52 3406		Cottbus	.11.1945*
52 3443	K 19	Falkenberg	21.02.1947
52 3494	K 25	Cottbus	09.02.1947
52 3496	K 25	Cottbus	09.02.1947*
52 3502	K 28	Güsten	16.02.1947
52 3535	K 30	Weißenfels	14.02.1947
52 3539	K 11	Erfurt Gbf	12.02.1947
52 3544	K 8	Bln-Rummelsburg	.04.1947
52 3545	K 3	Bln-Pankow	06.02.1947
52 3547	K 13	Seddin	.02.1947
52 3571		Pasewalk	02.03.1946
52 3581	K 3	Bln-Pankow	24.02.1947
52 3584	K 4	Bln-Lichtenberg	.03.1947
52 3594	K 13	Seddin	.04.1947
52 3605	K 5	Bln-Schöneweide	05.02.1947
52 3679	K 29	Chemnitz Hbf	12.02.1947
52 3680	K 13	Seddin	06.02.1947
52 3689	K 11	Erfurt Gbf	21.02.1947
52 3693	K 8	Bln-Rummelsburg	25.02.1947
52 3696	K 1	Frankfurt Vbf	26.02.1947
52 3720	K 1	Frankfurt Vbf	15.02.1947
52 3754	K 23	Hoyerswerda	23.02.1947
52 3759	K 14	Angermünde	30.07.1947
52 3760		Wittenberg	17.08.1946
52 3767	K 24	Cottbus	25.02.1947
52 3773		Neustrelitz	22.08.1946
52 3789	K 23	Chemnitz Hbf	24.02.1947
52 3793		Pasewalk	08.03.1946
52 3809	K 23	Hoyerswerda	17.02.1947
52 3831		Neubrandenburg	09.09.1946
52 3835	K 16	Bln-Grunewald	08.02.1947
52 3837	K 2	Bln-Karlshorst	10.02.1947
52 3841	K 5	Bln-Schöneweide	09.02.1947
52 3857	K 20	Senftenberg	11.02.1947
52 3860	K 20	Senftenberg	07.02.1947
52 3861	K 20	Senftenberg	.02.1947
52 3872	K 6	Bln-Gesundbrunnen	08.02.1947
52 3876	K 23	Hoyerswerda	17.02.1947
52 3884	K 26	Pasewalk	21.02.1947
52 3905	K 8	Bln-Rummelsburg	.03.1947
52 3914		Zittau	.11.1945*
52 3923	K 23	Schwerin	05.02.1947
52 3956	K 13	Seddin	30.07.1947
52 3961	K 11	Erfurt Gbf	21.03.1947
	K 7	Bln-Karlshorst	.04.1947
52 4373	K 12	Seddin	13.02.1947
52 4502	K 20	Senftenberg	30.07.1947
52 4504	K 26	Pasewalk	09.04.1947
52 4508	K 5	Bln-Schöneweide	05.02.1947
52 4512	K 8	Bln-Rummelsburg	30.07.1947*
52 4518	K 1	Frankfurt Vbf	08.02.1947
52 4521	K 23	Hoyerswerda	23.02.1947
52 4522	K 24	Cottbus	20.02.1947
52 4535	K 13	Seddin	25.02.1947
52 4542	K 12	Seddin	23.02.1947
52 4544	K 12	Seddin	13.02.1947
52 4545	K 24	Cottbus	25.02.1947
52 4546	K 12	Seddin	30.07.1947
52 4561	K 16	Bln-Grunewald	16.02.1947
52 4562^{II}	K 4	Bln-Lichtenberg	30.07.1947*
52 4564	K 29	Chemnitz Hbf	12.02.1947
52 4565	K 4	Bln-Lichtenberg	09.02.1947
52 4759		Schwerin (Meckl)	05.08.1946
52 4769		Parchim	04.08.1946
52 4788	K 1	Frankfurt Vbf	08.02.1947
52 4820	K 24	Cottbus	08.02.1947
52 4823	K 27	Engelsdorf	27.02.1947
52 4824	K 24	Cottbus	09.02.1947
52 4828	K 12	Seddin	23.02.1947
52 4844	K 14	Angermünde	12.02.1947
52 4845	K 12	Seddin	06.02.1947
52 4847	K 13	Seddin	20.02.1947
52 4878	K 6	Bln-Gesundbrunnen	17.02.1947
52 4897	K 8	Bln-Rummelsburg	15.02.1947
52 4903	K 13	Seddin	06.02.1947
52 4904		Engelsdorf	12.09.1946
52 4910		Falkenberg	12.09.1946
52 4914		Schwerin	04.08.1946
52 4916	K 22	Rostock	07.02.1947
52 4918	K 18	Wittenberg	.02.1947
52 4919	K 23	Hoyerswerda	25.02.1947
52 4920	K 23	Hoyerswerda	25.02.1947
52 4927	K 5	Bln-Schöneweide	25.02.1947
52 4928		Pasewalk	.11.1945
52 4934		Pasewalk	22.08.1946
52 4956	K 5	Bln-Schöneweide	25.02.1947
52 4957	K 2	Bln-Karlshorst	06.04.1947
52 4989	K 17	Wittenberg	09.02.1947
52 5005		Angermünde	01.11.1945*
52 5006	K 22	Hagenow Land	04.04.1947
52 5010		Pasewalk	19.09.1946
52 5017	K 16	Bln-Grunewald	04.04.1947
52 5019	K 16	Bln-Grunewald	16.02.1947
52 5022	K 4	Bln-Lichtenberg	23.02.1947
52 5026	K 14	Angermünde	12.02.1947
52 5027	K 21	Schwerin	17.02.1947
52 5028	K 26	Pasewalk	13.02.1947

Lok-Nr	Kolonne	letztes DR-Bw	Abgefahren	Lok-Nr	Kolonne	letztes DR-Bw	Abgefahren
52 5033	K 22	Rostock	04.04.1947	52 5710		Pasewalk	.11.1945
52 5035	K 18	Wittenberg	24.02.1947	52 5714	K 26	Pasewalk	09.04.1947
52 5037	K 23	Hoyerswerda	17.02.1947	52 5715	K 12	Seddin	13.02.1947
52 5038	K 26	Pasewalk	21.02.1947	52 5730		Engelsdorf	13.08.1946
52 5048	K 26	Pasewalk	13.02.1947	52 5756	K 28	Güsten	24.02.1947
52 5049	K 17	Wittenberg	09.02.1947	52 5766		Stralsund	19.08.1946
52 5064		Schwerin (Meckl)	05.08.1946	52 5768		Stralsund	13.08.1946
52 5066	K 5	Bln-Schöneweide	01.02.1947	52 5776	K 26	Pasewalk	13.02.1947
52 5070	K 17	Wittenberg	16.02.1947	52 5837	K 26	Pasewalk	21.02.1947
52 5072	K 29	Chemnitz Hbf	24.02.1947	52 5859	K 22	Rostock	04.04.1947
52 5073	K 13	Seddin	25.02.1947	52 5874	K 5	Bln-Schöneweide	25.07.1947
52 5074	K 27	Leipzig West	11.02.1947	52 5896		Dre-Friedrichstadt	03.09.1946
52 5078	K 24	Cottbus	11.02.1947	52 5921	K 20	Senftenberg	25.02.1947
52 5079	K 1	Frankfurt Vbf	25.02.1947	52 5927	K 14	Angermünde	17.04.1947
52 5082	K 3	Bln-Pankow	21.02.1947		K	Bln-Rummelsburg	.04.1947
52 5083	K 29	Chemnitz Hbf	24.02.1947	52 5941	K 17	Wittenberg	09.02.1947
52 5085	K 26	Pasewalk	.02.1947	52 5947		Freiberg (Sachsen)	.07.1945
52 5108	K 22	Rostock	04.04.1947	52 5950	K 2	Bln-Karlshorst	25.02.1947
52 5110	K 2	Bln-Karlshorst	09.02.1947	52 5966	K 14	Angermünde	30.07.1947
52 5135	K 1	Frankfurt Vbf	08.02.1947	52 5994	K 13	Seddin	06.02.1947
52 5144	K 27	Leipzig West	11.02.1947	52 6026	K 4	Bln-Lichtenberg	.04.1947
52 5145	K 2	Bln-Karlshorst	09.02.1947	52 6036	K 23	Hoyerswerda	07.02.1947
52 5150	K 24	Cottbus	30.07.1947	52 6054	K 17	Wittenberg	24.02.1947
52 5156	K 2	Bln-Karlshorst	09.02.1947	52 6057	K 19	Falkenberg	08.02.1947
52 5174	K 17	Wittenberg	16.02.1947	52 6058	K 17	Wittenberg	09.02.1947
52 5177	K 3	Bln-Pankow	30.07.1947	52 6142	K 21	Hagenow	05.02.1947
52 5181	K 14	Angermünde	12.02.1947	52 6146	K 29	Chemnitz Hbf	12.02.1947
52 5192	K 30	Weißenfels	14.02.1947	52 6162	K 12	Seddin	07.02.1947
52 5201	K 18	Wittenberg	07.02.1947	52 6164	K 8	Bln-Rummelsburg	15.02.1947
52 5203			.06.1945	52 6173	K 13	Seddin	25.02.1947
52 5210		Wittenberg	12.09.1946	52 6187		Dre-Friedrichstadt	.11.1945
52 5221	K 14	Angermünde	08.02.1947	52 6212		Güstrow	05.08.1946
52 5230	K 22	Wittenberge	04.04.1947	52 6239	K 14	Angermünde	06.02.1947
52 5248	K 16	Bln-Grunewald	16.02.1947	52 6260	K 30	Weißenfels	04.03.1947
52 5265	K 13	Seddin	08.02.1947			Rbd Berlin	09.04.1947
52 5313	K 6	Bln-Gesundbrunnen	08.02.1947	52 6285	K 14	Angermünde	06.02.1947
52 5314	K 12	Seddin	23.02.1947	52 6287	K 16	Bln-Grunewald	04.04.1947
52 5337	K 4	Erfurt Gbf	31.08.1947	52 6304	K 8	Bln-Rummelsburg	09.02.1947
52 5344	K 4	Bln-Lichtenberg	30.07.1947	52 6352	K 20	Senftenberg	07.02.1947
52 5415	K 11	Erfurt Gbf	12.02.1947	52 6353	K 19	Falkenberg	24.02.1947
52 5417		Schwerin (Meckl)	05.08.1946	52 6374	K 6	Bln-Gesundbrunnen	08.02.1947
52 5450		Falkenberg (Elster)	12.09.1946	52 6388	K 22	Rostock	07.02.1947
52 5452	K 17	Wittenberg	09.02.1947	52 6402	K 5	Bln-Schöneweide	05.02.1947
52 5458	K 30	Weißenfels	14.02.1947	52 6405	K 5	Bln-Schöneweide	09.02.1947
52 5463	K 4	Bln-Lichtenberg	23.02.1947	52 6410	K 14	Angermünde	06.02.1947
52 5464	K 17	Wittenberg	16.02.1947	52 6419	K 26	Pasewalk	21.02.1947
52 5465	K 8	Bln-Rummelsburg	25.02.1947	52 6422	K 21	Schwerin	05.02.1947
52 5466	K 3	Bln-Pankow	06.02.1947	52 6635		Pirna	22.09.1945*
52 5521		Stralsund	14.08.1946	52 6642	K 19	Falkenberg	08.02.1947
52 5525	K 26	Pasewalk	07.02.1947	52 6644	K 19	Falkenberg	08.02.1947
52 5527		Stralsund	14.08.1946*	52 6662	K 8	Bln-Rummelsburg	15.02.1947
52 5535		Pasewalk	08.02.1946	52 6667	K 2	Bln-Karlshorst	05.04.1947
52 5540	K 5	Bln-Schöneweide	05.02.1947	52 6669	K 12	Seddin	06.02.1947
52 5572	K 5	Bln-Schöneweide	09.02.1947	52 6675	K 4	Bln-Lichtenberg	15.02.1947
52 5592	K 3	Bln-Pankow	21.02.1947	52 6676	K 12	Seddin	23.02.1947
52 5597	K 19	Falkenberg	08.02.1947	52 6677	K 14	Angermünde	08.02.1947
52 5638	K 26	Pasewalk	09.04.1947	52 6678	K 24	Cottbus	19.02.1947
52 5654		Pasewalk	17.10.1945*	52 6681	K 12	Seddin	.02.1947
52 5666	K 1	Frankfurt Vbf	08.02.1947*	52 6683	K 13	Seddin	24.02.1947
52 5670	K 5	Bln-Schöneweide	09.02.1947	52 6695	K 26	Pasewalk	07.02.1947
52 5681		Falkenberg (Elster)	12.09.1946	52 6698		Neustrelitz	31.08.1946
52 5682	K 29	Chemnitz Hbf	12.02.1947	52 6730	K 29	Chemnitz Hbf	24.02.1947

Lok-Nr	Kolonne	letztes DR-Bw	Abgefahren
52 6737	K 14	Angermünde	24.02.1947
52 6746	K 14	Angermünde	08.02.1947
52 6777	K 28	Güsten	16.02.1947
52 6783		Dre-Friedrichstadt	.09.1945
52 6820	K 20	Senftenberg	11.02.1947
52 6824	K 17	Wittenberg	16.02.1947
52 6826	K 12	Seddin	06.02.1947
52 6834	K 1	Frankfurt Vbf	08.02.1947
52 6835	K 1	Frankfurt Vbf	16.02.1947
52 6838	K 12	Seddin	20.02.1947
52 6864	K 3	Bln-Pankow	06.02.1947
52 6868	K 16	Bln-Grunewald	16.02.1947
52 6909	K 24	Cottbus	11.02.1947
52 6924	K 14	Angermünde	06.02.1947
52 6962	K 24	Cottbus	11.02.1947
52 7006	K 23	Hoyerswerda	07.02.1947
52 7125		Wittenberg	17.08.1946
52 7127	K 28	Güsten	16.02.1947
52 7133	K 25	Cottbus	09.02.1947
52 7168	K 11	Erfurt Gbf	23.02.1947
		Rbd Berlin	30.07.1947
52 7188	K 28	Güsten	16.02.1947
52 7199	K 18	Wittenberg	30.07.1947
52 7219	K 25	Cottbus	24.02.1947
52 7224	K 11	Erfurt Gbf	21.02.1947
52 7232	K 1	Frankfurt Vbf	16.02.1947
52 7233	K 27	Leipzig West	11.02.1947
52 7256	K 8	Bln-Rummelsburg	09.02.1947
52 7312	K 24	Cottbus	08.02.1947
52 7325	K 12	Chemnitz Hbf	06.02.1947
52 7338	K 12	Seddin	07.02.1947
52 7342	K 19	Falkenberg	22.02.1947
52 7401		Angermünde	31.08.1946
52 7436	K 12	Seddin	13.02.1947
52 7438	K 6	Bln-Gesundbrunnen	17.02.1947
52 7441	K 24	Cottbus	24.12.1946
52 7443	K 13	Seddin	08.02.1947
52 7462	K 25	Cottbus	11.02.1947
52 7479		Chemnitz-Hilbersdf.	31.05.1945
52 7480	K 25	Cottbus	09.02.1947
52 7505	K 20	Senftenberg	25.02.1947
52 7511	K 18	Wittenberg	16.02.1947
52 7512	K 24	Cottbus	08.02.1947
52 7513	K 20	Senftenberg	24.12.1946
52 7525	K 8	Bln-Rummelsburg	15.02.1947
52 7540	K 23	Hoyerswerda	23.02.1947
52 7543	K 13	Seddin	08.02.1947
52 7546	K 13	Seddin	06.02.1947
52 7547		Zittau	09.09.1945*
52 7552		Pasewalk	.11.1945
52 7557	K 3	Bln-Pankow	15.02.1947
52 7559	K 4	Bln-Lichtenberg	30.07.1947
52 7567		Parchim	04.08.1946
52 7584	K 3	Bln-Pankow	06.02.1947*
52 7610		Pasewalk	14.08.1946
52 7636	K 11	Erfurt Gbf	23.02.1947
		Rbd Berlin	06.04.1947
52 7709	K 11	Erfurt Gbf	21.03.1947
		Rbd Berlin	30.07.1947
52 7732		Pasewalk	.11.1945
52 7736	K 23	Hoyerswerda	17.02.1947
52 7748	K 4	Bln-Lichtenberg	08.02.1947

Lok-Nr	Kolonne	letztes DR-Bw	Abgefahren
52 7751	K 23	Hoyerswerda	17.02.1947
52 7775	K 13	Seddin	20.02.1947
53 7777	K 13	Seddin	25.02.1947
52 7782	K 29	Chemnitz Hbf	12.02.1947
52 7784			1945
52 7789	K 4	Bln-Lichtenberg	09.02.1947*
55 2109		Meiningen	27.02.1946*
55 2170		Saalfeld (Saale)	27.02.1946*
55 2677		Gera	27.02.1946*
56 236		Bln-Pankow	.08.1946
56 253		Neustrelitz	16.05.1946
56 267		Schwerin	20.05.1946
56 269		Güstrow	20.05.1946
56 289		Seddin	.08.1946
56 312		Bln-Pankow	09.05.1946
56 324		Schwerin	20.05.1946
56 325		Seddin	20.05.1946
56 375		Hagenow Land	20.05.1946
56 387	K 3	Bln-Lichtenberg	09.05.1946
56 414		Seddin	.08.1946
56 450		Seddin	.08.1946
56 532		Rbd Greifswald	15.05.1946
56 541		Schwerin	20.05.1946
56 542		Chemnitz-Hilbersdf.	22.05.1946
56 567		Bln-Rummelsburg	.08.1946
56 574		Waren	20.05.1946
56 589		Parchim	20.05.1946
56 590	K 3	Bln-Lichtenberg	09.05.1946
56 616		Neustrelitz	.08.1946
56 628		Parchim	20.05.1946
56 634		Rbd Greifswald	15.05.1946
56 637		Döbeln	11.05.1946
56 647		Wismar	20.05.1946
56 652		Wismar	20.05.1946
56 654		Neustrelitz	.08.1946
56 661		Rbd Greifswald	15.05.1946
56 664		Bln-Schöneweide	.08.1946
56 665		Seddin	.08.1946
56 703	K 3	Bln-Pankow	09.05.1946
56 726		Waren	20.05.1946
56 729		Wittenberge	20.05.1946
56 766		Halle G	.08.1946
56 774		Eberswalde	15.05.1946
56 781		Schwerin	20.05.1946
56 782		Güstrow	20.05.1946
56 830	K 3	Bln-Pankow	07.05.1946
56 2099		Stendal	20.05.1946
56 2182		Halberstadt	21.05.1946
56 2271		Stendal	21.05.1946
56 2299		Magdeburg Hbf	22.05.1946
56 2329		Halberstadt	21.05.1946
56 2377		Magdeburg-Buckau	21.05.1946
56 2384		Wittenberge	20.05.1946
56 2394		Engelsdorf	1946
56 2425		Salzwedel	21.05.1946
56 2448		Magdeburg-Buckau	21.05.1946
56 2454		Oebisfelde	21.05.1946
56 2553		Dre-Friedrichstadt	11.05.1946
56 2557		Wittenberge	20.05.1946
56 2562		Wittenberge	20.05.1946

Lok-Nr	Kolonne	letztes DR-Bw	Abgefahren
56 2609		Wittenberge	20.05.1946
56 2687		Wittenberge	20.05.1946
56 2698		Bln-Pankow	09.05.1946
56 2749		Halberstadt	21.05.1946
56 2812		Oebisfelde	21.05.1946
56 2814	K 3	Bln-Pankow	07.05.1946
56 2831		Halberstadt	21.05.1946
56 2890		Wittenberge	20.05.1946
56 2910		Halberstadt	20.05.1946
56 2915		Schwerin	20.05.1946
57 1274		Bln-Rummelsburg	10.08.1946
57 1276	N	Bln-Schöneweide	09.05.1946
57 1290		Güstrow	22.05.1946
57 1547	N	Bln-Schöneweide	09.05.1946
57 1697	N	Bln-Schöneweide	09.05.1946
57 1701		Stralsund	15.05.1946
57 1712	N	Bln-Schöneweide	09.05.1946
57 1817		Wittenberge	20.06.1946
57 2254	N	Bln-Schöneweide	09.05.1946
57 2356	N	Bln-Schöneweide	09.05.1946
57 2992	N	Bln-Schöneweide	09.05.1946
57 3284		Aschersleben	22.05.1946
57 3504		Rbd Magdeburg	20.05.1946
58 234		Riesa	12.06.1945
58 410		Chemnitz-Hilbersdf.	30.06.1945
58 431		Chemnitz-Hilbersdf.	30.06.1945
58 1358		Cottbus	08.1945
58 1382		Dre-Friedrichstadt	08.1945
58 1771		Naumburg	10.08.1945*
58 1974		Dre-Friedrichstadt	08.1945
64 207		Waren (Müritz)	15.09.1945
74 087		Rbd Berlin	1946
74 088		Rbd Berlin	1947
74 100		Rbd Berlin	1946
74 105		Rbd Berlin	1946
74 108II		Rbd Berlin	1946
74 148		Bln Lehrter Bf	1947
74 163		Rbd Berlin	1946
74 191		Rbd Berlin	1947
74 192		Rbd Berlin	1947
74 219		Rbd Berlin	1946
74 232		Brandenburg	1947
74 248		Rbd Berlin	1947
74 451		Probstzella	15.04.1947
74 456		Rbd Berlin	1946
74 477		Merseburg	22.08.1947
74 481		Leipzig Hbf Süd	30.11.1945
74 500		Eberswalde	10.08.1947
74 518		Rbd Berlin	1946
74 603		Rbd Berlin	1946
74 609		Leipzig Bayer Bf	30.01.1946
74 664		Bitterfeld	30.01.1946
74 739		Rbd Berlin	1946
74 758		Stralsund	10.08.1947
74 766		Stralsund	10.08.1947
74 779		Merseburg	22.08.1947
74 846		Rbd Schwerin	1946*
74 847		Neustrelitz	10.08.1947
74 861		Probstzella	10.08.1947
74 883		Leipzig Hbf Süd	14.12.1945
74 979		Leipzig Bayer Bf	02.11.1945
74 1017		Rbd Berlin	1946
74 1020		Rbd Berlin	1946
74 1036		Halle P	1946
74 1049		Erfurt P	10.08.1947
74 1094		Bln-Grunewald	30.10.1945
74 1097		Bln-Gesundbrunnen	23.05.1947
74 1102		Nauen	02.11.1945
74 1107		Rbd Berlin	.11.1945
74 1125		Rbd Berlin	.11.1945
74 1126		Rbd Berlin	.11.1945
74 1127		Rbd Berlin	.11.1945
74 1129		Rbd Berlin	.11.1945
74 1140		Rbd Berlin	04.11.1945
74 1146		Rbd Berlin	04.11.1945
74 1149		Bln Lehrter Bf	02.11.1945
74 1150		Rbd Berlin	01.11.1945
74 1151		Rbd Berlin	04.11.1945
74 1154		Erkner	02.11.1945
74 1168		Rbd Berlin	04.11.1945
74 1179		Rbd Berlin	.11.1945
74 1196		Wittenberg	.11.1945
74 1198		Rbd Berlin	.11.1945
74 1202		Rbd Berlin	04.11.1945
74 1205		Rbd Berlin	04.11.1945
74 1215		Rbd Berlin	04.11.1945
74 1218		Rbd Berlin	04.11.1945
74 1219		Rbd Berlin	04.11.1945
74 1224		Potsdam	04.11.1945
74 1235		Rbd Berlin	04.11.1945
74 1251		Potsdam	04.11.1945
74 1264		Jüterbog	04.11.1945
74 1268		Magdeburg Hbf	04.11.1945
74 1271		Bln Lehrter Bf	04.11.1945
74 1288		Rbd Berlin	04.11.1945
74 1291		Rbd Berlin	04.11.1945
74 1293		Rbd Berlin	04.11.1945
74 1297		Nauen	04.11.1945
74 1299		Rbd Berlin	04.11.1945
86 010		Cottbus	1946
86 017		Dre-Friedrichstadt	11.1945*
86 019		Dre-Friedrichstadt	11.1945*
86 020		Dre-Friedrichstadt	11.1945*
86 021		Dre-Friedrichstadt	10.1945*
86 033		Dre-Friedrichstadt	11.1945*
86 036		Dre-Friedrichstadt	11.1945*
86 042		Dre-Friedrichstadt	11.1945*
86 051		Dre-Friedrichstadt	11.1945*
86 052		Dre-Friedrichstadt	11.1945*
86 054		Dre-Friedrichstadt	25.11.1945*
86 055		Dre-Friedrichstadt	11.1945*
86 057		Dre-Friedrichstadt	11.1945*
86 058		Dre-Friedrichstadt	11.1945*
86 078		Wittenberge	14.01.1946
86 118		Dre-Friedrichstadt	11.1945*
86 120		Dre-Friedrichstadt	10.1945*
86 124		Chemnitz-Hilbersdf.	10.1945*
86 125		Dre-Friedrichstadt	11.1945*

Lok-Nr	Kolonne	letztes DR-Bw	Abgefahren
86 134		Glauchau (Sachs)	09.1945*
86 135		Glauchau (Sachs)	09.1945*
86 139		Dre-Friedrichstadt	11.1945*
86 142		Dre-Friedrichstadt	11.1945*
86 144		Buchholz	09.1945*
86 152		Dre-Friedrichstadt	11.1945*?
86 153		Dre-Friedrichstadt	11.1945*
86 226		Rbd Halle	1945
86 228		Rbd Halle	1945
86 244		Rochlitz	10.1945*
86 247		Dre-Friedrichstadt	11.1945*
86 248		Dre-Friedrichstadt	01.10.1945*
86 249		Dre-Friedrichstadt	11.1945*
86 267		Dre-Friedrichstadt	10.1945*
86 268		Dre-Friedrichstadt	10.1945*
86 325		Dre-Friedrichstadt	10.1945*
86 342		Bln-Tempelhof Rbf	22.02.1946
86 375		Dre-Friedrichstadt	11.1945*
86 386		Dre-Friedrichstadt	11.1945*
86 387		Dre-Friedrichstadt	11.1945*
86 388		Dre-Friedrichstadt	11.1945*
86 392		Dre-Friedrichstadt	11.1945*
86 393		Dre-Friedrichstadt	11.1945*
86 403		Eilenburg	10.1945
86 404		Eilenburg	12.1945*
86 420		Dre-Friedrichstadt	11.1945*
86 421		Dre-Friedrichstadt	11.1945*
86 439		Wittenberge	14.01.1946*
86 441		Wismar	14.01.1946
86 454		Rbd Halle	10.1945
86 455		Eilenburg	11.1945
86 469		Rbd Halle	1945*
86 473		Rbd Halle	1945
86 544		Dre-Friedrichstadt	01.09.1945
86 546		Dre-Friedrichstadt	10.1945*
86 554		Rbd Berlin	1945*
86 588		Rbd Halle	1945
86 611		Bautzen	09.1945
86 612		Dre-Friedrichstadt	09.1945*
86 613		Dre-Friedrichstadt	09.1945*
86 614		Dre-Friedrichstadt	10.1945*
86 726		Pirna	10.1945*
86 728		Pirna	10.1945*
86 730		Pirna	10.1945*
86 762		Wittenberg	15.11.1945
86 763		Wittenberg	15.11.1945
86 772		Rbd Halle	1945
86 774		Rbd Halle	1945*
86 796		Rbd Halle	1945
86 797		Rbd Halle	1945
86 798		Torgau	12.1945*
86 799		Rbd Halle	1945
86 846		Eilenburg	10.1945*
86 871		Dre-Friedrichstadt	10.1945*
88 7401		*Bln-Pankow*	*09.05.1946**
89 002		Bln-Schöneweide	23.05.1947
89 003		Bln-Gesundbrunnen	23.05.1947
89 009		Eberswalde	30.04.1947
89 222		Rbd Dresden	05.08.1947*

Lok-Nr	Kolonne	letztes DR-Bw	Abgefahren
89 249		Dre-Friedrichstadt	24.10.1945
89 251		Dre-Friedrichstadt	09.1945
89 254		Dre-Friedrichstadt	09.1945
89 256		Zwickau	09.1945
89 258		Dresden Altstadt	10.08.1947
89 268		Zwickau	09.1945
89 287		Zwickau	10.1945
89 288		Döbeln	15.10.1945
89 292		Dresden Altstadt	10.08.1947
89 932		Wittstock (Dosse)	10.08.1947
89 7126		Leipzig West	10.1945
89 7138		Halberstadt	07.1946
89 7188		Wittenberg	06.02.1946
89 7242		Eberswalde	06.07.1957
89 7247		Rbd Halle	11.1945
89 7250		Stralsund	06.07.1947
89 7331		Eilenburg	09.1945
89 7332		Rbd Halle	09.1945
89 7350		Bitterfeld	11.1945
89 7401		Bln-Pankow	09.05.1946*
89 7449		Bln-Schöneweide	10.08.1947
89 7474		Rbd Halle	11.1945
89 7488		Bitterfeld	28.06.1947
89 7516		Bln-Tempelhof	11.1945
89 7560		Bitterfeld	12.1945
89 7561		Wittenberg	11.1945
91 331		Aschersleben	12.1945
91 361		Rbd Halle	1947
91 369		Falkenberg	15.12.1945
91 401		Leipzig Hbf West	28.06.1947
91 404		Pirna	1946
91 462		Angermünde	10.06.1947
91 472		Reichenbach	1946
91 484		Pirna	1947
91 514		Bitterfeld	24.06.1947
91 526		Dre-Friedrichstadt	1947
91 528		Rbd Cottbus	1946
91 572		Riesa	10.08.1947
91 581		Rbd Halle	1947
91 611		Rbd Halle	1947
91 614		Pirna	11.1945
91 619		Pirna	05.08.1947
91 627		Pasewalk	05.08.1947
91 640		Pasewalk	05.08.1947
91 668		Rbd Halle	1947
91 701		Bitterfeld	05.08.1947
91 710		Rbd Berlin	1947
91 723		Rbd Halle	1947
91 838		Rbd Halle	1947
91 855		Rbd Halle	1947
91 863		Dre-Friedrichstadt	1947
91 879		Rbd Halle	1947
91 907		Rbd Halle	1947
91 917		Lübbenau	05.08.1947
91 955		Dre-Friedrichstadt	1947
91 966		Rbd Halle	1947
91 967		Leipzig Hbf West	05.08.1947
91 981		Dre-Friedrichstadt	1947
91 1018		Rbd Schwerin	1947

Lok-Nr	Kolonne	letztes DR-Bw	Abgefahren
91 1031		Wittenberge	05.08.1947
91 1033		Rbd Halle	1947
91 1050		Rbd Halle	1947
91 1059		Rbd Magdeburg	1947
91 1104		Dre-Friedrichstadt	12.1945
91 1118		Wittenberge	05.08.1947
91 1129		Rochlitz	1946
91 1137		Rbd Halle	1947
91 1144		Rbd Halle	1947
91 1147		Rbd Halle	1947
91 1237		Dre-Friedrichstadt	1947
91 1241		Rbd Magdeburg	1947
91 1256		Dre-Friedrichstadt	1947
91 1257		Freiberg (Sachsen)	1947
91 1261		Rbd Halle	1947
91 1265		Rbd Halle	1947
91 1298		Rbd Halle	1947
91 1329		Rbd Cottbus	1946*
91 1362		Rochlitz	1947
91 1378		Rbd Halle	1947
91 1379		Bad Schandau	1947
91 1388		Cottbus	1946
91 1390		Rbd Halle	1947
91 1391		Bad Schandau	1947
91 1414		Forst	1946
91 1456		Rbd Halle	1947
91 1459		Rochlitz	1947
91 1472		Rbd Halle	1947
91 1503		Rbd Cottbus	1946
91 1512		Bautzen	1947
91 1514		Bad Schandau	1947
91 1518		Bautzen	1947
91 1554		Dre-Friedrichstadt	1947
91 1555		Dre-Friedrichstadt	1947
91 1556		Pirna	1947
91 1571		Dre-Friedrichstadt	1947
91 1585		Rbd Schwerin	1947
91 1612		Rbd Halle	1947
91 1623		Rbd Cottbus	1946*
91 1625		Rbd Halle	1947
91 1630		Rbd Cottbus	1946
91 1631		Rbd Halle	1947
91 1634		Zwickau (Sachs)	1947
91 1639		Rbd Halle	1947
91 1645		Rbd Cottbus	1946
91 1680		Rbd Halle	1947
91 1681		Rbd Halle	1947
91 1695		Rbd Cottbus	1946*
91 1699		Rbd Halle	1947
91 1703		Bad Schandau	1947
91 1704		Freiberg (Sachsen)	1947
91 1716		Freiberg (Sachsen)	1947
91 1718		Pirna	1947
91 1753		Zwickau (Sachs)	1947
91 1768		Rbd Halle	1947
91 1770		Rbd Halle	1947
91 1816		Dre-Friedrichstadt	1947
91 1906		Parchim	10.08.1947
91 1907		Wittstock	10.08.1947
91 1908		Parchim	10.08.1947
91 1911		Parchim	10.08.1947

Lok-Nr	Kolonne	letztes DR-Bw	Abgefahren
91 1926		Wismar	14.01.1946
91 1927		Wismar	14.01.1946
91 1928		Wismar	14.01.1946
91 1931		Parchim	14.01.1946
91 1936		Rostock	14.01.1946
91 1937		Stralsund	10.08.1947
91 1938		Rbd Berlin	05.08.1947*
91 1939		Rostock	14.01.1946
91 1940		Rostock	14.01.1946
91 1946		Wittenberge	08.11.1945
91 1948		Wittstock	10.10.1945
92 505		Berlin Lehrter Bf	11.05.1947
92 553		Merseburg	04.10.1945
92 554		Neustrelitz	30.04.1947
92 643		Eberswalde	30.04.1947z
92 678		Leipzig Hbf West	1946
92 848		Salzwedel	05.08.1947
92 898		Leipzig Bayer. Bf	1946
92 1071		Pasewalk	05.08.1947
92 2266		Gera	05.08.1947
92 7960		Saalfeld (Saale)	05.08.1947
93 503		Rbd Erfurt	1945
93 506		Rbd Erfurt	1945
93 540		Rbd Dresden	1945
93 541		Rbd Dresden	1945
93 625		Rbd Erfurt	1945
93 633		Rbd Erfurt	1945
93 688		Dre-Friedrichstadt	11.1945
93 700		Erfurt P	12.1945
93 753		Oberröblingen	1946
93 766		Erfurt P	12.1945
93 807		Pirna	11.1945
93 817		Chemnitz-Hilbersdf.	11.1945
93 824		Saalfeld	12.1945
93 850		Erfurt P	12.1945
93 878		Rbd Erfurt	12.1945
93 914		Oberröblingen	25.05.1947
93 952		Gotha	12.1945
93 958		Cottbus	1946
93 961		Rbd Dresden	1945
93 966		Dre-Friedrichstadt	10.1945
93 967		Pirna	24.10.1945
93 986		Saalfeld	12.1945
93 987		Gotha	12.1945
93 1038		Erfurt P	12.1945
93 1071		Dresden Altstadt	09.10.1945
93 1072		Rbd Erfurt	12.1945
93 1132		Suhl	12.1945
93 1139		Erfurt P	12.1945
93 1144		Gera	12.1945
93 1183		Erfurt P	12.1945
93 1187		Rbd Erfurt	12.1945
93 1218		Saalfeld	12.1945
93 1226		Eilenburg	1946
93 1245		Erfurt P	12.1945
93 1262		Leipzig Hbf West	25.05.1947
94 710		Leipzig-Plagwitz	05.08.1947
94 1084		Berlin-Schöneweide	10.08.1947*
94 1342		Leipzig Bayer. Bf	25.05.1947*

Lok-Nr	Kolonne	letztes DR-Bw	Abgefahren
94 1380		Falkenberg	1946
94 1683		Halle G	1946
94 2097		Kamenz	09.12.1945*
99 181		Meiningen	07.10.1946
99 182		Meiningen	07.10.1946
99 518		Eppendorf	1945
99 521		Zittau	1945
99 531		Rbd Dresden	07.1946
99 546		Taubenheim (Zittau)	07.1946
99 558		Taubenheim (Zittau)	05.1945
99 571		Kirchberg	1945
99 641		Meißen	1946
99 645		Meißen	1946
99 649		Thum	1945
99 652		Lommatzsch (Döbeln)	1945
99 675		Wilsdruff	1945
99 676		Wilsdruff	1945
99 677		Wilsdruff	1945
99 690		Rbd Dresden	30.08.1946
99 691		Thum	1945
99 695		Radeburg	1945
99 707		Wilsdruff	1946
99 708		Wilsdruff	1946
99 709		Thum	1945
99 710		Rbd Dresden	07.1946
99 711		Zittau	1946
99 717		Thum	1946
99 733		Oberwiesenthal	1946
99 736		Zittau (Reichenau)	30.08.1946
99 737		Zittau	20.05.1945
99 744		Hainsberg (Nossen)	1946
99 748		Zittau	20.05.1945
99 751		Thum	1946
99 752		Thum	1946
99 753		Zittau	30.08.1946
99 755		Hainsberg (Wilsdr.)	1946
99 756		Zittau	20.05.1945

*03 147, 190, 238	Abgabe sehr fraglich, vermutlich 1945 auf polnischem Gebiet stehen geblieben und von dort durch SMA abgefahren
*42 462	Ordnungsnummer falsch (Lok tatsächlich nicht gebaut); vermutlich durch Ablesefehler in DR-Unterlagen übernommen
*50 356	durch SMA zur PKP verfügt
*52 721	über CSD in die UdSSR
*52 1217	am 10.02.1962 an DR zurück (verkauft von SU an DDR)
*52 1414	am 15.01.1962 an DR zurück (Kauf)
*52 1447″	Umzeichnung aus 52 1300 (1946 während Kolonnenfahrt – während dieser Fahrten gingen sechs Maschinen derart kaputt, daß die Ordnungsnummern mit anderen 52ern getauscht wurden, damit die Brigade mit der »gleichen« Lok (Nummer) zurück fährt – 52 063^{II} aus 52 5372, 52 1452^{II} aus 52 4562, 52 2354^{II} aus 52 2793, 52 5022^{II} aus 52 5209, 52 7559^{II} aus 52 5244)
*52 2385	durch SMA zur PKP gelangt
*52 2402	durch SMA zur PKP gelangt
*52 2621	am 15.01.1962 an DR zurück (Kauf)
*52 2735	am 27.01.1962 an DR zurück (Kauf)
*52 2740	am 28.10.1945 zur PKP, am 17.11.1945 zurück
*52 2751	am 12.02.1962 an DR zurück (Kauf)
*52 2760	am 27.01.1962 an DR zurück (Kauf)
*52 2816	durch SMA zur PKP gelangt
*52 2835	durch SMA zur PKP gelangt
*52 2840	»Lok rollte auf Anordnung des russischen Überwachungsbeamten beim Ba Seestadt Rostock am 23.11.1945 mit einem Panzerzug (Nr. 6504) nach dem Osten ab. Der Beamte hat dem Rma Rostock mitgeteilt, daß die Lok der russischen Wehrmacht gehört und nicht zurückkehrt.« (Schreiben der Rbd Schwerin vom 29.11.1945)
*52 3270	am 10.02.1962 an DR zurück (Kauf)
*52 3406	durch SMA zur PKP gelangt
*52 3496	durch SMA zur PKP gelangt
*52 3914	durch SMA zur PKP gelangt
*52 4512	am 12.02.1962 an DR zurück (Kauf)
*52 4562^{II}	Umzeichnung aus 52 1452 (1946 während Kolonnenfahrt)
*52 5005	durch SMA zur PKP gelangt
*52 5527	über CSD in die UdSSR
*52 5654	durch SMA zur PKP gelangt
*52 5666	in Kartei »Bw Angermünde« vermerkt
*52 6635	August ´45 von CSD/R zur DR, dann durch SMA zur CSD zurückverfügt
*52 7547	durch SMA zur PKP gelangt
*52 7584	am 12.02.1962 an DR zurück (Kauf)
*52 7789	am 19.01.1962 an DR zurück (Kauf)
*55 2109, 2170, 2677	wurden gemäß Forderung der SMA am 27.02.1946 nach Stettin abgegeben
*58 1771	Unter »Aufgefundene Lokomotiven im Reichsbahnbestand« meldete Bw Naumburg (Saale), daß die »genannte am 10.8.1945 von Naumburg zum Einsatz nach dem Osten abgerollt und am 28.11.1945 im Bw Naumburg vom Tempelhof wieder eingetroffen« ist.
*74 846	direkt nach Fertigstellung im Raw Rostock an SMA
*86 017 ff.	Von Bw der Rbd Dresden (Aue, Freiberg usw.) übernommen, dann im Bw Dresden-Friedrichstadt »eingestellt« und abgefahren
*86 152	Dre-Friedrichstadt noch 1945, dann Raw Meiningen, vmtl. ++, keine Abgabe ?
*88 7401	vmtl. Schreibfehler, später geführt als 89 7401
*89 222	vmtl. wegen Schreibfehler »89 122«, richtig 89 222 Bw Dresden-Friedrichstadt
*89 7401	siehe 88 7401
*91 1329, 1623, 1695	vom Bw Dresden-Friedrichstadt (1945)
*91 1938	vom Bw Stralsund gekommen
*94 1084	bis 05.05.1945 unter SMV, ab 06.05.1945 bis 29.06.1947 SMA
*94 1342	blieb schadhaft bei DR stehen, + 1953
*94 2097	DR + 1947

Elektrische Fahrzeuge

Lok-Nr.:	Heimat-Bw	Abgabe	Rückgabe
E 04 01	Magdeburg Hbf	1946	1952
E 04 02	Magdeburg Hbf	1946	1952
E 04 03	Magdeburg Hbf	1946	1952
E 04 05	Leipzig West	1946	1952
E 04 06	Magdeburg Hbf	1946	1952
E 04 07	Leipzig West	1946	1952
E 04 08	Leipzig West	1946	1952
E 04 09	Leipzig West	1946	1952
E 04 10	Leipzig West	1946	1952
E 04 13	Leipzig West	1946	(?)
E 04 14	Leipzig West	1946	1952
E 04 15	Leipzig West	1946	1952
E 04 16	Halle P	1946	1952
E 04 23	Weißenfels	1946	1952
E 05 001	Leipzig West	1946	–
E 05 002	Leipzig West	1946	1952 z
E 05 103	Leipzig West	1946	1952 z
E 06 01	Bitterfeld	1946	1952 +
E 06 04	Leipzig West	1946	1952 +
E 06 06	Bitterfeld	1946	1952 +
E 06 07	Bitterfeld	1946	1952 +
E 06 08	Magdeburg Hbf	1946	1952 +
E 06 09	Magdeburg Hbf	1946	1952 +
E 06 10	*Magdeburg Hbf*	*1946*	*1952 + ?*
E 06 11	Magdeburg Hbf	1946	1952 +
E 06 12	Magdeburg Hbf	1946	1952 +
E 15 01	Halle P	1946	1952 +
E 16 101	Halle P	1946	1952 z
E 17 123	Schadpark	1946	1952
E 17 124	Schadpark	1946	1952
E 18 24	Weißenfels	1946	1952 z
E 18 28	Leipzig West	1946	1952 z
E 18 34	Leipzig West	1946	1952 z
E 18 44	Leipzig West	1946	1952 z
E 18 48	Weißenfels	1946	1952 z
E 21 01	Leipzig West	1946	1952 z
E 21 02	Leipzig West	1946	1952 z
E 21 51	Rbd Halle	1946	1952 z
E 44 030	Weißenfels	1946	1952
E 44 031	Leipzig West	1946	1952
E 44 042	Saalfeld	1946	1952
E 44 044	Schadlok Ost	1946	1952
E 44 045	Dessau	1946	1952
E 44 046	Schadlok Ost	1946	1952
E 44 047	Schadlok Ost	1946	–
E 44 048	Bitterfeld	1946	1952
E 44 049	Leipzig West	1946	1952
E 44 051	Leipzig West	1946	1952
E 44 052	Weißenfels	1946	1952
E 44 053	Bitterfeld	1946	1952

Lok-Nr.:	Heimat-Bw	Abgabe	Rückgabe
E 44 054	Halle P	1946	1952
E 44 055	Halle P	1946	1952
E 44 063	Weißenfeld	1946	1952
E 44 068	Halle P	1946	1952
E 44 069	Halle P	1946	1952
E 44 072	Weißenfels	1946	–
E 44 073	Weißenfels	1946	1952
E 44 092	Weißenfels	1946	1952
E 44 095	Weißenfels	1946	1952
E 44 101	Halle P	1946	1952
E 44 102	Halle P	1946	1952
E 44 103	Halle P	1946	1952
E 44 104	Halle P	1946	–
E 44 105	Leipzig West	1946	1952
E 44 106	*Leipzig West*	*1946*	*1952 (?)*
E 44 108	Leipzig-Wahren	1946	1952
E 44 109	Leipzig-Wahrem	1946	1952
E 44 112	Leipzig West	1946	1952
E 44 113	Dessau	1946	1952
E 44 114	Halle P	1946	1952
E 44 123	Weißenfels	1946	1952
E 44 124	Weißenfels	1946	1952
E 44 125	Weißenfels	1946	1952
E 44 127	Schadlok Ost	1946	1952
E 44 128	Halle P	1946	1952
E 44 130	Leipzig-Wahren	1946	1952
E 44 131	Dessau	1946	1952
E 44 132	Dessau	1946	1952
E 44 133	Halle P	1946	1952
E 44 134	Weißenfels	1946	1952
E 44 135	Weißenfels	1946	1952
E 44 136	Weißenfels	1946	1952
E 44 137	Weißenfels	1946	1952
E 44 139	Weißenfels	1946	1952
E 44 143	Großkorbetha	1946	1952
E 44 144	*Weißenfels*	*1946*	*1952 (?)*
E 44 146	Großkorbetha	1946	1952
E 44 148	Leipzig-Wahren	1946	1952
E 50 36	Magdeburg-Rothensee	1946	1952 z
E 50 38	Magdeburg-Rothensee	1946	1952 z
E 50 39	Magdeburg-Rothensee	1946	1952 z
E 50 40	Magdeburg-Rothensee	1946	1952 z
E 50 41	Magdeburg-Buckau	1946	1952 z
E 50 42	Magdeburg-Rothensee	1946	1952 z
E 50 44	Magdeburg-Rothensee	1946	1952 z
E 50 45	Magdeburg-Rothensee	1946	1952 z
E 50 46	Magdeburg-Rothensee	1946	1952 z
E 50 47	Magdeburg-Rothensee	1946	1952 z
E 50 48	Magdeburg-Buckau	1946	1952 z
E 50 49	Schadlok Ost	1946	–
E 50 51	Magdeburg-Rothensee	1946	1952 z
E 50 52	Magdeburg-Rothensee	1946	1952 z
E 71 30	Bitterfeld	1946	1952
E 77 01	Magdeburg-Buckau	1946	1952 z
E 77 02	*Rbd Magdeburg*	*1946*	*–(?)*
E 77 03	Magdeburg-Buckau	1946	1952 z
E 77 04	Magdeburg-Buckau	1946	1952 z
E 77 05	Magdeburg-Buckau	1946	–
E 77 06	Leipzig-Wahren	1946	–

Lok-Nr.:	Heimat-Bw	Abgabe	Rückgabe
E 77 07	Magdeburg-Buckau	1946	1952 z
E 77 08	Magdeburg-Buckau	1946	1952 z
E 77 09	Köthen	1946	–
E 77 10	Bitterfeld	1946	1952 z
E 77 11	Roßlau	1946	1952 z
E 77 13	Köthen	1946	1952 z
E 77 14	Roßlau	1946	1952 z
E 77 15	Roßlau	1946	1952 z
E 77 17	Roßlau	1946	–
E 77 18	Leipzig-Wahren	1946	1952 z
E 77 20	Halle P	1946	1952 z
E 77 21	Halle P	1946	1952 z
E 77 22	Halle P	1946	1952 z
E 77 23	Halle P	1946	1952 z
E 77 24	Roßlau	1946	1952 z
E 77 25	Roßlau	1946	1952 z
E 77 26	Roßlau	1946	1952 z
E 77 27	Rbd Halle	1946	1952 z
E 77 28	Roßlau	1946	–
E 77 30	Bitterfeld	1946	1952 z
E 77 31	Bitterfeld	1946	1952 z
E 77 51	Leipzig-Wahren	1946	–
E 77 52	Köthen	1946	1952 z
E 77 53	Leipzig-Wahren	1946	1952 z
E 77 54	Roßlau	1946	1952 z
E 77 55	Roßlau	1946	1952 z
E 77 56	Roßlau	1946	–
E 77 57	Leipzig-Wahren	1946	1952 z
E 77 58	Leipzig-Wahren	1946	–
E 77 59	Halle P	1946	1952 z
E 77 60	Leipzig-Wahren	1946	1952 z
E 77 61	Leipzig-Wahren	1946	1952 z
E 77 62	Halle P	1946	1952 z
E 77 63	Köthen	1946	1952 z
E 77 65	Leipzig-Wahren	1946	1952 z
E 77 66	Leipzig-Wahren	1946	1952 z
E 77 67	Leipzig-Wahren	1946	1952 z
E 77 68	Leipzig-Wahren	1946	1952 z
E 77 69	Halle P	1946	1952 z
E 77 70	Leipzig-Wahren	1946	1952 z
E 77 71	Leipzig-Wahren	1946	–
E 77 72	Leipzig-Wahren	1946	1952 z
E 77 73	Leipzig-Wahren	1946	–
E 77 74	Leipzig-Wahren	1946	1952 z
E 77 75	Leipzig-Wahren	1946	–
E 90 52	Rbd Halle	1946	1952 z
E 90 57	Rbd Halle	1946	1952 z
E 90 58	Rbd Halle	1946	1952 z
E 91 04	Weißenfels	1946	–
E 91 83	Rbd Halle	1946	1952 z
E 91 84	Rbd Halle	1946	1952 z
E 91 85	Rbd Halle	1946	1952 z
E 91 86	Rbd Halle	1946	1952 z
E 91 87	Rbd Halle	1946	1952 z
E 91 103	Rbd Halle	1946	1952 z
E 91 104	Rbd Halle	1946	1952 z
E 91 105	Rbd Halle	1946	1952 z
E 91 106	Rbd Halle	1946	1952 z
E 92 71	Leipzig-Wahren	1946	1952 z

Lok-Nr.:	Heimat-Bw	Abgabe	Rückgabe
E 92 72	Leipzig-Wahren	1946	–
E 92 73	Leipzig-Wahren	1946	1952 z
E 92 75	Leipzig-Wahren	1946	1952 z
E 92 76	Leipzig-Wahren	1946	1952 z
E 92 77	Leipzig-Wahren	1946	1952 z
E 94 016	?	1946	1952
E 94 017	*Rückführlok Ost*	1946	1952
E 94 019	Rückführlok Ost	1946	1952
E 94 020	Halle P	1946	1952
E 94 021	*Probstzella ?*	1946	1952
E 94 040	Probstzella	1946	1952
E 94 042	Weißenfels	1946	1952
E 94 046	Probstzella	1946	1952
E 94 052	Probstzella	1946	1952
E 94 054	Probstzella	1946	1952
E 94 055	Probstzella	1946	1952
E 94 056	Probstzella	1946	1952
E 94 057	Probstzella	1946	1952
E 94 058	Weißenfels	1946	1952
E 94 059	Rbd Halle	1946	1952
E 94 065	Halle P	1946	1952
E 94 066	Halle P	1946	1952
E 94 069	Rbd Halle	1946	1952
E 94 078	*Schlauroth ?*	1946	1952
E 94 106	Probstzella	1946	1952
E 94 110	Rückführlok Ost	1946	1952
E 94 114	Weißenfels	1946	1952
E 94 115	Weißenfels	1946	1952
E 94 153	Halle P	1946	1952
E 94 154	Halle P	1946	1952
E 95 01	Rbd Halle	1946	1952
E 95 02	Rbd Halle	1946	1952
E 95 03	Rbd Halle	1946	1952
E 95 04	Rbd Halle	1946	1952
E 95 05	Rbd Halle	1946	1952
E 95 06	Rbd Halle	1946	1952

Elektrische Triebwagen der DR

ET 25 009 ab	Leipzig West	23.09.1946
ET 25 011 ab	Leipzig West	23.09.1946
ES 25 005	Leipzig West	23.09.1946
ET 25 006	Leipzig West	23.09.1946
ET 25 007	Leipzig West	23.09.1946
ET 31 004 abc	Leipzig West	26.08.1946
ET 31 006 abc	Leipzig West	26.08.1946
ET 41 01	Leipzig West	17.10.1946
EB 41 02	Leipzig West	17.10.1946
ET 51 03	*Leipzig West*	*.10.1946 (?)*
EB 51 03	Leipzig West	17.10.1946
ES 51 13	Leipzig West	17.10.1946
ET 51 14	Leipzig West	26.08.1946
ES 51 14	Leipzig West	17.10.1946
ET 87 01	Schadpark	.10.1946
ET 87 02	Schadpark	.10.1946

Trieb- und Beiwagen der Berliner S-Bahn

1. Abgefahren (1946) und an DR zurück (1952)
ET+EB 165 009, 165 018, 165 062, ET 165 066,165 072, 165 092, 165 102, 165 122, 165 140, 165 141, 165 162, 165 170, 165 172, 165 174, 165 175, 165 193, 165 205, 165 206, 165 209, 165 210, 165 213, 165 219, 165 233, 165 237, 165 243, EB 165 263, ET 165 264*, ET 165 270, ET+EB 165 271, ET 165 276, ET+EB 165 285, 165 286, 165 293, 165 296, 165 319, EB 165 344, 165 372, 165 379, 165 390, 165 406, 165 409, 165 411, 165 413, 165 432, EB 165 434, ET+EB 165 457, 165 489, 165 490, 165 492, 165 503, 165 516, 165 523, 165 529, 165 531, 165 558, 165 570, EB 165 574, ET+EB 165 578, 165 579, 165 587, 165 588, 165 606, 165 631, 165 817, 165 818
EB 167 021, ET 167 066, ET+EB 167 083, 167 087, 167 112, 167 142, EB 167 148, ET+EB 167 176, 167 240, ET 167 280
ET+EB 167 286, 167 287, 167 288, 167 289, 167 290, 167 291, 167 292[1]
* 1945 umgezeichnet in ET 165 574
1 Von Werkbahn Peenemünde

2. Abgefahren (1946) und Verbleib in SU
ET+EB 165 014, EB 165 059, ET+EB 165 106, EB 165 142, ET 165 153, EB 165 158, EB 165 260, EB 165 264, EB 165 270, EB 165 275, EB 165 335, ET+EB 165 400, 165 418, 165 467, EB 165 473, EB 165 486, ET 165 526, EB 165 533, ET+EB 165 534, 165 565, ET 165 574**, EB 165 593, ET+EB 165 814, 165 835, 165 836, 165 843, ET 166 001, EB 166 024, ET+EB 166 028, ET+EB 167 001, ET 167 003, ET+EB 167 004, 167 005, ET 167 012, ET 167 013, ET+EB 167 016, ET 167 022, ET+EB 167 024, 167 030, 167 031, 167 038, EB 167 039, ET+EB 167 040, 167 041, 167 043, EB 167 049, EB 167 057, ET+EB 167 061, EB 167 066, ET+EB 167 069, ET 167 070, ET+EB 167 073, ET 167 078, ET+EB 167 080, ET+EB 167 085, EB 167 121, ET+EB 167 126, 167 132, ET 167 135, ET+EB 167 137, 167 143, EB 167 144, ET+EB 167 147, ET 167 148, ET+EB 167 150, 167 151, 167 154, 167 157, 167 159, 167 162, EB 167 172, ET+EB 167 173, 167 190, 167 194, 167 197, 167 239, 167 246, 167 253, 167 269, 167 270, 167 274,
** 1945 umgezeichnet in ET 165 264

3. über Österreich (1948) an die SU:
ET+EB 165 112, 165 118, 165 274, 165 297, 165 343, 165 464, 165 530, ET+EB 167 226, 167 277
wenn nicht anders gekennzeichnet, dann ET+EB

nicht berücksichtigt die 54 Viertelzüge Reihe 165, sechs der BR 166 und 20 der BR 167, die sich 1945 bei den PKP befanden; ein Teil der Berliner Wagen war im Raw Lauban und ging von dort in die SU
nicht berücksichtigt die 120 Wagen der Berliner U-Bahn, Typ C, da Fahrzeuge der BVG

Abgabe von Fahrzeugen an die Westzone

Am 27. Mai 1945 an Rbd Frankfurt (Main), Bw Hanau, Befehl von Captain Speer, Militärregierung

1. Rbd Halle

44	094 095 152 270 469 606 607 608 610 723 885 1306 1762 Bw Halle G
44	711 1218 1617
52	2753 3227 3837 5043 5059 Bw Leipzig West
44	1540
52	1524 3499 3631 5047 5061 Bw Leipzig-Wahren

Am 29. Mai 1945 an Rbd Frankfurt (Main)

44	1221 1284
58	2601 5329 Rückführlok
52	2708 Bw Altenburg

2. Rbd Erfurt (Mai bis Juni 1945)

Bw Erfurt P

01	007 082 083 115 147
38	1975 2483 2709* *2757(?)*
39	071 109 114 180

Bw Erfurt G

42	741 1800 2332
44	096 258 286 287 331 456 457 465 467 709 984 985 1055 1057 1061 1062 1535
52	3961

Bw Arnstadt

39	048
52	1686

Bw Eisenach

52	*3386 (?)*

Bw Gerstungen

44	990 997 1097 1482 1483 1594 1736* 1737 1738 1797 1798

Bw Gotha

52	1624 1685 2627 *3401 (?)*

Bw Vacha

52	1652 2592 2593 2629

Bw Weißenfels

43	003*

*38 2709 vom Bw Gotha übernommen
*43 003 zurück im Oktober 1945 als »Austauschlok«
*44 1736 noch im Raw Kassel

Lokomotiven der amerikanischen Alliierten – »Betriebspark Ami«

Nach Lokomotivverwendungsnachweis des Bw Berlin Anhalter Bahnhof (Februar 1947)

03	177 235 243*
17	1042 1054 1097 1114
23	001 002
38	1181 4009
39	172*
52	6427 7765
55	2192 4750
56	122
72	001
74	282 284 1147 1221
86	758
89	005* 621*
93	142 150* 267 1212*
94	1658

* auch im Trophäenpark genannt

»Betriebspark Ami« Bw Anhalter Bf (März 1948)

38	1181
52	373 6311 6427 7765
55	2148
64	168
80	022* 027
93	267 1212

* 80 022 während der Berlin-Blockade (1948/49) an die Neukölln-Mittenwalder Eisenbahn verliehen, Überführungen Flughafen Berlin-Tempelhof zum Gbf Berlin-Neukölln

Das Kriegsbeuteabkommen

Die DDR bestand seit 1949 als souveräner Staat, war Mitglied im RGW (COMECON), war aber noch immer der Wiedergutmachung gegenüber der UdSSR verpflichtet. Da inzwischen keine »Beute« mehr abgefahren wurde, waren es nun Wirtschaftsgüter. Geregelt wurde dieses in gesonderten Kriegsbeuteabkommen. Einen Überblick gibt z.B. das Abkommen von 1950, dessen Wortlaut im Folgenden wiedergegeben ist:

Geheim !
Streng vertraulich !
Erfüllungsstand der laufenden Abkommen
zwischen der Deutschen Demokratischen Republik
und fremden Ländern

1.) Vertragspartner: UdSSR.
Gegenstand: Kriegsbeuteabkommen vom 29. Juni 1950

Es wurden geliefert:
693 Lokomotiven, davon 525 aus dem Betriebspark
894 Personenwagen, davon 428 aus dem Betriebspark
Wert: 57 000 000 DM

2 710 betriebsfähige Güterwagen
6 704 Güterwagen aus dem Schadpark
Wert: 24 248 000 DM

Schrott=
1 504 Güterwagen
Wert: 214 300 DM

121 betriebsfähige Reisezugwagen
Wert: 1 964 000 DM

Zusammen: 83 426 300 DM

Von diesen 83 426 300 DM wurden in der Zeit vom November 1949 bis August 1952 70 237 495,31 DM durch Leistungen verrechnet. Der Differenzbetrag von 13 188 804,69 DM ist noch zu zahlen.

2.) Vertragspartner: UdSSR
Gegenstand: 1. Abkommen über die Vereinbarung des Verkaufs von 20 000 Güterwagen aus der UdSSR an die DDR vom 14. April 1951

Wert der 20 000 Güterwagen 75 600 000 DM.
Dazu Zinsen, gerechnet vom 1.1.53 bis April 1956
DM 6 100 000, zusammen 81 700 000 DM.
Die Bezahlung erfolgt erst, wenn das Kriegsbeuteabkommen endgültig gedeckt ist.

Die Überführung der 20 000 Güterwagen ist beendet.

3.) Vertragspartner: UdSSR
Gegenstand: 2. Abkommen über den Verkauf von 20 000 Güterwagen aus der UdSSR an die DDR vom 10.5.52.

Wert der 20 000 Güterwagen bei der Annahme, daß davon 15% nicht betriebsfähig sind: 74 000 000 DM. Bis zum 17.9.52 waren hiervon über das Sonderkonto bei der Deutschen Notenbank auf Rechnung Nr. 480 2 270 000 DM und auf Rechnung Nr. 490
8 646 000 DM angewiesen, zusammen 10 916 000 DM.
Diese Summe entspricht einer Überführung von rund 3 000 Güterwagen.

4.) Vertragspartner: UdSSR
Gegenstand: Abkommen über den Verkauf von E-Lokomotiven und Kraftwerksausrüstungen vom März 1952.

Die Menge des gekauften Materials ist auf rund 2500 Güterwagenladungen geschätzt. Davon sind bisher 1 452 Güterwagen mit Material eingetroffen. An Lokomotiven sind bisher 91 E-Lok vorhanden. Erwartet werden 186. Ausserdem sind 287 Wagenladungen mit S-Bahnmaterial eingetroffen. Die Montage dieses Materials hat noch nicht begonnen, es werden noch weitere wichtige Teile erwartet.
Die Bezahlung der gelieferten Mengen erfolgt durch die Gegenlieferung von neuen Personenwagen. Es sind von der DDR 355 Personenwagen (4-achsig) zu liefern. Davon im 2. Halbjahr 1952 = 200 Personenwagen.

Herrn
Generaldirektor
vorgelegt.

Die Leiter der Hauptverwaltung bzw. Generaldirektion der DR (1945 - 1955)

Die Hauptverwaltung DR war 1945 der Zentralverwaltung des Verkehrs unterstellt. Die Zentralverwaltungen gingen 1947 als HV in die neue DWK ein. Die HV DR wurde zur Generaldirektion DR. 1949 wurde mit Gründung der DDR auch ein Ministerium für Verkehr geschaffen, dem die GD DR unterstand. 1953 folgte das Ministerium für Eisenbahnwesen, 1954 das für Verkehrswesen.

Willi Besener	1945 Vizepräsident ZVV, 1946–1949 Generaldirektor DR
Willi Kreikemeyer	1946 Referent DR, 1947–1949 Präsident Rbd Berlin, 1949–1950 GD DR
Erwin Kramer	bis 1949 Mitarbeiter und Direktor HV DR, 1949 Stv GD DR, 1950–1970 GD DR und in Personalunion 1954–1970 Minister für Verkehrswesen (ab 1953 Stv des Ministers)
Dr. Fitzner	1945 Präsident der Zentralverwaltung Verkehr
Schramm	1946 Stellvertreter des Generaldirektors DR
Hans Reingruber	1948 Leiter DWK und ab 1949 Minister für Verkehr

Die SMAD (1946)

Marschall der Sowjetunion Shukow, Oberster Chef
Armee-General Sokolowski, stellv. oberster Chef
Generalmajor des technischen Militärs Kwaschnin, Chef der Transportabteilung
General-Direktor des Verkehrs III: Ranges Trunow, stellv. Chef der TA
General-Direktor für Zugkraftwesen Shaworonkow, Chef der Unterabteilung Eisenbahn
General-Direktor Wojewudski, Chef der Abt. Eisenbahn (1948), Stv. Chef der TA (1949), kommissarischer Leiter der TV (1949)
Oberst Paschtschenko, Chef der Abt. Eisenbahn (ab 1948/49)
Oberst Diwgun, Stv. Chef der Abt. Eisenbahn
Oberst-Direktor Morossow*, Chef der Lok-Unterabteilung
Oberst-Direktor Masurenko, Chef der Wagen-Unterabteilung
Ingenieur-Major Nikolajew, Chef der Gruppe der Lok-Kolonnen
Oberstleutnant Lyssenko, Chef der Lok-Kolonnen (ab 1947)

* Morossow - verschiedentlich auch nur mit einem »s« geschrieben

Abkürzungsverzeichnis

Ba	Betriebsamt (spätere Rba – Reichbahnamt)
Bf	Bahnhof
bmt	betriebsmaschinentechnische (Anlagen)
BR	Baureihe
Bw	Bahnbetriebswerk
Bww	Bahnbetriebswagenwerk
COMECON	Council for Mutual Economic Assistance (RGW)
D	Deutschland (u.a. bei SMAD)
d.A.	der/die Autor/en
DR	Deutsche Reichsbahn (o – im Osten, w – im Westen; nach 1945)
DSU	Deutsch-Sowjetische Union
DWK	Deutsche Wirtschaftskommission
DZVV	Deutsche Zentralverwaltung Verkehr
FDJ	Freie Deutsche Jugend (der DDR)
GD	Generaldirektion der DR bzw. Generaldirektor
HV	Hauptverwaltung (alte Schreibweise), neu Hv
Lokf.	Lokführer
Lz	Lokleerfahrt
Ma	Maschinenamt
MfE	Ministerium für Eisenbahnwesen (1953)
MfV	Ministerium für Verkehrswesen (ab 1954)
MBV	Militärbevollmächtigten (einer Rbd)
MPS	Militärbevollmächtigter (des Transportwesen) der SU (z.B. in Polen)
No	Nummer (alte Schreibweise)
Nr	Nummer
NSDAP	Nationalsozialistische Deutsche Arbeiterpartei (auch NS)
Pbf	Personenbahnhof
Pg	Parteigenosse (der einstigen NSDAP)
PKP	Polnische Staatsbahnen
RA	Reichsbahnamt (alte Schreibweise, siehe Ba/Rba)
Raw	Reichsbahnausbesserungswerk (Schreibweise nach 1945, auch RAW)
Rbf	Rangierbahnhof
Rbd	Reichsbahndirektion (Schreibweise nach 1945, aber auch RBD)
RGW	Rat für gegenseitige Wirtschaftshilfe (COMECON)
SAG	Sowjetische Aktiengesellschaft
SDAG	Sowjetisch-deutsche AG
SBZ	Sowjetisch besetzte Zone
SKK	Sowjetische Kontroll-Kommission (in der DDR)
SMA	Sowjetische Militär-Administration (in einem besetzten Land)
SMV	Sowjetische Militär-Verwaltung
SSW	Siemens-Schuckert Werk in Berlin-Siemensstadt
Stv.	Stellvertreter
SU	Sowjetunion (auch UdSSR - Union der Sozialistischen Sowjetrepubliken)
T	Trophäe (sowjetische Erbeutung)
TV	Transportverwaltung
Vbf	Verschiebebahnhof
z	»Schadpark«
ZVV	Deutsche Zentralverwaltung des Verkehrs in der SBZ (siehe DZVV)
+	ausgemustert

Ortsnamen

Bln	Berlin
Chemn	Chemnitz
Dre	Dresden

Archive

BA Koblenz	Bundesarchiv Koblenz, Bildarchiv
BA Berlin	Bundesarchiv Stiftung Archiv der Parteien und Mas senorganisationen der ehem. DDR Berlin, Bildarchiv
Preuß. Kulturbesitz	Bildarchiv Preußischer Kulturbesitz Berlin

Literaturverzeichnis

Bücher:

Autorenkollektiv: Das Potsdamer Abkommen, Berlin 1979

Bäzold, Dieter; Fiebig, Günther: Ellok-Archiv, transpress-Verlag Berlin 1987

Borchert, Fritz; Kirsche, Hans-Joachim: Lokomotiven der Deutschen Reichsbahn, transpress-Verlag Berlin 1986

Ebel, Jürgen U.; Wenzel, Hansjürgen: Die Baureihe 74, EK-Verlag, Freiburg 1995

Garn, Robin (Hrsg.): Reichsbahn ohne Reich, über die Nachkriegsgeschichte der ostdeutschen Staatsbahn, Band 1 (1945–1955), LOKReport Verlag Berlin 1996

Grosse, Peter (u.a.): Deutsche Bundesbahn gestern & heute, Eisenbahn- Kurier Verlag Freiburg 1989

Hütter, Ingo; Kubitzki, Volkmar: Triebfahrzeuge der Deutschen Reichsbahn (Ost) 1945/46, Verlag Kenning, Nordhorn 1996

Jansen, Karl-Heinz; Melcher, Peter: Die Lokomotiven der Baureihe 94 und ihr Verbleib; LOKRUNDSCHAU Verlag Hamburg 1995

Karlsch, Rainer: Allein bezahlt? – Die Reparationsleistungen der SBZ/DDR 1945–1953, Ch. Links Verlag, Berlin 1993

Knipping, Andreas: Die Baureihe 86, Eisenbahn-Kurier Verlag Freiburg 1987

Moll, Gerhard; Wenzel, Hansjürgen: Die Baureihe 93, Eisenbahn-Kurier Verlag GmbH Freiburg 1979

Moll, Gerhard; Wenzel, Hansjürgen: Die Baureihe 89.70 (preußisch T 3), Eisenbahn-Kurier Verlag GmbH Freiburg 1981

Moll, Gerhard; Wenzel, Hansjürgen: Die Baureihe 91 (preußische T 9), Eisenbahn-Kurier Verlag Freiburg 1984

Preuß, Erich: Der Reichsbahn Report, transpress Verlag Berlin 1993

Reimer, Michael: Die Lokomotiven der Baureihe 52, Geschichte, Einsatz und Verbleib; LOKRUNDSCHAU Verlag Hamburg 1996

Rürup, Reinhard (Hrsg.): Berlin 1945 – Eine Dokumentation, Verlag Willmuth Arenhövel, Berlin 1995

Weisbrod, Manfred; Petznick, Wolfgang: Baureihe 01, transpress Verlag Berlin 1979

Zschech, Rainer; Akku- und Elektrotriebwagen, Deutsches Lok-Archiv, transpress Verlag Berlin 1992

Zeitschriften

Betriebsgeschichte des Bahnbetriebswerkes Frankfurt (Oder) 1842–1978 (unveröffentlicht)

Chronik des Bahnbetriebswagenwerkes Frankfurt (Oder)

Deutsche Bahnbetriebswerke, Lose Blatt Sammlung, GeraNova Zeitschriftenverlag München 1992 bis 1997 (verschiedene Beschreibungen)

Fahrt frei, Wochenzeitung der deutschen Eisenbahner, Berlin, verschiedene Ausgaben 1949–1955

Kolesow, A.: Dampflokomotiven der Serie 92 im Stahlwerk Kommunismus, in LOKOTRANS, Stavropol, 2/1997

Krönert, Hans-Hermann: Mein Name ist Cottbus, Heimatkalender Cottbus 1996

Kuhlmann, Bernd: Konfiszierte Schienen – Wie nach dem zweiten Weltkrieg Gleise und Strecken verschwanden, in MODELLEISENBAHNER, Berlin, Heft 8/1991

Märkische Oderzeitung vom 11.05.1993, 16.11.1996

Meyer, Lothar: Die Frankfurter Eisenbahnbrücke über die Oder, in Verkehrsgeschichtliche Blätter, Berlin, Nr. 6/1995

Schienenband der Völkerfreundschaft 10.06.1954

Quellen und Dokumente 1945–1951, Hrsg.: Senat von Berlin, 1964

Zeitz, Gerhard; Bock, Peter: Der Kolonnendienst der Deutschen Reichsbahn, in Verkehrsgeschichtliche Blätter e.V., Berlin, Nr. 5/6/1994

Archive und Sammlungen

Zentrales Archiv des Verkehrswesen der DDR, Ministerium für Verkehrswesen der DDR, Berlin (neu Archiv des Bundesministerium für Verkehr, Außenstelle Berlin)

Archive der Reichsbahndirektionen Berlin, Dresden, Erfurt, Magdeburg, Halle, Greifswald, Cottbus, Schwerin

Personalakten, Betriebsbücher, offizielle Lokzählungen der RBD, Lokverwendungsnachweise, Befehle und Schreiben der SMA D, der SKK, der ZVV, der DR

Sammlungen und Aufzeichnungen der Autoren und Befragten

Die Autoren bedanken sich für schriftliche und mündliche Informationen bei:

Karl Adolph (†), Artur Antrack, Horst Bergen, Wolfgang Bernstein, Heinz Blümke, Siegfried Busch, Horst Dallmann, Richard Dohne (†), Helmut Fischer, Ernst Walter Fischer (†), Paul Fromberg (†), Walter Gaasch, Robin Garn, Fritz Haupt (†), Alfons Kosakowski, Jürgen Kretschmann, Rudolf Krienitz, Jan Kubzdyl, Erwin Kühnel, Heinz Mierke, Karl Ernst Möller, Gotthard Paul, Ulrich Person (†), Josef Preuß, Gerda Richter, Alfred Schiffner, Heinz Schnabel, Werner Schneider, Karl Weiß (†)

Глевен
Бреддин
Стюденитц
Нойштадт
Вервен
Гавельберг
Остербург
Малый Россау
Зандау
Фризак
Фицнитц
Паулиненауе
Арневург
Штендаль
Шенгаузен (Малый эк. д. в.)
Шенгаузен (на Ельбе)
Гемертен
Шенгаузер дамм
Гроссвудник
Рат. Норд
Ратенов
Бамме
Ненигаузен
Бушов
Букв
Сенцке
Науен
Бредов
Нойгартен
Гросс-Бениц
Ретего
Вустермарк
Приорт
Тангермюнде
Демкер
Людериц
Мило
Ернков
Роскав
Кетцин
Зацкорн
Марквардт
Борним-Грубе
Голм
Потсдам
Вильдпарк
Бранденбург
Гросс-Кройц
Бранд. Алт.
Гроссвустервиц
Генттин
Алтенплато
Бергцов-Пархен
Парай
Каров
Рогеазен
Гюзен
Пархау
Цизар (гл. вок)
Бург (у Магдебурга)
Магдебургерфорт
Букау-Прамсдорф
Детерсгаген
Мезер
Гервиш
Бол. Люварс
Горцке
Бидериц
Магдебург
Лобург (Гос. Ж. д.)
Гоммерн
Претцин
Гютерглюк
Нейдлиц
Визенбург (окрг)
Боргольц
Борне (окрг)
Брандъие
Вельциг
Люссе
Бантц
Брюк
Нейендорф
Борк Гейде
Беелитц (санат.)
Беелитц (Гор.)
Ельсгольм
Бухгольц (Цауне)
Трейенбритцен
Франсдорф
Тифенбруннен
Киферигрунд
Ютербог (стар. лагерь)
Нидоргерсдорф
Ютербог
Голвиц
Гетц
Кемниц
Вердер (Гавель)
Шарлоттенгоф
Капут-Гельтов
Швилофзее
Ферх-Дейневиц
Лейнин
Зеддин (Сорт)
Михендорф
Вильгельмсгорст
Рейбрике
Древитц
Штансдорф
Дюппель
Драйлинден
Телтов-Канал
Ванзее
Николасзее
Шляхтензее
Целлендорф
Лихтерфельде Зап.
Брл-Целендорф
Тельтов-Гафен
Аренсдорф
Тюров
Треввин
Хлистов
Шарфенбрюк
Рюльсдорф
Вольтерсдорф
Люкенвальде
Шеймельсверг
Форст Цинна
Гюна
Клостер Цинна
Колценбург
Еникендорф
Вердер (у Ютербога)
Герцверг
Кремменз
Зоммерсвальде
Граница
Флатов
Германдорф
Шванте
Фейлефанц
Беренклау
Фельтен
Бернике
Бетцов
Кинберг
Тегель
Бризеланг
Финкенкруг
Фалькензее
Шпандау Запад
Берлин-Шпандау
Гартенфельд
Сименсштадт
Юнгфернгейде
Рулевен
Шарлоттенбург
Вестенд
Груневальд
Шмаргендорф
Фриденау
Штеглиц
на Ошерслебен
на Шонебек
на Нордгаузен
на Битерфельд
на Мельнсдорф